Johann Carl Braun von Braunthal

Realisten und Idealisten. Sozialer Roman. Leipzig 1867. 5 Thl

Johann Carl Braun von Braunthal

Realisten und Idealisten. Sozialer Roman. Leipzig 1867. 5 Thl

ISBN/EAN: 9783742890955

Hergestellt in Europa, USA, Kanada, Australien, Japan

Cover: Foto ©Suzi / pixelio.de

Manufactured and distributed by brebook publishing software (www.brebook.com)

Johann Carl Braun von Braunthal

Realisten und Idealisten. Sozialer Roman. Leipzig 1867. 5 Thl

Album.

Bibliothek deutscher Original-Romane.

Mit Beiträgen
von

Armand, Braun von Braunthal (Jean Charles), Franz Carion, Jacob Corvinus (W. Raabe), Ernst Fritze, Friedrich Gerstäcker, Graf St. Grabowski, Bernd von Guseck, F. W. Hackländer, Lucian Herbert, Edmund Hoefer, Karl von Holtei, Moritz Horn, Siegfried Kapper, Baron Karl von Kessel, Alfred Meißner, Louise Mühlbach, Adolf Mützelburg, Ferdinand Pflug, F. Isidor Proschko, Robert Prutz, Josef Rank, Max Ring, Johannes Scherr, Adolf Schirmer, August Schrader, Levin Schücking, Gustav vom See, Ferdinand Stolle, Ludwig Storch, J. D. H. Temme, Ernst Willkomm, A. von Winterfeld, Adolf Zeising u. A.

1867. — Zweiundzwanzigster Jahrgang. — **1867.**

Zwölfter Band.

Realisten und Idealisten.

Vierter Band.

Leipzig,
Ernst Julius Günther.
1867.

Realisten und Idealisten.

Socialer Roman

von

Jean Charles,
Verfasser von „Die Erbsünde", „Der Verschwender" ꝛc.

Vierter Band.

Leipzig,
Ernst Julius Günther.
1867.

Erstes Kapitel.

Der Zögling.

Es dürfte hier nicht am ungeeigneten Orte sein, einen Blick in die Vergangenheit Paul's zu werfen, ehe wir diesem so eigenthümlich gearteten jungen Manne, dem wir von seiten des geneigten Lesers jene innige Theilnahme wünschen, die er uns selbst durch das Ungewöhnliche seines Lebens wie seiner Erlebnisse eingeflößt, zu den Schranken folgen, innerhalb welcher, nicht aus Neigung oder Ueberschätzung seiner Kraft, sondern aus Gehorsam und Achtung für die Ansichten seines Vaters und Führers, er den gefährlichen Kampf der Tugend gegen das Laster beginnen und darin seine Stärke erproben soll für jenen, wenn nicht so unmittelbar gefahrvollen, doch ununterbrochenen und nicht selten mit dem Tode des Glaubens an die Menschheit endenden Kampf, für den Kampf nämlich der Idealität gegen die Realität.

Da es nach unserer Ueberzeugung keinen bessern und zugleich kürzern Weg zur wichtigsten aller Wissenschaften, zur einzig wahren Weisheit, das heißt zur Kenntniß seiner selbst und Anderer im weiten Leben gibt als den, an seiner eigenen Geschichte täglich zu forschen und fremde zu untersuchen, so möchte vielleicht das sicherste Mittel zur Erreichung des hohen Zweckes eine strenge Abfassung seiner eigenen und aufmerksame Lesung fremder Memoiren sein; und da uns die ersten Blätter aus dem noch am Tage seiner Ankunft in Paris begonnenen Tagebuche Paul's vorliegen, worin er, freilich aphoristisch genug, von dem spricht, was dem für ihn sich Interessirenden vor allem zu wissen nöthig ist, so wollen wir zunächst diese Bruchstücke, deren Inhalt im Verlaufe unserer Erzählung sich von selbst ergänzen und erklären wird, unverändert mittheilen.

Aus Paul von Stromfeld's Tagebuch.

Paris, am 18. April 1839.

Es ist mir zur Pflicht gemacht, die Aufgabe gestellt worden, von heute an mehrere Jahre hindurch die Welt, die Gesammtheit der Erscheinungen schärfer als bis zur Stunde ins Auge zu fassen, will sagen, sie von meiner Seele sich abspiegeln und die Bilder vom Geiste beurtheilen und schätzen zu lassen, schätzen nicht nach dem Liebhaberwerthe der Jünglingsphantasie, sondern nach dem Marktpreise männlicher Erfahrung. Aber ist nicht der Spiegel meiner Seele getrübt und ist nicht mein Geist noch allzu befangen, um rein kritisch wirken zu können? Nun, ich will es versuchen, und beinahe fühle ich selbst schon das Bedürfniß, mich mit mir zu berathen, Rechnung zu halten mit der Vergangenheit, um zu erfahren, wie weit ich mich mit der Gegenwart und Zukunft in Speculationen einlassen kann, wie ich mit dem zu Gebote stehenden Vermögen idealer Wünsche zu gebaren haben werde.

Die früheste aller meiner Erinnerungen ist zugleich meine schmerzlichste. Noch nicht völlig fünf Jahre alt, verlor ich das mir damals und auch jetzt noch Theuerste, meine Mutter. Aber wie? O Gott, welche furchtbare Antwort mag mir heute oder morgen auf die Frage werden! Jedes Atom meines Wesens fühlt Sehnsucht danach, und doch zittere ich davor. Meine Mutter! Wäre sie todt, so schmerzlich dieser Gedanke in das Herz des Kindes auch eingreift, ich fände in diesem Schmerze selbst noch Trost, denn in jedem liegt sein eigenes Heilmittel; aber sie lebt, ich habe die innere Gewißheit von ihrem Dasein, und sie lebt —

fünfzehn lange Jahre bereits — getrennt von uns, die Mutter von ihrem Kinde, die Gattin vom Gatten getrennt! Und warum?

Ich habe kein Gedenken von Allem, was zwischen meinem vierten und siebenten Jahre mit mir und um mich vorgegangen, als das von einer einzigen Nacht, und kein menschliches Gebilde aus jener verhängnißvollen Zeit blieb in meiner Erinnerung haften als die himmlische Gestalt und das engelgleiche Antlitz meiner Mutter. Ich sprach, soweit mein Gedächtniß zurückreicht, nie mit Jemand von dem Begebnisse jener Nacht, auch nicht, als ich heranreifte. So sehr ich meinen Vater verehrte, hielt mich doch immer eine gewisse Scheu und noch mehr ein unbeschreiblicher Ausdruck von wehmüthiger Duldung in seinem edlen Antlitze ab, von meiner Mutter zu sprechen, und es bildete sich wie von selbst zwischen uns eine Art Verständigung, der zufolge ich bestimmt wußte, daß sie noch lebe und daß ich Alles erfahren müsse.

In jener Nacht, einer schönen Sommernacht, war ich nicht in meinem Bettchen, sondern auf dem Divan in einem reizenden Gartenpavillon entschlummert. Es mochte etwas wie ein Familienfest gefeiert worden sein, denn mir ist, wiewohl nur sehr schwach, erinnerlich, als wären der Garten, der Pavillon und die Gewächshäuser strahlend erleuchtet gewesen und als hätte ich, wenn ich anders nicht geträumt, Musik vernommen. Wie lange ich dort geschlummert, weiß ich nicht, aber noch fühle ich den Kuß, durch den ich plötzlich erweckt wurde, und — o der wunderbaren Kraft des Menschengeistes! — noch fühle ich auch, daß in jenem Kusse etwas unendlich Schmerzliches, etwas herzzerreißend Qualvolles lag. Ach, es war meine Mutter, die mich in dieser Weise geküßt! Zwischen jenem Momente und dem, womit zwei Jahre später meine systematische Erziehung begann, liegt für meine Erinnerung unburchbringliches Geheimniß, schwarze Nacht.

Ich war und blieb von meinem siebenten bis zu Ende meines siebzehnten Jahres im väterlichen Hause, stets unter liebevoller, wenngleich ernster Ueberwachung meines Vaters und seines Freundes Werner, den ich in meinem zwölften Jahre zum Erzieher erhielt. Wir besuchten nur sehr selten diese oder jene Stadt und immer nur auf wenige Tage; in die Residenz selbst kam ich im Jahre zweimal, um, da ich Privatunterricht genoß, mich den Semestralprüfungen zu unterziehen. Noch nicht völlig siebzehn Jahre alt, ward ich für fähig erklärt, die akademischen Studien zu beginnen, und ich verließ das Vaterhaus.

Am 19. April.

Wir traten heute unsere Wanderung durch Paris an und begannen die Besichtigung seiner Merkwürdigkeiten mit dem Besuche des Friedhofs Père Lachaise. Herr Werner sagte: „Es ist gut, vor dem Eintritte in das großartige Leben, das sich Ihnen hier im Herzen Frankreichs erschließt, dessen zu gedenken, was man Tod nennt und das sich in vielleicht noch ergreifenderer Großartigkeit auf diesem Acker Gottes vor Ihnen ausbreitet."

Der Treffliche ahnte nicht, wie sehr, wenn auch in anderm Sinne, ich darin mit ihm sympathisirte, wie innig ich mich hinsehnte zu den Denkmalen irdischer Vergänglichkeit, obgleich er weiß, was mir gestorben, welchen Werth ein Grabstein meiner Heimat für mich hat und haben wird bis ans Ende meiner Tage.

Wenn eine Nation die Benennung der großen verdient, so ist es die französische. Ihr System der Centralisation mag seine Nachtheile haben, aber nur durch dasselbe ist sie groß geworden; denn was ist Größe, wenn nicht concentrisches Wirken aller Fähigkeiten? Ein einziger Tag Anschauung dieser Stadt muß den gebildeten und zugleich unparteiischen Forscher überzeugen, daß er sich im Mittelpunkte von Thätigkeiten, Ursachen und Wirkungen, Bestrebungen und Resultaten befinde, die, verglichen mit jenen aller übrigen Nationen der Erde, groß genannt zu werden verdienen. Es werden die Franzosen in so Manchem von den Deutschen und Engländern übertroffen, aber im Ganzen, in ihrem Gesammtwirken nach innen wie nach außen sind sie noch immer das erste aller Völker. So sehr ich indeß hiervon überzeugt, so unruhig bin ich, so seltsam aufgeregt fühle ich mich inmitten dieses ruhelosen, unermeßlichen Gewühls. Ist die Neuheit, der gewaltige Contrast gegen meine kleine, friedliche Universitätsstadt der Grund dieser an Bangigkeit grenzenden Unruhe, oder erfüllt meine Seele die Ahnung eines außerordentlichen Begebnisses, das meiner hier wartet und vielleicht entscheidend auf mein ganzes Dasein einwirken kann?

Am 20. April.

Ich soll mich der Gegenwart mit Besonnenheit hingeben, mit ungetheilter Kraft des Denkens und Fühlens, um den Zweck meiner Sendung in die Welt — den Friedensschluß zwischen einst und jetzt in mir — zu erfüllen; ach, und immer lenkt sich das Auge meines Geistes durch die unwiderstehliche Gewalt des Herzens von den Erscheinungen des Tages, selbst von den großartigsten und reizendsten unwillkürlich ab und der

Vergangenheit zu; mir ist, als blickte ich aus dem Fenster eines ungeheuren Ballsaals, umgaukelt von Tausenden bunter, in tollster Carnevalslaune sich durcheinander drängender Masken, auf einen kleinen vom Lichte des Vollmonds verklärten Friedhof hinab und als wäre die ganze Geschichte der Menschheit, in dem kurzen Epitaph eines völlig unscheinbaren Grabsteins enthalten, das ich selbst von hier aus — so scharf ist das Auge unglücklicher Liebe — deutlich zu lesen vermag und das einfach lautet: „Kaum im höchsten Flor, und verblüht."

So auch lautet die kurzgefaßte Geschichte der Nationen. Aber Religion und Naturkunde lehren, daß die Seele aufersteht und daß jedes Grab eine Wiege ist.

―――――――

Mitternacht naht, mein Führer ist zur Ruhe, Paris entschlummert allmälig, ich wache und bete.

Ewiger, Allwissender! Der Glaube an Dich, dieser milde und doch so starke Genius der Menschenseele, hatte mich eines Tages verlassen, von mir gescheucht durch die Raserei der ersten flammensprühenden Leidenschaft, die der Brust des achtzehnjährigen Jünglings enttobte, ähnlich dem Ausbruche eines neuen Vulkans, dessen Lavaströme und Aschenregen die schöne Stadt meiner Ideale, der Hoffnung und des Vertrauens auf Menschen tief begruben. Ich suchte, heimatlos geworden, eine Zufluchtsstätte im weiten Gebiete der Wissenschaft, aber ich fand sie nicht, denn mich leitete der höhnende Dämon Zweifel, und ich gerieth, mich immer weiter verirrend, an den Abgrund des Gedankens an Selbstvernichtung. Ich hielt an, starrte in die schwarze wesenlose Tiefe und fühlte mich angezogen; mir schwand das Selbstbewußtsein und ich fiel. Aber im Fallen hatte mich eine starke Hand erfaßt und vom Abgrunde mit gigantischer Kraft zurückgerissen. Als ich aus jener furchtbaren Betäubung völlig erwacht um mich blickte, sah ich mich inmitten der Freundschaft, des Vaterliebe und des zurückgekehrten Glaubens. Allgütiger, ich danke Dir! Und es wird Deinem Auge, Allsehender, die stille Trauer meiner Seele, das wehmüthige Gedenken jenes Grabes nicht als Undank erscheinen; ich aber werde ringen nach der Palme des Friedens, der ein Theil ist Deiner Wesenheit, Unendlicher!

Am 21. April.

Ich fühle mich heute kräftiger, freier, besser. Der Wellenschlag des riesigen Menschenstroms von Paris wirkt wohlthätig auf meine Nerven; meine Brust hebt sich leichter und ich hatte bereits Augenblicke, in denen es mich angehaucht wie der Odem neuen Lebensfrühlings. Meinem edlen Führer entgingen diese schönen Augenblicke meiner Wiedergeburt nicht und er sprach:

„Paul, Sie können ein Mann werden im besten Sinne des Worts. Zwanzig Jahre alt, haben Sie nicht nur die akademischen Studien, sondern auch die Schule der Leiden durchgemacht. Noch ein zartes Kind, hatten Sie einen tödtlichen Schmerz zu überwinden, und ein Jüngling von achtzehn Jahren, erfuhren Sie Verrath in Freundschaft und Liebe. Ihr Jugendfreund, für den Sie Ihr Leben geopfert hätten, war der Verräther an Ihrer ersten Liebe. Aber darin lag der Fingerzeig der Vorsehung für Sie, für Ihre bessere männliche Bestimmung; denn indem jener Unwürdige Sie verrieth, sich in das Herz des von Ihnen idealisirten und angebeteten Mädchens schlich, rettete er Sie zugleich vor Selbstbeschämung und ersparte Ihnen die Qual, jenes Wesen als Ihrer unwürdig zu erkennen. Er verführte die Unglückliche und ein Fieber raffte sie hin. War es ein Zufall, der mich gerade bei jener Katastrophe an Ihre Seite gebracht? Es gibt in einer vernünftigen Weltordnung keinen Zufall, und wer wollte aus der Ordnung dieser unserer Welt eine höchste Vernunft wegleugnen! Ich fand Sie,

nachdem Ihr gutgeführter Stahl jenes Leichtsinnigen glattes Gesicht für sein ganzes Leben furchtbar gezeich=
net hatte, gegen Mitternacht einsam in Ihrer Stube am Schreibtische, Briefe an Ihren Vater und mich vor Ihnen und eine Pistole zur Hand. Sie werden ein Mann werden."

Zweites Kapitel.

Ein Morgenbesuch.

Am Morgen des dritten Mai begab sich Paul, Herrn Werner's Wunsch zufolge und nicht ganz ohne geheimen Antrieb, den er, frei von aller Neugierde, sich selbst nicht völlig zu deuten vermochte, in die Wohnung des Grafen Luigi *** nahe bei der großen Oper, also nur einige Hundert Schritte vom Hotel des Princes.

Es mochte in der elften Stunde sein, als er dieses verließ, und er konnte in der Annahme, daß der Graf jenes mauvais sujet sei, als welches ihn sein Erzieher bezeichnet hatte, ziemlich sicher sein, denselben zu Hause, wenn nicht gar noch im Bette zu finden, das selbst von weit solidern Personen aus den höhern Kreisen der Pariser Welt nicht vor dieser Stunde verlassen zu werden pflegt.

Das Haus war bald gefunden und gehörte zu den ansehnlichern Gebäuden dieser Straße. Es hatte vier Stockwerke, Erdgeschoß und Mezzanine mit eingerechnet, eine Breite von sechs Fenstern, von denen die der Beletage durch ihre Höhe und gute Zeichnung imponirten, und eine Tiefe, die etwa das Doppelte der Vorderseite betrug und, wie sich Paul auf den ersten Blick durch das offen stehende Thor überzeugte, einen lichten und reinlichen Hof bildete, in welchem sich mehrere Kutscher und Stallknechte mit der Säuberung sehr eleganter Wagen und geschmackvoller Pferdegeschirre beschäftigten.

Da auf der Karte des abenteuerlichen Herrn, dem Paul seinen Morgenbesuch zugedacht, nur die Straße und Nummer des Hauses, nicht aber das Stockwerk selbst angegeben war, so sah sich dieser genöthigt, deshalb in der Loge des Portiers anzufragen.

Er wurde nicht ohne Höflichkeit von seiten des einköpfigen Cerberus, gleichwie nicht ohne Erstaunen seinerseits nach der Mezzanine gewiesen, und er stieg nach einer artigen leichten Kopfneigung die flachen Stufen der breiten Haupttreppe hinan.

Drei niedrige und schmale Flügelthüren gingen auf deren ersten Absatz heraus, aber Paul konnte nicht fehlen, denn an der bronzenen Rosette der mittlern, mit der ewigen Chiffre T. l. b. s. v. p. (Tournez le bouton, si vous plait), war die Karte des Grafen mit Stiftchen befestigt. Er drehte die metallene Rosenknospe, während einen Augenblick ein Lächeln seinen schönen Mund umspielte, dessen Humor offenbar dem Entresol und der so naiv angebrachten Abresse eines Conte di Terra firma galt.

Es dauerte eine gute Minute — eine Minute, die noch Tugend und Laster, einen Engel vielleicht von einem Teufel trennte, die ein Zwischenreich von milder Vernunftherrschaft und dem Despotismus der Leidenschaft, die das Haar sein konnte, an dem sich der Gute vom Bösen fassen läßt — und die Thür that sich auf; Paul konnte, was immer auch nach jenem flüchtigen Lächeln in seiner Seele vorgegangen sein mochte, nicht mehr zurücktreten, er stand dem Groom des Grafen gegenüber.

Das Persönchen, welches wir mit diesem fashionablen Ausdruck bezeichnen — eine Bezeichnung, die jedenfalls hübscher als das derbe deutsche Wort Reitknecht klingt und deren Unbestimmtheit schon deshalb besser auf derlei niebliche Individuen paßt, als dieselben oft nur nebenher als Rossebändiger, hauptsächlich aber als Chargés d'affaires in Angelegenheiten der Liebe und des Hasses (von Damen und Gläubigern) fungiren — dieser Homunculus oder Mensch in Taschenformat, der mit unserm jungen Freunde beinahe in gleichem Alter, aber um zwei Köpfe kleiner, übrigens ebenmäßig gebaut, fest, sehnig und von kecker Haltung war, befand sich in diesem Augenblicke in Betreff dessen, was so ziemlich überall, vorzugsweise jedoch in Deutschland Leute macht, will sagen, in Bezug auf seine Kleidung beinahe noch ganz im Stande der Unschuld, da bei ihm an die seit Adam unleugbar vorgeschrittene Cultur nichts erinnerte als ein sogenanntes Reisehemd von blaugestreiftem Perkal und ein bereits etwas abgenutztes Exemplar grauleberner Unaussprechlichen, die der Ergänzung durch Gamaschen noch entgegensahen. Was seinen innern Menschen anlangte, so mochte der Geist dieses schwarzäugigen und schwarzhaarigen Grooms so eben erst das Land der Träume verlassen haben, denn zugleich mit der Thür that sich sein Mund weit gähnend auf, während sich seine Augen beinahe völlig wieder schlossen.

Dessenungeachtet mußte ihm die hohe Gestalt und das gentlemanmäßige Aussehen des jungen Mannes vor der Thür bei diesem letzten unfreiwilligen Acte der Schläfrigkeit aufgefallen sein, denn schon in den nächsten Sekunden hatte er seine Kiefern wie ein Taschenmesser zugeschnappt, seine Augen wieder offen und fragte, sich mit so viel Domestikenanstand verneigend, als seiner Livrée anarchische Verfassung gestattete: „Mein Herr, Sie wünschen?"

„Zum Herrn Grafen Luigi ***", entgegnete Paul, dessen heutige, mehr freie und beinahe muntere Stimmung durch die Erscheinung dieses Männleins so gut unterstützt wurde, daß er einige Mühe hatte, ein Lächeln zu überwinden.

„Ah, zu meinem Gebieter wünschen Sie, mein Herr?"

„Das heißt, falls er zu Hause ist."

„Ei freilich; um diese Stunde ist er immer zu Hause."

„Und auch zu sprechen?"

„Gewiß, sobald er wach sein wird."

„Er schläft also noch?"

„Noch, mein Herr? Er ging' erst früh um sieben zu Bette."

„Dann will ich ein andermal kommen."

„Nicht doch, mein Herr. Belieben Sie nur immer einzutreten."

„Der Bursche hält mich instinktmäßig für reich beladen und will seinem Herrn die gute Prise nicht entwischen lassen", dachte sich Paul, indem er an dem Groom vorüberschritt und das Mittelgemach betrat.

Es war dieses das Eintritts- und gelegentliche

Speisezimmmer; wir sagen, das gelegentliche, da der liebenswürdige Bewohner dieser zwischen dem Himmel der Beletage und der Erde der Portiersloge mit ihrem Anhange von Domestikenbehausung schwebenden Gemächer nicht Menage hielt und nur sehr selten einige ihm wahlverwandte Wesen bei sich zu einem Gabelfrühstücke oder auch zu einem vollständigen Mahle und derlei Gastereien durch die Küche und das Service, eines benachbarten Restaurant bestens besorgt sah.

Er bewohnte hier drei Gemächer, von denen jedes zwei Fenster auf die Straße und, wie schon bemerkt, eine Flügelthür nach dem Treppenabsatz oder vielmehr nach dem Flur hatte, während sie innen durch Glasthüren in Verbindung standen.

Nicht über acht Fuß hoch und zwölf Schritte im Gevierte, hatte diese Wohnung etwas Kajütenartiges an sich, was indeß den Inhaber derselben nicht abhielt, das Zimmer rechts vom Entrée einen Salon und das zur Linken seine Bibliothek nennen zu lassen.

Als sich Paul in dem höchst bescheiden möblirten Speisezimmer, worin, nebenbei bemerkt, der Groom zu schlafen pflegte, dessen Bett, zur Stunde noch offen, in einem eichenen Schrank verwahrt werden konnte, mit dem Diener allein und wie fragend nach beiden mit

Vorhängen verkleideten Glasthüren sah, sagte letzterer, sich wiederholt verneigend:

„Der Herr Graf befindet sich hier links in der Bibliothek."

„Ei, Sie sagten mir ja, er schlafe noch?"

„Sehr wohl, mein Herr; er schläft in der Bibliothek."

„Das ist etwas Anderes."

„Gefällt es, mir Ihre Karte zu geben und mittlerweile hier rechts in den Salon zu treten?"

„Mit Vergnügen. Hier ist sie."

Jacot — so hieß der Groom, wenn ihn einer der übrigen Diener im Hause anredete, während ihn der zartere Theil des Gesindes Monsieur Jacques und sein Gebieter endlich James nannte — schielte blitzschnell nach dem Namen des Besuchs und eilte, ersichtlich ganz zufrieden mit demselben, nach einer abermaligen Verbeugung, barfuß wie er war, in die Bibliothek, um ihn zu melden.

Der Besuch selbst aber begab sich kopfschüttelnd und lächelnd über diese seltsame Junggesellenwirthschaft in den Salon.

In jeder Wohnung der guten Pariser, deren Inhaber sich nur einigermaßen über das Niveau nicht nur der Bürgerlichkeit, sondern der Armuth erheben, findet sich ein Salon oder vielmehr ein Gemach, das man mit diesem klangvollen Ausdrucke bezeichnet; ja, um gleich diese Seltsamkeit, um nicht zu sagen Ungeheuerlichkeit, in ihrer weitesten Ausdehnung zu zeigen, muß bemerkt werden, daß selbst die Grisette, die eine Mansarde von zwei Abtheilungen bewohnt, eine derselben ihren Salon nennt.

Unser Freund also betrat lächelnd den Salon, dessen Decke er beinahe mit der Hand erreichen konnte, und stellte hier Betrachtungen an, wozu ihm bei dem Umstande, daß der Herr Graf erst geweckt und wenigstens in Pantoffel und Schlafrock fahren mußte, jedenfalls ein paar Minuten gegönnt waren.

Der Spieler von Profession verräth sich gewöhnlich schon durch die Art sich zu kleiden, sich zu halten und auszudrücken; so wird auch seine Wohnung, wenn er unverehelicht ist, fast immer das Gepräge von Verstörtheit und selbst bei allem Luxus der Einrichtung von abschreckender Liederlichkeit haben.

Graf Luigi, hatte sich Herr Werner nicht in seiner Person getäuscht und war er wirklich der Spieler von weitem Gewissen, machte von dieser Regel sowohl in Bezug auf seinen äußern Menschen als auch auf seine Wohnung eine Ausnahme; denn wie seine Toilette nichts Verschrobenes, seine Haltung und Sprache nichts

Lauerndes, Ausholendes, sondern im Gegentheile etwas ganz Cavalières, Heiteres, männlich Freies an sich hatte, so erschien auch seine Wohnung durchaus nicht abschreckend. Der Salon war einfach, aber mit Geschmack möblirt, rein gehalten und von ganz behaglichem Aussehen.

Es blieb also nur noch der Umstand des sehr nachlässigen Wesens von Monsieur Jacques und des Zubettegehens um sieben Uhr früh nebst der Bibliothek, worin sein Gebieter schlief.

So weit war Paul in seinen Betrachtungen gekommen, als sich die sonore Stimme des Grafen in einem muntern Ausrufe vom Mittelzimmer vernehmen ließ und dieser unmittelbar darauf, mehr mit einem Sprunge als Schritte durch die offen gelassene Salonthür, in Schlafrock und Pantoffeln von orientalischem Stoff und Schnitt vor ihm stand.

„Entzückt, Sie zu sehen, mein lieber Baron!" rief er im Tone der herzlichsten Aufrichtigkeit aus, indem er Paul's Rechte mit beiden Händen umfaßte und ihn neben sich auf die von mehreren Tabourets umgebene Ottomane niederzog.

„Ein wenig früh, Herr Graf, allein Ihr Diener wollte mich durchaus melden", entgegnete Paul freundlich.

„Und er hatte Recht. Wie schön das von Ihnen, mein Herr!"

„Ihren Schlaf unterbrochen zu haben?"

„O nein doch! Ist meine Miene schläfrig?"

„In Wahrheit ganz und gar nicht."

Dies verhielt sich auch wirklich so, wie Paul nicht ohne Staunen und rückkehrende Zweifel an Werner's Behauptung wahrnahm, denn auf dem schönen Gesichte des Grafen war auch nicht die leiseste Spur von geistiger oder körperlicher Erschöpfung zu sehen und sein Benehmen war so ungezwungen wie gewöhnlich.

„Sie machen mir doch das Vergnügen, mit mir zu frühstücken?"

„Entschuldigen Sie, ich fahre schon um zwölf mit Herrn Werner nach St.-Cloud."

„Dagegen läßt sich nichts sagen. Aber diesen Abend —"

„Bin ich frei."

„Und, wenn ich bitten darf?"

„Ganz zu Ihrer Verfügung, da ich selbst noch zu sehr Neuling in Paris bin."

Paul hatte bei dieser Zusage den Grafen scharf ins Auge gefaßt, aber ebenso wenig als vorher irgend eine Veränderung in seiner Miene zu entdecken vermocht.

„Schön, schön! Wir werden uns nicht langweilen. Aber hören Sie, mein lieber Baron, Ihr Herr Worner — Warner — wie heißt er?"

„Werner."

„Ihr Herr Werner ist ein Mann comme il faut."

„Nicht wahr? Ja, er läßt leben."

„Und lebt wohl auch selbst noch ein bischen, he?"

„Was wollen Sie! Er ist in den besten Jahren. Inzwischen wird sich seine ganze Debauche an diesem Abende, den er mir völlig frei gegeben, auf einige Partien Schach im Café de la Régence beschränken; er will sich mit dem Fürsten dieses edlen Spiels selbst messen."

„Mit Labourbonnais? Er ist also sehr stark?"

„In Allem."

„Ich werde morgen, etwa um diese Stunde, mir die Ehre geben, ihm meinen Besuch abzustatten."

Paul verneigte sich schweigend.

„Wie denken Sie, Herr Graf, daß wir unsern Abend hinbringen sollen?" fragte er nach kurzer Pause leichthin.

„Sie bedürfen, lieber Baron", lautete die ebenso leicht hingeworfene Antwort, „nach Allem, was Sie mich bis jetzt von Ihrem Gemüthszustand erkennen oder eigentlich nur vermuthen ließen, einer mehr aufregen=

den Unterhaltung, als Theater und Cafés zu gewähren vermögen."

„Ich kann Ihnen nicht Unrecht geben, allein die Frage ist, welcher andern?"

„O, Paris bietet hundertfache Gelegenheit, sich köstlich und dabei höchst anständig zu vergnügen, natürlich angenommen, daß man —"

„Die Mittel dazu besitzt?"

„Ja, obgleich solche nicht eben die glänzendsten zu sein brauchen. Ich zum Beispiel habe nur über ganz mäßige zu verfügen und lebe sehr angenehm. Freilich bin ich unumschränkter Herr dessen, was ich besitze, während Sie noch —"

„Unter väterlicher Gewalt, meinen Sie?"

„Da Sie noch nicht großjährig —"

„Das verhält sich, wie Sie sagen, und doch erfreue ich mich hierin einer gewissen Unabhängigkeit. Mein Vater ist reich und seine Liberalität bezüglich meiner, gestützt auf Liebe und Vertrauen zu mir, kommt seinem Reichthume gleich; ich habe von ihm carte blanche."

„Ah, ich gratulire! Wohlan denn, diesen Abend überlassen Sie sich meiner Führung?"

„Mit Vergnügen; doch nur unter zwei Bedingungen."

„Und diese sind?"

„Die erste, daß ich die Kosten der heutigen Unterhaltung für uns beide ganz allein trage."

„Das geht nicht wohl an."

„Dann trete ich zurück."

„Nun, so sei es; doch auf Revanche!"

„Das wird sich finden."

„Und die zweite Bedingung?"

„Daß Sie mir Ihr Ehrenwort darauf geben, bei Gelegenheit einer etwaigen Intrigue, kleinen Galanterie oder dergleichen meinen Namen zu verschweigen, ihn überhaupt nur jenen Personen zu nennen, die ich Ihnen selbst bezeichnen werde."

„Mein Ehrenwort darauf, und zwar um so bereitwilliger, als ich das für mich selbst immer so zu halten pflege. Welchen Namen wollen Sie dagegen annehmen?"

„Wallheim zum Beispiel."

„Doch Baron von Wallheim?"

„Warum nicht?"

„Abgemacht! Wann und wo treffen wir uns diesen Abend, wenn es beliebt?"

„Ich werde mich um die achte Stunde hier wieder einfinden, falls Ihnen das convenirt."

„Vollkommen, denn es ist in diesem Hause, wo wir unsern ersten Abend in der liebenswürdigsten Gesellschaft von der Welt zubringen werden."

„Sieh da, in diesem Hause!"

„In der Beletage, die eine der reizendsten und geistvollsten Damen von Paris bewohnt und deren Salon zu den gesuchtesten gehört."

„Von seiten?"

„Solcher, die Geschmack für Musik, Gesang und heitere Conversation besitzen."

„Die Verhältnisse dieser Dame sind Ihnen natürlich bekannt, Herr Graf?"

„Nicht so ganz; aber was ich davon weiß, sollen auch Sie wissen, mein lieber Herr Baron von Wallheim."

„Ich bewundere Ihr Namengedächtniß."

„Sie sind sehr gütig!"

„Also die reizende und geistvolle Frau vom Hause —"

„Ist etwa sechsunddreißig Jahre alt, aber von vollendeter Schönheit und der Haltung einer Fürstin."

„Ohne jedoch Fürstin, Marquise oder Vicomtesse zu sein?"

„Sie ist von edler Familie und Wittwe eines belgischen Grafen, dessen Namen sie jedoch aus mir noch unbekannten Gründen nicht führt, obwohl ihr derselbe ein bedeutendes Vermögen hinterlassen zu haben scheint."

„Und wie nennt sie sich?"

„Ganz einfach Madame d'Arville. Schon über ein

Jahr in Paris, gilt sie noch immer für eine der interessantesten Erscheinungen in den Salons der volée financière, welche sie — und das ist ihr Geheimniß — jenen der haute volée vorzieht."

„Hat sie Kinder?"

„Nein, aber sie spricht bisweilen und nie ohne tiefes Gefühl von ihrem Sohne, den sie sehr früh durch den Tod verloren."

„Bei ihr also führen Sie mich heute ein?"

„Ja, denn es trifft sich eben, daß sie heute Gesellschaft empfängt."

„Gut, ich werde um acht hier sein."

Damit erhob sich Paul und verließ die Wohnung des Grafen, der ihn unter den lebhaftesten Betheuerungen seiner Ergebenheit bis an die Treppe begleitete.

Drittes Kapitel.

Eine Spielgeschichte.

Eine Stunde später rollte der Fiaker, der unsere deutschen Freunde nach St.-Cloud bringen sollte, mit ihnen durch das Boulogner Wäldchen dahin.

„Sie sehen", sagte Herr Werner, nachdem ihm Paul über seinen Besuch bei dem Grafen getreulich Bericht erstattet, „daß ich mich im Charakter dieses Herrn nicht getäuscht; nun, ebenso wenig irrte ich in seiner Person, denn mein Gedächtniß ist gut, wie gering dieser Abenteurer auch davon denken mag."

„Sie nehmen also an, daß er Sie wiedererkannt hat?"

„Ja, und daß er nun, irregeleitet durch Ihr Entgegenkommen, überzeugt sein muß, seinerseits nicht erkannt worden zu sein. Es liegen allerdings fünf Jahre zwi=

schen meinem ersten und diesem Zusammentreffen mit ihm; aber noch einmal, mein Gedächtniß, besonders für Physiognomien, ist so stark als das Naturell dieses Menschen, dessen Schönheit und Kraft trotz aller Aufregungen und Ausschweifungen durchaus nicht gelitten haben."

„Sie versprachen, mir von jener ersten Begegnung zu erzählen."

„Und ich komme meinem Versprechen nach. Hören Sie! Es war im Spätsommer 1834, als mich, wie Sie sich erinnern, eine Erbschaftsangelegenheit nach Straßburg rief. Ihr Vater gab mir Urlaub auf einige Wochen. Innerhalb vierzehn Tagen hatte ich mein Geschäft beendigt und die Rückreise angetreten. Ich besuchte Baden-Baden, den reizendsten und zugleich gefährlichsten Kurort Deutschlands. Ich hatte so viel von dem natürlichen und künstlichen Zauber dieses Badeorts gelesen und gehört, daß ich mich nicht enthalten konnte, ihn auf einige Tage zu besuchen und mich daselbst, während ich, ganz unzugänglich für das Spiel, nichts als ein wenig Zeit verlor, an Welt- und Menschenkenntniß zu bereichern. Ich fand die Schilderungen sowohl der Naturreize als auch des Lebens von Baden-Baden nicht nur nicht übertrieben, sondern sogar noch hinter der Wirklichkeit zurückbleibend. Die Umgebung der Stadt ist wahrhaft malerisch und die Saison vereinigt in ihr den höchsten Luxus, wie man solchen nur in London, Paris oder Wien anzustaunen Gelegenheit hat. Der Andrang zu den grünen Tischen der Conversationssäle war außerordentlich; im Trente et Quarante und selbst an der Roulette wurden ungeheure Summen verloren. Ich betrachtete mir dies Alles zwei Tage hindurch sehr aufmerksam, wie auch Sie es gelegentlich sehen sollen, dieses alle Fähigkeiten der Seele in Gährung bringende, ganz unbeschreibliche Getreibe, diese Leidenschaften und — o mein Paul! — diese entsetzliche Abspannung und Verzweiflung. Doch zur Sache. Es war in der Mitternachtsstunde des zweiten Tages, als ich den Kursaal tief aufseufzend verließ, um mich von allen den fürchterlichen Eindrücken, von dem Ueberreize dieses aufs äußerste raffinirten, nicht mehr Leben zu nennenden Seins am Busen der göttlichen Natur zu erholen, und ich schritt die herrlichen Anlagen im Rücken des Conversationshauses hinan, von deren Höhepunkten aus man eine köstliche Rundsicht genießt. Der Vollmond schwebte im Zenith des wolkenlosen Himmels, kein Lüftchen regte sich, es war eine Nacht zu entzückenden Träumereien oder zu den erhabensten Betrachtungen. Ich hatte, meinen Gedanken hingegeben, das Plateau erreicht, ohne einem Menschen begegnet zu sein, als ich, um eine Baumgruppe biegend, mich plötzlich zur Seite eines jungen, anständig gekleideten Mannes sah, der auf einer Birkenbank mehr lag als saß und vor sein von mir abgewandtes, der Stadt zugekehrtes Gesicht beide Hände krampfhaft gepreßt hielt. Ich stutzte und blieb unwillkürlich stehen."

„Wahrscheinlich ein Opfer des Spiels!" unterbrach Paul den Erzählenden.

Dieser nickte bejahend und fuhr fort: „Das war auch mein erster Gedanke, und ich hatte mich nicht getäuscht.

Einige Sekunden lang hatte ich so als unfreiwilliger Zeuge des vielleicht schon der Verzweiflung nahen Seelenschmerzes dieses Unbekannten wie gebannt ganz regungslos dagestanden, als er die Hände sinken und mit einer halben Wendung mich ein Antlitz sehen ließ, dessen Ausdruck mich noch jetzt, nach fünf Jahren, mit Entsetzen erfüllt. Sein Hut lag neben ihm auf der Bank, und sein volles, glänzend schwarzes Haar fiel verworren über die hohe, vom Mondlichte beinahe mit Tageshelle übergossene Stirn. Ihre Muskeln waren furchtbar zusammengezogen, ebenso die dunklen Brauen; sein zum strahlenden Himmel aufgeschlagener Blick hatte nichts Menschliches an sich, es war der eines aus der Höhe göttlichen Bewußtseins in den Abgrund der Ver=

zweiflung gestürzten Engels, der eine Frage der wildesten Raserei in die auf ewig verlorene Heimat zurück emporschleudert, als grauenerregendes Wetterleuchten im Gegensatze zu dem flammenden Blitze, der ihn niedergeschmettert. Und er war, wie ich später sah, so schön, dieser junge Mann!

„Schreckliches Verhängniß!" stammelte er halblaut französisch vor sich hin, während sein zum Himmel gerichteter Blick sich plötzlich senkte und in die Erde bohrte, wobei seine Brust wogte und seine Hände sich convulsivisch ballten. „In einer einzigen Stunde ein ganzes Dasein vernichtet, die Freude, die Hoffnung, die Ehre deiner Aeltern, dein bis jetzt so rein erhaltener Name mit Schmach bedeckt! Und du zögerst, du fragst Dich noch, du fragst dich noch, was beginnen? Beginnen! Hier kann nur von enden die Rede sein. Denn woher, mein Gott, sollte mir noch Hülfe kommen?"

„Von ihm, den Sie so eben angerufen." Mit diesen Worten trat ich vor den Unglücklichen, der, wie von einer Kugel ins Herz getroffen, mit einem halberstickten Schrei aufsprang und im selben Momente zusammenbrach."

„Der Arme!" seufzte Paul und fügte dann mit einem schönen Blicke auf seinen edlen Erzieher hinzu: „Sie wurden, ich fühle es, zum Mittler zwischen

Verzweiflung und Vorsehung an dem Beklagens=
werthen."

„Ich war die Hand, die ihn vom Abgrunde zurück=
riß", entgegnete Herr Werner; „gerettet hat ihn Ihr
Vater."

„O mein guter, herrlicher Vater!"

„Ja, lieber Paul, er ist Ihrer Verehrung würdig.
Nun aber vernehmen Sie den fernern Verlauf dieses
meines Abenteuers in Baden=Baden. Worte des Gefühls,
der Erfahrung, der Religion waren es, womit ich den
Unglücklichen aufrichtete und dahin brachte, sich mir
ganz anzuvertrauen. Dieser junge Mann, nach dessen
Namen mich mein wackerer Paul nicht fragen wird,
war der Sohn bürgerlicher und wenig bemittelter Leute
aus Rouen, die höchste Freude ihres einfachen Lebens,
die Hoffnung ihres Alters, die Stütze seiner noch un=
versorgten Geschwister. Bernard — so mag er für
diese meine Mittheilung heißen — hatte, Dank den
ihm von seinem Vater gebrachten Opfern, eine verhält=
nißmäßig sehr gute Erziehung genossen und, kaum acht=
zehn Jahre alt, das Glück, durch Vermittelung eines
einflußreichen und menschenfreundlichen Mannes seiner
Vaterstadt in ein bedeutendes Fabrikgeschäft von Lyon
aufgenommen zu werden, wo er sogleich für seine Dienst=
leistungen — er wurde zur Correspondenz verwendet —

Gehalt bezog, der sich von Jahr zu Jahr steigerte und ihm es möglich machte, seiner Familie den Tribut der Dankbarkeit abzutragen.

So lebte Bernard fünf Jahre glücklich, geachtet und geliebt, heitern Blicks in die Zukunft schauend. Da ward sein Wirkungskreis erweitert; sein Chef ließ ihn im Interesse des Geschäfts reisen. Auch in dieser Stellung zeigte er sich ein Jahr hindurch brav und gewandt und gewann wie an Auszeichnung, so auch an Einkommen.

In seiner Eigenschaft als Reisender kam er im Sommer 1834 nach Nancy und Straßburg. Er hatte seine Geschäfte in diesen beiden Städten bald aufs schnellste und günstigste geordnet und dabei eine Summe von zehntausend Francs in Baarem für sein Haus ein= kassirt. Da trat ihm der Versucher entgegen; er wollte, er mußte nur einmal, nur ein einziges Mal sich dem Zauber des großen Spiels hingeben, und das reiz= volle Baden-Baden war so nahe! Auch hatte er über tausend Francs ihm eigen gehöriges Geld bei sich, und wenn er auch die Hälfte davon verlor, so war er ja bis= her so ökonomisch für sich selbst gewesen und dadurch ge= wiß berechtigt, sich einmal, nur einmal diesen hohen Genuß zu verschaffen, ja nur einmal, selbst wenn ihm die Göttin des Glücks, wie bis zur Stunde, freundlich lächeln sollte."

„Das ist", bemerkte Paul, „die verderbliche Sophistik

der Leidenschaft; der von ihr Verblendete hielt für Glück, was nur ein Ergebniß seines redlichen Strebens und ausdauernden Fleißes war."

„Sie betrachten dies vom rechten Standpunkte", sagte Herr Werner und erzählte weiter:

„Bernard war in Baden=Baden einen Tag vor mir angekommen und hatte sich gleich den ersten Abend an der Roulette versucht. Er gewann etwa hundert Francs. Am folgenden Morgen wollte er abreisen; „aber", sagte er sich erwachend, „habe ich denn auch das große Spiel gesehen? Alles spielte klein. Ich muß das Trente et Quarante wenigstens als Zuschauer kennen lernen." Mittags schon sah er zu, ruhig noch, aber gegen Abend saß er an jenem Tische von der gleißnerischen Farbe der Hoffnung und spielte großes Spiel; sein erster Satz war sein ganzer Gewinn vom vorigen Abende. Das Blatt gewann. Seine Phantasie erglühte; vor seinem entflammten Auge schwebte nicht mehr das Grün der Hoffnung, sondern blitzte die goldene Gewißheit. Als er gegen Mitternacht den Salon verließ, war er im Besitze von fünftausend Francs Gewinn. Und jene Nacht, sagte er mir, war die erste schlaflose seines ganzen Lebens. Hielt ihn nicht sein guter Engel wach, ehe er ihn auf lange, vielleicht auf immer verlassen sollte? Der Tag brach an und Bernhard erhob sich

unerquickt, unruhig, verstört. So eilte er ins Freie.
Er suchte sich selbst, doch er fand sich nicht; die
Natur sogar hatte sich für ihn verändert; ein zwei=
ter Midas, sah er Alles um sich her in Gold ver=
wandelt, die Luft, das Wasser, Laub, Blumen und
Gräser waren golden. Nach ein paar Stunden halb
wahnsinnigen Umherirrens durch Berge und Thäler
fand er sich, ohne zu wissen wie, vor dem Kursaale.
Die Zunge klebte ihm am Gaumen; er ließ sich Wein
geben und stürzte, er, der sonst so nüchterne, besonnene
junge Mann, einige Gläser in nur allzu rascher Folge
hinab; eine Viertelstunde, und die Flasche war leer,
wie sein Kopf voll von glühenden Wünschen, von
hochfliegenden Gedanken. Da war es, wo ihm der
Versucher zum zweiten Mal nahte, und diesmal nicht
als eine unkörperliche Macht, sondern in der Person
eines schönen Cavaliers voll jugendlicher Heiterkeit, der
sich höflich grüßend an sein Tischchen setzte. Ein Ge=
spräch entspann sich; man nahm ein Gabelfrühstück und
trank Champagner. Der Fremde gab sich für einen
sicilianischen Nobile und Seekapitän aus, der einen halb=
jährigen Urlaub zu gänzlicher Wiederherstellung seiner
Gesundheit erhalten. Er besprach Bernard's schönes,
ruhiges Spiel, das er tags vorher bewundert, und
lud am Ende den bereits wenn nicht Trunkenen, so

doch schon furchtbar Aufgeregten ein, mit ihm noch in derselben Stunde einen geheim gehaltenen Club zu besuchen, worin er, ohne selbst zu spielen, Gelegenheit finden sollte, wahrhaft großes Spiel zu sehen, ein Spiel, gegen welches das im Kursaale nur eine Kleinkrämerei zu nennen wäre."

„Schändlich! Und der Franzose folgte ihm, dem Nichtswürdigen, der seine Unzurechnungsfähigkeit benutzte, um ihn plündern zu lassen?"

„Er folgte ihm, und dieser nichtswürdige Kuppler der Verzweiflung war —

„Doch nicht unser Graf Luigi?"

„Derselbe."

„Sie haben ihn gesehen, gesprochen?"

„Ja, am Morgen nach jener schönen Mondnacht, in der ich Bernard vor Selbstvernichtung bewahrt. In jenem Club hatte der Betäubte nach anfänglich günstigen Zügen innerhalb weniger Stunden nicht nur sein Eigenthum und seinen Gewinn im Gesammtbetrage von sechstausend Francs, sondern auch — und dies trieb ihn zur Verzweiflung — die ganze ihm anvertraute Geschäftssumme von zehntausend Francs dazu verloren."

„Entsetzlich! Aber was thaten Sie?"

„Ich? Nun, ich nahm den Unglücklichen in jener Nacht mit mir auf mein Zimmer. Wir schliefen nicht, wir sprachen, und als wir am Morgen das Haus verließen, war ich überzeugt, denselben für immer von dieser Leidenschaft befreit, seine Seele wieder zu Gott erhoben und ihn der Gesellschaft als ein fortan nützliches Mitglied zurückgegeben zu haben. Es bewährte sich auch, wie ich sogleich hinzusetzen kann; Bernard blieb seinem mir gegebenen Ehrenworte treu; Niemand von den Seinigen erfuhr etwas, er brachte seinem Chef die zehntausend Francs und, was noch mehr, hat innerhalb dieser fünf Jahre Ihrem Vater heimgezahlt."

„Also mein Vater war es —"

„Der ihm, auf einen einzigen Brief von mir, die seine Ehre rettende Summe ohne Zinsen und auf unbestimmte Zeit lieh."

„Und Sie sprachen den Spieler?"

„An jenem Morgen, noch in seinem Bette, Bernard mir zur Seite. Die wenigen Worte, die ich zu dem Elenden, der sich voll Bestürzung halb aufrichtete, sprach, waren folgende:

„Dieser junge Mann fiel gestern in Ihre Hände, Sie schleppten ihn trunken in Ihre Spielhöhle und er verließ diese in Verzweiflung. Wenn Sie, mein Herr, und die Hauptinsassen Ihres sogenannten Clubs morgen um diese Stunde noch in Baden-Baden anzutreffen sein sollten, so würde ich es der Behörde anheimstellen, gründlich zu beweisen, daß dieser junge Mann nicht durch Kunst, sondern durch den Zufall ausgeplündert worden."

Auf diese Worte stammelte der Spieler, kreibeweiß und am ganzen Leib erbebend, etwas Unverständliches, und wir entfernten uns, ohne ihn auch nur eines Blicks noch zu würdigen. Am folgenden Tage hatte er mit seinen Helfershelfern den Kurort verlassen. Sechs Tage später, in welcher Zwischenzeit ich meinen Schützling näher kennen und hochschätzen lernte, kam Ihres Vaters Antwort auf meinen Brief mit einem Wechsel im Betrage von zehntausend Francs und einer Banknote von fünfhundert Gulden, bestimmt zu Bernard's Rückreise und Entschädigung für seinen eigenen Verlust. Ich begleitete ihn bis Straßburg, wo er, aufgelöst in Thränen des Dankes und religiöser Freude, von mir Abschied nahm und von wo aus auch ich in Ihre Arme zurückeilte."

Viertes Kapitel.

Zwischenact.

Der Tag entschwand unsern Freunden schnell in geist- und liebevollem Austausche von Ideen und Gefühlen, wissenschaftlichen und gemüthlichen Erörterungen über Natur und Kunst, Zeit- und Weltgeschichte, wozu ihnen ihr Verweilen in dem ebenso schön gelegenen wie interessanten St.-Cloud, ihre Streifereien durch den Park und die bewaldeten Anhöhen, der Besuch des Schlosses wie endlich die Besichtigung der großartigen Fabrik im nahen Sèvres reichliche Gelegenheit boten.

Sie trafen von diesem reizenden Ausfluge gegen sieben Uhr wieder in Paris ein, wo sich Herr Werner am Hauptportale des Palais royal von Paul mit den Worten verabschiedete:

"Hier gegenüber ist das Café de la Régence, wo

ich einige Stunden zuzubringen gedenke, um dann unmittelbar in unser Hotel zurückzukehren. Sie sind hinreichend mit Geld versehen; dieser Abend wird für Sie kein verlorener sein, und ich bin selbst, wie ich gestehen muß, sehr gespannt, das Ergebniß zu erfahren."

„Was mich betrifft", entgegnete Paul, „so hat zwar Ihre Erzählung von dem Vorfalle in Baden meine Seele mit Abscheu gegen den Abenteurer, der mich erwartet, und mit einer gewissen Unruhe erfüllt, die ich mir nicht ganz erklären kann; andererseits jedoch ergeht es mir wie Ihnen selbst, ich sehe dem Resultate dieses Abends mit Spannung entgegen."

Sie trennten sich herzlich, wie immer, und Paul begab sich durch die sehr gefüllten Arkaden des Palais royal nach dem Café de la Rotonde, wo er, seine Cigarre zu einer Tasse Thee schmauchend und mehrere Journale durchsehend, noch eine halbe Stunde zubrachte.

Er saß mit dem Gesichte gegen den Gartenplatz, dessen Alleen von Promenirenden wimmelten.

Als er, anfangs zerstreut, allmälig mit schärferem Auge über das Blatt in seiner Hand hinweg in das bunte Getriebe vor sich blickte, machte er eine Bemerkung, deren Seltsamkeit die Pariser selbst ganz unberührt zu lassen schien, für ihn jedoch, den Fremben, ben ruhigen Deutschen, eine Art Entdeckung war.

Er sah nämlich, wie eine nicht unbeträchtliche Anzahl von meist jungen Männern in Blousen und Kappen, deren Aussehen und Haltung theils etwas Wildes, theils auch etwas ebel Freies an sich hatte, an einer kleinen Boutique Exemplare. von Zeitungen kauften und sich, alsbald in deren Inhalt gierigen oder finstern Blicks sich vertiefend, damit an beleuchtete Pfeiler und Bäume lehnten.

„Offenbar" — dies sagte sich Paul sogleich — „sind das Leute, welche ihre Armuth verhindert, die Zeitungen im Café oder Gasthause zu lesen."

Hier aber stockte schon seine Betrachtung; denn war diese Annahme ihrer Dürftigkeit richtig — und ihre Erscheinung ließ ihn nicht daran zweifeln — so fand er andererseits den Umstand unerklärlich, wie derartig Nothleidende ihre paar Sous, die vielleicht ihre letzten, wenigstens für diesen Abend waren, mit dem Ankaufe einer Zeitung verschwenden konnten.

Er hatte keine Ahnung von dem, was die Zeitungen für diese Unglücklichen waren.

Aber ein Herr, der neben ihm saß und dem er diese seine Bemerkung mitzutheilen sich nicht enthalten konnte, gab ihm Aufschluß darüber, indem er, im be-

haglichen Schlürfen seiner Chokolade eine Weile ein=
haltend, ganz ruhigen Tons sagte:

„Die Zeitung ist für diese kleinen Unbekannten in
Blouse und Schirmkappe das Größte, was sie besitzen;
sie ist für sie die Hoffnung."

„Die Hoffnung! Sie haben Recht, mein Herr",
sprach Paul nicht ohne Verlegenheit, denn er schämte
sich, nicht von selbst auf diesen Gedanken gekommen zu
sein; „die Armen hoffen, daß ihnen diese oder jene
Zeitung die Kunde irgend einer großartigen Maßregel
zur Verbesserung ihrer Existenz bringen werde."

„Nein, das hoffen diese Leute nicht", lautete die
Gegenbemerkung des seltsam lächelnden Herrn.

„Nicht? Was aber sonst?"

„Sie hoffen das Gegentheil."

„Vergrößerung der allgemeinen Noth?"

„Sie sagen es."

„Die Hoffnung dieser Menschen ist also —"

„Eine Emeute."

„Aber das ist ja schrecklich!"

„Und wahr zugleich."

Paul verstummte, grüßte den lakonischen Herrn
höflich und verließ das Café und das Palais royal.

Mit dem Glockenschlage acht stand er vor dem Hause
von Madame d'Arville und hielt einen Augenblick an.

Es überkam ihn, als er zur hell erleuchteten Beletage emporblickte, durch deren reich drapirte Vorhänge von lichter Seide er die Schattengebilde einiger Personen in unbestimmten Contouren sah und von wo aus Klänge eines mit großer Fertigkeit gespielten Klaviers an sein Ohr schlugen, plötzlich jenes an Bangigkeit grenzende Gefühl, das die Seele des Menschen zu beherrschen pflegt, wenn er vor etwas Neuem, ganz Unbekanntem steht. Und dieses Gefühl war nicht der einzige Vorgang in seinem Innern; es verdüsterte dieses eine schwere, wenngleich ganz stoff= und haltlose Ahnung.

Aus dieser kurzen Selbstverlorenheit riß ihn plötzlich die Stimme des Grafen — sie durchdrang ihn wie ein Dolchstoß — der an das eine offene Fenster seiner Mezzanine gesprungen kam und ihn mit lautem Zurufe begrüßte.

Da war weiter nichts zu thun, als in dieses trotz seiner Offenheit und glänzenden Beleuchtung von außen und innen geheimnißvolle Haus einzutreten.

Als er den Fuß über die Schwelle gesetzt und aus tiefster Brust Athem geholt, war er ganz wieder er selbst oder vielmehr derjenige junge Mann, der sich bewußt war, der Lösung eines Problems entgegenzugehen, wozu er vor allem der Selbstbeherrschung bedurfte.

„Treten Sie ein, mein theurer Baron Wallheim, wir haben noch einige Minuten vor uns. Ich bin entzückt, Sie zu begrüßen!"

Mit diesen sehr schnell gesprochenen Worten empfing der Conte di Terra firma Luigi ***, wie wir den muthmaßlichen Abenteurer noch immer nennen müssen, seinen Besuch an der Thür mit der Bronzerosette, die der Groom in vollständigem Reitcostüm offen hielt.

Paul, seiner selbst nun schon Herr, schritt mit dem Grafen nach stummem, aber nicht unfreundlichem Gegengruß an James leicht vorüber und, einem Fingerzeige seines Begleiters folgend, aus dem Mittelgemache, statt in den Salon, durch die offen stehende Glasthür zur Linken in die mäßig erleuchtete Bibliothek.

Bibliothek? Das Zimmer hätte ebenso passend Schlafgemach oder Waffenkammer heißen können, denn schmückten auch die eine Wand etwa dreißig hübsche Bände auf einer mit seidenen Schnüren über einer Chaise longue befestigten Etagère, so füllten die anstoßenden zwei Schränke aus, deren einer das Bett, der andere Wäsche und Kleider in sich schloß, während die Pfeilerwände der Fensterseite mit Degen und Pistolen, Rappieren, Fechthandschuhen und Visiren behangen waren.

„Nur einen Augenblick, lieber Baron."

„Mit Vergnügen."

Sie ließen sich auf das Ruhebette nieder.

„Sie betrachteten sich die Beletage —"

„Und fand sie erleuchtet."

„Die Gesellschaft — ich habe Madame d'Arville darüber nach Ihrer Entfernung gesprochen — wird reizend sein und dennoch Ihre mir auferlegte erste Bedingung ganz überflüssig machen."

„Wie das?"

„Weil nicht ein Sou zu bezahlen sein wird."

„Nun, Herr Graf, so gilt jene Bedingung für unsere erste diesem Abende gelegentlich nachfolgende Debauche. Und worin wird unsere heutige Unterhaltung bestehen?"

„Ich glaubte es Ihnen schon gesagt zu haben: in Musik, Gesang, Geplauder, einem nicht zu verachtenden Büffet —"

„Und in — ja, ja, ich erinnere mich, in einem Spielchen."

„Das heißt, Baron, in einem erlaubten."

„Natürlich. Aber noch eins! Weiß die Herrin des Hauses, daß ich mir die Ehre geben werde —"

„Will sagen, daß ein junger, liebenswürdiger deutscher Cavalier Namens Baron von Wallheim die Gesellschaft durch seine Anwesenheit beehren und bezaubern wird."

„Ich habe Ihr Wort darauf, daß Sie meinen wahren Namen verschweigen."

„Mein Wort als das eines Cavaliers."

„Es genügte mir hierin schon das einfache eines Mannes."

„Ich verstehe; und Sie haben Recht: man hält sich in solchen Dingen an den Mann als Mann."

„Sie schließen vortrefflich. Wäre es Ihnen nun gefällig?"

„Zu Ihren Diensten! Kommen Sie, Herr Baron!"

„Von Wallheim."

„Immer von Wallheim."

Beide erhoben sich gleichzeitig und verließen die Mezzanine, um sich nach der Beletage zu begeben.

———

Fünftes Kapitel.

Im Salon von Madame d'Arville.

Der Salon von Madame d'Arville verdiente diese Bezeichnung in jedem Betrachte. Er bildete ein regelmäßiges Parallelogramm in einer Ausdehnung von drei Fenstern, welcher die Höhe vollkommen entsprach, und stand mit den übrigen Gemächern durch zwei Flügelthüren in Verbindung, die, einander gegenüber in den Seitenwänden angebracht, einerseits in das Vorzimmer, andererseits in einen kleinen, für Gesellschaften in engerem Kreise bestimmten Salon und aus diesem endlich zum Boudoir der Herrin führten, an welches das Kabinet ihrer Kammerfrau mit einem Entrée nach der Hoftreppe stieß.

Die Ausstattung des Hauptsalons zeugte von Luxus und Geschmack. Vier hohe, in den Ecken stehende Candelaber von vergoldeter Bronze, jeder zu sechs Ker=

zen, verbreiteten in Verbindung mit dem Lichte der an den kostbaren Trumeaux der zwei Fensterpfeiler angebrachten vier Girandolen Tageshelle. Zwei Porzellanvasen von Sèvres, gefüllt mit herrlichen Blumen, schmückten die Consolen aus carrarischem Marmor. Die Hauptwand gegenüber bedeckten mehrere symmetrisch geordnete größere und kleinere Gemälde von Künstlern der neuesten Zeit in trefflich gearbeiteten Rahmen, deren Goldglanz sich von der tief himmelblauen, mit silbernen Sternen besäeten Tapete prachtvoll abhob, nebst einem über sechs Fuß breiten und halb so hohen Querspiegel, unter welchem sich der Divan, einen Halbkreis bildend, bis in die Mitte des Salons mit seinen üppig geschwellten Kissen ausdehnte, indem er zur Linken ein freistehendes kostbares Piano und zur Rechten einen großen runden Tisch von bewundernswerther Holzmosaik berührte, auf welchem mehrere Albums und illustrirte Werke von jüngster Ausgabe lagen. Was dem Ganzen endlich ein ebenso reiches wie geschmackvolles und behagliches Aussehen verlieh, war der das Parquet völlig bedeckende Gobelin, dessen Blumen, von unübertrefflicher Zeichnung und Farbenpracht, in Wirklichkeit zu blühen und zu duften schienen.

In dem freien Raume zwischen der Fensterfronte und dem Divan ergingen sich zwei Herren Arm in

Arm. Sie hatten bei aller Eleganz und Wohlanständigkeit ihrer Kleidung und Haltung jenes gewisse Etwas an sich, das nur dem Spieler von Profession eigen ist, vor allem den plötzlichen Blick und die Festigkeit der Züge, die natürliche Folge steter Selbstbeherrschung und Benutzung des Moments. Es waren Männer in den Vierzigen, beide Pariser, die am Tage an der Börse und in der Nacht auf die Börse speculirten.

Außer ihnen befanden sich im Salon noch vier jüngere Herren von vierundzwanzig bis etwa sechsunddreißig Jahren, deren Physiognomien zwar durchaus hübsch und ohne das verdächtige Gepräge der Spieler waren, dagegen aber Frivolität ausdrückten, ganz im Einklange mit ihrer Haltung und Sprechweise, welche sie als aimables roués charakterisirten.

Sie saßen oder lagen vielmehr halb auf und in den orientalischen Kissen des Divans bei drei Damen, mit denen sie ein sehr lebhaftes und äußerst heiteres, von glänzenden Blicken und munterem Lachen begleitetes Gespräch unterhielten, ohne auf die vierte Dame Rücksicht zu nehmen, welche dicht neben dieser Gruppe am Klaviere saß und sich mit Virtuosität in einer Improvisation über Motive aus der damals eben durch die Cantatrice Damoreau-Cinti so beliebten Oper „Der schwarze Domino" vernehmen ließ.

Diese vier Damen, von denen die am Piano die anmuthigste und jüngste war — sie mochte ihr achtzehntes Jahr zurückgelegt haben — während die übrigen in dem Alter von fünfundzwanzig bis neunundzwanzig Jahren standen, gehörten jener nur in Paris zu findenden und in deutsche Begriffe kaum zu übertragenden Klasse des zarten Geschlechts an, welche mit der Gesellschaft zwar noch nicht völlig gebrochen, doch aber bereits einen Standpunkt eingenommen hat, wo sich die gewohnten und schon zu Grundsätzen gewordenen Ideen von Frauenwürde beinahe wie Vorurtheile ausnehmen und das Relief des äußern Anstandes als genügender Ersatz für die reine Charakterzeichnung echter Weiblichkeit gilt.

Was diesen vier Damen an Schönheit fehlte, hatten Natur und Kunst so günstig und glücklich durch Anmuth und Toilette ersetzt, daß man in der That bei ihnen über den Mangel an klassischen Zügen und Formen hinwegsehen konnte; sie waren sämmtlich geborene Pariserinnen, hatten Paris nie länger als auf ein paar Monate verlassen und demnach nichts von jenem reizenden Etwas verloren, das die Frauen dieser Hauptstadt des guten Tons von allen ihren Schwestern auf dem weiten Erdenrunde auf so unübertreffliche, um nicht zu sagen unnachahmliche Weise unterscheidet.

Dieses nur den Französinnen oder vielmehr nur den Pariserinnen eigene gewisse Etwas ist ebenso unbeschreiblich als — in seiner Totalwirkung — unnachahmlich. Sie haben sich im Ganzen weder der reinen, rührenden oder entzückenden und imposanten Schönheit der deutschen, englischen oder italienischen und griechischen Frauen zu erfreuen, noch sind sie von jener sittlichen Grazie belebt, die das irdisch Schöne, besonders im germanischen Stamme, als ideal erscheinen läßt; aber es ist dafür ein Element in ihrem Wesen — und dieses findet sich mit nur seltener Ausnahme nicht blos in der höhern Gesellschaft, sondern selbst in den untersten Klassen von Paris — ein Element, sagen wir, das sich nirgends sonst vorfindet oder, wenn schon, gewiß nicht so anziehend, begütigend, ausgleichend wirkt, das jedoch höchst schwierig näher zu bezeichnen oder gar zu benennen ist. Liegt dasselbe in ihrem Geiste, in der Plötzlichkeit, Gewandtheit und Elasticität ihres Denkens, Thuns und Lassens? Beruht es auf der Sicherheit ihres Taktes? Ist es ihr Geschmack, die tadellose, ursprüngliche, niemals kokett erscheinende Einfachheit und Gefälligkeit ihrer Toilette? Oder wäre es endlich nur eine Wirkung des Genius ihrer so harmonischen und in ihrem Munde so melodiösen, charaktervollen und doch geschmeidigen Sprache? Wir wissen es nicht, sind aber geneigt anzunehmen, daß sich für das zu Bestimmende jenes unbekannten Etwas vielleicht das Produkt aus allen so eben genannten Factoren als Gleichung ergeben dürfte.

Wie dem nun sein möge, Paul ist bereits mit dem Grafen eingetreten und ein Gegenstand der allgemeinen Aufmerksamkeit, so wenig belästigend sich diese auch kund gibt.

Man begrüßte sich mit anmuthiger Leichtigkeit, aber schweigend; eine Vorstellung findet nicht statt, zudem läge diese auch der Herrin des Hauses ob, welche noch fehlt.

„Ach, Fräulein Denise, wo ist Madame d'Arville, unsere liebenswürdige Wirthin?"

Mit dieser sehr lebhaft ausgesprochenen Frage wendete sich Paul's Führer an die junge Dame am Flügel, die im Augenblicke ihres Eintritts zu spielen aufgehört und sich ruhig erhoben hatte.

„Madame wird sogleich erscheinen", entgegnete sie mit einer sanften Stimme, deren Weichheit mit dem milden Ausdrucke ihrer Gesichtszüge und den graziösen Umrissen ihrer feinen Gestalt im Einklange stand.

Dabei traf ihr Blick, der, obgleich aus großen braunen, gesättigten Augen, nicht nur nicht das Unbefangene, Sichere und Herausfordernde der drei andern

Damen, sondern vielmehr etwas jungfräulich Schüchternes und zugleich Träumerisches an sich hatte, mit dem Blicke Paul's zusammen, der mit dem unverkennbaren Ausdruck von Ueberraschung diese holde, anmuthumflossene Erscheinung betrachtete. Das Zusammentreffen war die Sache einer Sekunde, dann verschleierte sich Denisens Blick, indem sich die weiche schwarze Seide ihrer langen, sanft aufgebogenen Wimpern leise darüber senkte und ein flüchtiges Roth in ihre gewöhnlich blassen Wangen trat, während Paul mit einem unwillkürlichen halberstickten Seufzer, der die Frage zu enthalten schien, wie ein solches Wesen in solcher Atmosphäre zu athmen vermöge, sein Auge von ihr ab und der Gesellschaft zuwendete, in deren Unterhaltung er sich durch die den Parisern eigene außerordentliche Leichtigkeit, ein Gespräch zu eröffnen und fortzusetzen, schon nach wenigen Minuten auf eine Art verflochten sah, als befände er sich in einem Kreise von vieljährigen Bekannten, um nicht zu sagen Freunden.

Der scharfsinnige junge Mann mußte sich gestehen, wie verführerisch, ja wie unwiderstehlich eine solche Gesellschaft, deren Schlimmes, moralisch Häßliches und Verderbliches in so gefälliger, Phantasie und Geist aufregender Form und so reizender Umhüllung erscheint, für einen ganz arglosen Jüngling und selbst auch für einen Mann sein müsse, dessen Erfahrungen nicht Schwere genug haben, um die Schale voll solcher Sinnlichkeit emporschnellen zu machen; und doch hatte er diese Damen nur erst sprechen, noch nicht eigentlich vertraut plaudern, noch nicht singen hören, o! und noch nicht tanzen sehen; auch war er zur Zeit nur Blicken voll artiger Aufmerksamkeit begegnet, ohne von jenen berührt worden zu sein, die wie ein Abgrund locken, anziehen, verschlingen.

Das Gespräch, wobei Fräulein Denise sich ganz leidend verhielt, wurde plötzlich durch einen freudigen Ausruf des Grafen Luigi unterbrochen, welcher den Eintritt der Herrin vom Hause kund gab.

Es war in der That Madame d'Arville, welche plötzlich an der geräuschlos geöffneten Thür gegenüber dem Haupteingange stand und einen flüchtigen Blick auf die innerhalb des Divans gruppirte Gesellschaft warf.

Paul, der mit dem Rücken gegen diese Thür saß, erhob sich gleich allen Uebrigen, aber mit einer weit raschern Wendung als dieselben, für welche Raschheit der Umstand, daß er zum ersten Mal im Hause dieser Dame und ihr noch nicht vorgestellt war, als Erklärung bienen konnte, die indessen ihren eigentlichen Grund in dem ihm selbst räthselhaften brennenden Verlangen hatte, eine Frau näher kennen zu lernen, deren Vergangenheit, falls er durch des Grafen Mittheilungen nicht mystificirt worden, von Geheimniß umhüllt und beren Gegenwart einer Lebensweise hingegeben war, die ihm selbst an einem Manne als heillos und fast unbegreiflich erschien.

Paul also hatte sich rasch, beinahe ungestüm erhoben und sich vor einer hohen Frauengestalt verneigt, ohne die Züge derselben, so seltsam bewegt und verlegen fühlte er sich, bei seiner unwillkürlich ehrerbietigen Verbeugung noch ins Auge gefaßt zu haben. Indem er aber jetzt, da ihn der Graf mit lauter Stimme als Baron von Wallheim aus Deutschland vorstellte, sein schönes Haupt empor und den schüchternen, beinahe ängstlichen Blick nach dem Antlitze von Madame d'Arville richtete, ward seine Ueberraschung zur Bestürzung und er hatte Mühe, sich aufrecht zu erhalten, während sie selbst, als sich ihre Blicke kreuzten, sichtlich erbebte und erbleichte.

Die Gesellschaft war wie elektrisirt; man starrte sich wechselseitig fragend an.

Es währte dies nur ein paar Sekunden, und schon hatten sämmtliche Zeugen dieses auffallenden Begebnisses sich dasselbe erklärt; der Anblick des deutschen Barons, sagten sie sich, hat in Madame d'Arville, deren phantastische Geistesrichtung und Gemüthsreizbarkeit ihnen kein Geheimniß war, eine Jugenderinnerung voll Romantik wachgerufen und dadurch ihre Nerven erschüttert; die Bewegtheit des jungen Mannes dagegen leiteten sie ganz einfach von der Schönheit und imposanten Haltung ihrer Wirthin ab, deren Reize, trotz ihrer sechsunddreißig Jahre, auf alle Männer und besonders auf jüngere, welche sie zum ersten Mal sahen, eine fast magisch zu nennende Wirkung hervorbrachten. Wir werden bald erfahren, ob diese Weltkinder richtig geschlossen oder nicht.

Wahr ist, daß man Madame d'Arville eine vollendete Schönheit hätte nennen müssen, wären ihre eblen Züge nicht unter der Herrschaft des Geistes der Ruhe beraubt worden; tabellos dagegen erschienen die Formen ihrer junonischen Gestalt, die Reinheit und Frische ihres Teints, die zarte, weiche Gliederung ihrer Hände, prachtvoll das reiche Haar von glänzendem Kastanienbraun, entzückend endlich wie der reine Frühsommerhimmel das tiefe Blau ihrer großen, mandelförmig geschnittenen Augen in dem ihnen eigenen und vorherrschenden Ausdruck träumerischen Nachsinnens.

Ebenso wahr auch ist, daß Paul noch nie eine schönere Frau gesehen hatte und augenblicklich von Bewunderung durchdrungen war; diesem Staunen aber folgte im Nu ein Gefühl, das wir mit dem Worte Bestürzung bezeichneten und zwar in Ermangelung eines den Zustand seiner Seele genauer bestimmenden.

Denn was ging in dieser vor? War es nur jener Schmerz, welcher den Edlen beim Anblicke der dem Bösen verfallenen Schönheit erfaßt? War es Schreck, Entsetzen, sich in der Hölle zur Seite eines gestürzten Engels zu wissen? Oder hatte auch sie in seinem Geiste, in seinem Herzen eine ihn mächtig ergreifende Erinnerung heraufbeschworen?

Nichts von dem Allem.

Es war wie ein Blitz aus wolkenlosem Aether, was mit ihrem Blicke seine Brust durchzuckte, wie ein Moment des beginnenden oder plötzlich endenden Wahnsinns; er fühlte sich hingerissen und es war ihm, als geböte ihm der unwiderstehliche Wille eines mächtigen Magnetiseurs, zu den Füßen dieser Frau auf seine Knie hinzusinken.

Dieser ganze seltsame Vorgang hatte, wie bemerkt, innerhalb einiger Sekunden stattgehabt; im nächsten Augenblicke war die Ordnung — wenn nicht die innere, so doch die äußere — wiederhergestellt und selbst in den noch eben so verstörten Zügen von Madame d'Arville und Paul wenig mehr von der ungeheuren Aufregung, die über sie hingestürmt, zu erblicken.

Denn was immer auch die Seele dieser Frau und dieses jungen Mannes erschüttert haben mochte, so war sie doch als Weltdame und er durch sein hohes Selbstbewußtsein stark genug, um sich mit Aufwand aller Geisteskraft so schnell zu sammeln, als es die Umstände erheischten, das heißt, als es die Anwesenheit von Menschen, die das Leben von nichts weniger als poetischer Seite aufzufassen gewohnt waren, nothwendig machte.

Madame d'Arville ließ sich zur Seite ihrer Gesellschafterin — und dies war seit einem Jahre Fräulein Denise — Paul gegenüber auf dem Divan nieder und sprach, nachdem sie mit anmuthiger Handbewegung ihn wie die Uebrigen zum Sitzen eingeladen hatte, mit wohlklingender, wenngleich etwas zitternder Stimme, während sie ihren Blick wie in Zerstreuung über Personen und Gegenstände gleiten ließ:

„Ihr Anblick, mein Herr Baron von Wallheim, überraschte mich, denn Sie gleichen auffallend einem Jugendfreunde von mir, den ich durch — durch den Tod verlor und dessen Verlust ich noch immer tief betrauere."

Paul hatte sie zwar noch nicht aus den Augen gelassen, ja er betrachtete sie mit einer geistigen Anstrengung, die Niemand außer ihr selbst entging; dennoch war er bereits wieder gefaßt.

„Madame d'Arville", entgegnete er milden Tons, indem er sich leise verneigte, „ich weiß nicht, ob ich mich darüber freuen ober beklagen soll, diese Erinnerung so lebhaft hervorgerufen zu haben; gewiß aber ist, daß ich mich in Ihrer Nähe so glücklich fühle, als hätten wir schon Jahre im seligen Austausche schöner Gedanken und Empfindungen verlebt."

Bei diesen seinen Worten kreuzten sich die Blicke der Damen und Herren, Madame d'Arville und Denise ausgenommen, welche beide zerstreut vor sich hinsahen; einige Köpfe näherten sich einander und ein beifälliges Gemurmel wurde vernehmbar, durch welches sich die indiscrete Stimme des Grafen Luigi deutlich zu machen bestrebte, indem er ausrief:

„Fürwahr, ein geborener Pariser könnte sich nicht artiger ausdrücken!"

Da traf den Vorlauten der zurückkehrende Blick der Hausfrau mit solcher Strenge, daß er sich auf die Lippe biß und das Auge senkte; sie aber sagte, zu Paul sich wendend:

„Mein Herr, was uns beiden heute begegnet, gehört in das Gebiet jener räthselhaften Erscheinungen, welche sich weder wegleugnen noch erklären lassen, die, obgleich Thatsachen, doch der Wirklichkeit des Alltagslebens gegenüber sich wie Fata Morgana ausnehmen, wie Strahlenbrechungen, Luftspiegelungen aus dem unkörperlichen Lande der Phantasie herein in dieses unser nur allzu materielles Dasein."

Indem sie also sprach, hatte Madame d'Arville, wie um sich daran zu erkräftigen, Denisens Hand ergriffen und fest in die ihrige geschlossen.

Dieses holde Mädchen hatte sie sogleich verstanden. Halb ihr, halb Paul zugewendet, nahm es das Wort und sagte:

„Geht es uns nicht auch ebenso mit Büchern? Wie so mancher Idee und Persönlichkeit begegnen wir nicht oft in Werken geistvoller Autoren, die wir als uns gehörig und als uns verwandt reclamiren möchten! Wir finden Menschen geschildert, mit denen wir schon ein ganzes Leben gelebt zu haben glauben."

„Es ist das eine Art Magnetismus", unterbrach die Sprecherin einer der Herren.

„Ja", ergänzte diesen eine Dame, „und zwar die einzige Art von Magnetismus, deren Möglichkeit mir annehmbar scheint."

„Eine Annahme", sagte Paul, der nachgerade sich zu fragen begann, ob er denn wirklich in einem Spielhause sich befinde, „welche zugleich ein Beweis für die Thatsächlichkeit des Magnetismus im ausgedehntesten Sinne des Wortes sein dürfte."

„Wie das, mein Herr?"

„Wie? Sobald Sie die Wirkung von Verwandtschaft nur irgendwie zugeben, so müssen Sie dieselbe in ihrer Allgemeinheit anerkennen; die Wirkungen aber werden gewiß ebenso unbegrenzte sein, als die Ursachen unberechenbar sind, welche sie bedingen."

Das Gespräch sprang bald von diesem subtilen Gegenstande ab und verallgemeinte sich, ohne daß jedoch Denise, Paul und Madame d'Arville mehr als mit flüchtigen Bemerkungen daran Theil nahmen.

Letztere erhob sich nach etwa einer halben Stunde Anwesenheit im Salon.

Graf Luigi, durch einen blitzschnellen Blick von ihr aufgefordert, hatte sich gleichfalls erhoben.

Sie schritten in dem freien Raume längs der Fenster, während die Andern auf ihren Sitzen blieben, anscheinend nachlässig auf und nieder. Das von beiden ebenso rasch als leise geführte Gespräch aber war folgendes:

„Sie sagten mir diesen Mittag, daß Sie diesen Abend einen jungen deutschen Baron Namens Wallheim in meinem Hause einführen würden."

„Und es ist geschehen, Frau Gräfin."

„Madame d'Arville, wenn es beliebt. Es ist also ein Baron Wallheim?"

„Gewiß ist er das; ein reicher deutscher Baron, ein höchst beachtenswerther Erbe."

„Der jedoch nicht in meinem Hause spielen wird."

„Nicht? Und wozu habe ich ihn eingeführt?"

„Um ein Gespräch über Magnetismus zu veranlassen."

„Sie scherzen."

„Nicht im mindesten; es ist mir im Gegentheil sehr ernst zu Muthe, so ernst, daß überhaupt gar nicht mehr bei mir gespielt werden dürfte."

„Was sagen Sie?"

„Die Wahrheit. Sie lieben die Wahrheit nicht sehr?"

„Diese wenigstens nicht sonderlich."

„Aber die Wahrheit im Ganzen?"

„Halte ich für ein sehr feines Gift, das man der leidenden Menschheit nicht in allopathischen Dosen, sondern nur in homöopathischen Decilliontheilchen beibringen darf."

„Nun denn, so vernehmen Sie, daß ich durch den von Ihnen eingeführten jungen Mann bezüglich meiner krankhaften Inclination zum Spiele homöopathisch behandelt und gleichzeitig davon auf magnetischem Wege geheilt worden bin."

„Sie sprechen in Räthseln."

„Die sich in kurzem lösen werden."

„Wir spielen also heute nicht?"

„Wir spielen niemals wieder."

„Aber Ihr Salon!"

„Menschen zerstören, was Menschen schaffen. Wir sprechen noch hierüber. Ich fühle meine Migräne im Anzuge. Sagen Sie dies gefälligst der Gesellschaft, sobald ich mich zurückgezogen haben werde. Schicken Sie dann Fräulein Denise zu mir. Somit für heute guten Abend."

Madame d'Arville hatte sich schon ein paar Schritte von dem verblüfften Italiener entfernt, als sie rasch wieder zu ihm trat.

„Apropos", sagte sie ganz leicht hingeworfen, wobei sie den Verlegenen jedoch aufs schärfste fixirte, „wo wohnt Baron Wallheim?"

Wie aller Besinnung und Selbstständigkeit durch die Worte und den brennenden Blick dieser Frau beraubt, antwortete er ganz mechanisch: „Im Hotel des Princes."

Sie nickte ihm leicht zu und schritt langsam durch den Salon zu der Thür hinaus, welche zu ihren Gemächern führte.

Wenige Augenblicke später hatte sich auch Denise entfernt und wußte die Gesellschaft, daß die Frau vom Hause von Migräne befallen worden.

Es war dies eine Art Parole für den Abend, die nicht mißverstanden werden konnte und von den In=

teressenten auch ganz gut begriffen wurde, denn sie brachen alsbald auf.

„Wir sehen Sie doch morgen um die bestimmte Stunde bei uns?" fragte Paul den Grafen, der, noch immer wie traumbefangen, an der Thür seiner Mezza=nine sich sehr einsilbig von ihm verabschiedete.

Eine stumme Verbeugung war die Antwort.

Sechstes Kapitel.

Das entschleierte Bild der Wahrheit.

Es war nahe an zehn Uhr, als Paul in sein Zimmer trat.

Er hatte die halbe Stunde Zwischenzeit damit zugebracht, daß er einige der minder belebten Straßen und Gassen durchschritt und über das sonderbare Erlebniß dieses Abends nachsann.

Immer die Gestalten und Züge von Madame d'Arville und Denise vor Augen, die beide einen gleich mächtigen, wenn auch an sich ganz verschiedenen Eindruck in seiner Phantasie wie in seinem Gemüthe hervorgebracht und, wie er sich schon jetzt gestehen mußte, wohl auf lange, wenn nicht für immer zurückgelassen hatten, suchte er diese außerordentliche Wirkung auf ihre Ursache zurückzuführen oder doch, falls ihm dies

nicht gelingen sollte, auf dem Wege der Analogie irgend einen Halt zu finden, an dem sich seine regen Gedanken und Empfindungen sammeln und zu einer Schluß=
folgerung kommen könnten.

Aber wie sehr sich sein Geist und seine Einbildungs=
kraft auch abmühten, es gelang ihm weder das Eine noch das Andere; nur fühlte er sich von Sehnsucht durchdrungen, einer Sehnsucht jedoch, die nicht frei von Bangigkeit, von schmerzlicher Unruhe war.

In dieser Stimmung betrat er sein Zimmer. Herr Werner war schon seit einer Stunde zu Hause, und Paul fand ihn am Tische sitzend und sehr ernsten Ausdrucks in einem Briefe lesend.

Er gewahrte den Eintretenden nicht sogleich, und als er bei Paul's mehr geseufztem als gesprochenem „Guten Abend!" vom Briefe aufblickte und seinen Lieb=
ling gesenkten Hauptes und mit gefurchter Stirn lang=
sam auf sich zuschreiten sah, überkam den sonst so ruhigen, festen Mann plötzlich Angst mit dem Gedanken, daß demselben in des verruchten Italieners Gesellschaft, in die er ihn leider selbst geschickt, ein Unglück oder doch etwas sehr Widerwärtiges zugestoßen sei.

Der Brief entsank seiner Hand und er sprang auf.

„Mein Gott, Paul, was ist Ihnen begegnet?" rief er mit bebender Stimme, indem er ihn anstarrte.

Paul hatte Hut und Handschuhe abgelegt und trat zu seinem väterlichen Freunde. Sein Haupt erhob, seine Stirn glättete sich, aber er lächelte wehmüthig, als er ihn umarmte, sanft zu sich auf das Sopha niederzog und dabei antwortete:

„Mir ist durchaus nichts Unangenehmes begegnet, wiewohl etwas höchst Seltsames, Räthselhaftes."

„Das Sie mir mittheilen dürfen?"

„Gewiß."

„Aber Ihre ungewöhnliche Erregtheit —"

„Ist nur die Folge angestrengten und vergeblichen Nachdenkens und Nachempfindens."

„So früh aus einer Spielgesellschaft! Sie waren doch dort?"

„Ja."

„Und es wurde gespielt?"

„Man spielte nicht; es ward nur gesprochen und ich verließ schon nach etwa einer Stunde mit der ganzen Gesellschaft den Salon von Madame d'Arville, die Migräne bekam oder vorschützte, um sich zurückzuziehen; danach erging ich mich allein in den Straßen, und nun —"

„Sind Sie, Dank der Vorsehung, unversehrt in meiner Nähe, wenngleich nicht unbefangen. Und welches Zusammentreffen von Umständen! Ich fand einen Brief

Ihres Vaters an mich mit einem Beischlusse an Sie vor, den unser Diener diesen Mittag von der Post abgeholt, und dieser Brief —"

„O geben, geben Sie!"

„Sein Brief an mich ertheilt mir die Vollmacht, Sie nunmehr einzuweihen in das ernste Geheimniß Ihres Hauses."

„Endlich, endlich! O was werde ich hören müssen!"

„Eine furchtbare Geschichte, lieber Paul, deren Inhalt Sie mit noch nie erlebtem Schmerz erfüllen und zugleich die Verehrung für Ihren Vater noch erhöhen wird. Hier ist der Beischluß; lesen Sie."

Paul ergriff mit zitternder Hand das ihm gereichte Blatt und verschlang glühenden Blicks dessen Inhalt, der nur aus folgenden wenigen Worten bestand:

„Mein theurer Sohn, mein heißgeliebtes, einziges Kind, alleinige Freude und Hoffnung meiner Gegenwart und Zukunft, wie Du der einzige irdische Trost während meiner leidenreichen Vergangenheit warst; mein guter, gemüth- und geistvoller Paul, jetzt, indem Du, rasch zum Mann heranreifend, auf Jahre hin die Heimat im Rücken und die weite Welt vor Dir hast will ich Deinem nur allzu gläubigen, allzu liebevollen Herzen durch alle die Täuschungen hin, die seiner harren, einen Talisman mitgeben. Vernimm unsern Freund

Werner. Werde und bleibe Mann im edelsten Sinne des Wortes und trage als solcher mit mir an der Last der Erinnerung. Es segnet Dich Dein Vater."

„O mein Vater!" stammelte Paul, bis ins Mark erschüttert, indem er das Blatt mit beiden Händen an seine bebenden Lippen preßte und ein paar große Thränen über seine Wangen rollten, „Du, der beste der Menschen, unglücklich!"

„Nicht mehr", sprach Werner mit Hoheit; „er ist nicht mehr unglücklich; der Edle hat den Frieden seiner Seele wiedererlangt, und nur Seelenruhe ist Glück."

„Aber er war unglücklich, er, mein Vater!"

„Er war es."

„O sprechen Sie, sagen Sie mir Alles, Alles!"

„Sie sollen auch Alles vernehmen, nur nicht in dieser Aufregung, nur nicht jetzt."

„Ich beschwöre Sie!"

„Noch heute?"

„Sogleich."

„Und mein Paul hat mir noch nicht sein Erlebniß von heute Abend mitgetheilt, was doch vielleicht mit wenigen Worten geschehen kann."

„Ja so, mein Erlebniß von heute Abend!"

„Sie sinken in Ihre Träumerei zurück."

„Ich suche eben nach entsprechenden Worten."

„Beginnen Sie ganz einfach damit, wie Sie mich am Palais royal verließen."

„Wohlan denn, es sei; hören Sie."

Und Paul begann nach kurzer Pause und theilte Herrn Werner Alles mit, was wir im vorigen Abschnitte so getreu als möglich darzustellen versucht haben. Letzterer stutzte bei des Jünglings warmer Schilderung von Denisens holdseligem Wesen, erschrak und erbleichte aber bei der darauf folgenden von Madame d'Arville's Erscheinung und der Wirkung, die ihr gegenseitiger Anblick auf beide geäußert, derart, daß Paul seine Erzählung mit dem Ausrufe unterbrach:

„Himmel, was ist Ihnen? Sie werden leichenblaß!"

Dieser Aufschrei gab dem bestürzten Manne noch im selben Momente seine ganze Besonnenheit und mit dieser — so gewaltig herrschte der Geist in ihm — sogar die Ruhe des Körpers und sein gewöhnliches Aussehen zurück.

„Nichts von Bedeutung", sagte er, indem er sich mit der Hand über die Stirn fuhr und Paul mit wieder ganz sicherem Blicke ansah, „nichts, das beunruhigend werden dürfte; es war die Nachwirkung vom Briefe Ihres Vaters und zunächst meiner Theilnahme für Sie. Es ist vorüber; ich bitte, fahren Sie fort, vollenden Sie."

„Mir bleibt nur wenig noch zu sagen", sprach Paul

nach einigem Schweigen, während dessen er seinen würdigen Freund mit zärtlicher Besorgniß betrachtet hatte, "und doch liegt in diesem Wenigen etwas, das mich mit unerklärlicher Unruhe erfüllt."

Und er schloß seinen Bericht mit Anführung aller Worte von Madame d'Arville, sowie des durch Denise herbeigeführten Gesprächs, erwähnte noch des verlegenen Abschiednehmens von seiten des Spielers und fügte aufseufzend hinzu: "Sie werden dies Alles an mir sehr knabenhaft finden, nicht wahr, Herr Werner?"

"Mein junger Freund", lautete die ruhig ausgesprochene Antwort, "Sie sollten nicht so von mir denken, da Ihnen bekannt ist, wie sehr wichtig mir oft anscheinend zufällige Begebnisse und jene Seelenzustände sind, die man gemeinhin, bequem genug, ein Spiel der Phantasie zu nennen pflegt. Uebrigens hat Sie eben die Mystik dieser Begegnung wohl vorbereitet auf die Mittheilung, nach der Sie schon seit vielen Jahren mit ganzer Seele verlangten und zu der ich erst heute durch den Brief Ihres Vaters ermächtigt wurde. Vernehmen Sie denn!"

Paul bebte bei den letzten Worten in sich zusammen und gab, unfähig zu sprechen, durch eine ernste Senkung des Hauptes zu verstehen, daß er bereit sei, mit ihm in die Vergangenheit zurückzukehren.

„Ihr edler Vater", begann Werner gemessenen Tons, „war der einzige Sohn und Universalerbe des Generals Freiherrn von Stromfeld, eines ausgezeichneten Mannes, in dessen Wesen eine dem Militär nicht eben eigene Romantik lag, eine Neigung zu allem Außerordentlichen, welche leider in noch höherem Grade auf Ihren Vater überging. Eine zwar durch keine Handlung des Leichtsinns bezeichnete, aber doch sehr phantastisch und abenteuerlich verlebte Jugend war das Ergebniß jenes durch die Sinnesart des Generals erzeugten und genährten Hanges, und Ihr Vater war, als derselbe beiläufig ein Jahr nach dem Tode seiner Gattin starb, obwohl bereits im achtundzwanzigsten Jahre, weit eher noch ein Jüngling zu nennen als Sie, Paul, jetzt im einundzwanzigsten.

Er hatte gleich Ihnen mit Auszeichnung studirt und war noch einige Jahre vor dem Hinscheiden seines Vaters in den Staatsdienst getreten, welchen er als Legationssecretär am Hofe von *** begann, eine Laufbahn, wozu ihn seine liebenswürdige Persönlichkeit, verbunden mit vielen Sprach= und andern Kenntnissen, Adel und sehr ansehnlichem Vermögen, vorzugsweise zu befähigen schien, sage schien, da alle diese glänzenden Eigenschaften dem werdenden Diplomaten wenig förderlich sind, sobald ihm, wie es bei Ihrem Vater der Fall war, jenes Talent der Intrigue fehlt, das man politischen Takt zu nennen pflegt und das in der Menschen seiner Art unerreichbaren Kunstfertigkeit besteht, mit den Ohren zu sprechen, mit den Augen zu hören, redend zu schweigen und schweigend zu reden. Er war, wie er noch ist, gerade, offen, ohne Rückhalt, aber auch ohne allen Servilismus; er fühlte sich selbst und erachtete es für unwürdig, die Wahrheit mehr zu beeinträchtigen, als dies durch unsere socialen Verhältnisse leider ohnehin schon geboten ist. Wie dem Allem aber auch sein mochte, Ihr Vater sah sich dennoch so rasch befördert, daß er schon im zweiten Jahre als Legationsrath in *** fungirte. Was die zartern Neigungen seines Herzens betraf, so hatte er, obgleich ein leidenschaftlicher Verehrer der Frauen, bis dahin noch nie wirklich geliebt, jene wahre, die ganze Seele ausfüllende Liebe nicht kennen gelernt, aber auch noch nicht, trotz seiner vielen jugendlichen Galanterien, die dazu nöthige Schwungkraft der Phantasie und die Ursprünglichkeit des Gefühls für das Schöne und Gute eingebüßt; ein Mann von dreißig Jahren, war er in dieser Beziehung noch ein Jüngling, jedes derartigen Eindrucks wie aller Aufopferung seiner selbst nur allzu fähig."

„Ich kann ihn mir so klar vorstellen, wie er gewesen sein muß, mein guter lieber Vater!" sprach Paul vor sich hin.

„Wir waren, wie Ihnen bekannt", fuhr der Erzähler fort, „Universitätsfreunde und übertrugen diese Freundschaft in das reale Leben aus dem idealen der Poesie und Wissenschaft. Es fügte sich, daß ich, zwei Jahre jünger, aber um zehn Jahre ernster und ruhiger als Ihr Vater, wie er damals sich zeigte, in derselben Residenz, wohin er als Legationsrath gesendet worden, als Erzieher im Hause des Grafen *** lebte, dessen Salon einen der ersten und beliebtesten Vereinigungspunkte für das diplomatische Corps bildete und Alles, was in der Hauptstadt durch Rang, Reichthum, Talent und Schönheit hervorragte, in sich concentrirte.

Ihr Vater war in jenem Kreise hochgeachtet und er sah sich selbst gern darin. O daß er ihm fern geblieben wäre! Aber es sollte kommen, wie es kam. Sie blicken mich ängstlich fragend an, lieber Paul? Fassen Sie sich und vernehmen Sie weiter!

Es war im Carneval desselben Jahres, als sich das Herzensgeschick Ihres Vaters erfüllte.

Eines Tages besuchte er mich und gestand mir mit einer Leidenschaftlichkeit, die mich erschreckte, daß er liebe, zum ersten Male in seinem Leben wahrhaft liebe, in dieser Liebe selig und, da er sich wieder geliebt wisse, entschlossen sei, sich mit der Angebeteten unauflöslich zu verbinden.

Seine Leidenschaftlichkeit, sagte ich, erfüllte mich mit Angst, denn ich wußte aus Erfahrung, wenn auch nicht aus eigener, daß eine solche Leidenschaft weit größere Gefahren für einen Mann in seinen Jahren als für einen Jüngling nach sich ziehen könne, für einen Mann zumal, der, wie Baron Stromfeld, den Schatz seiner Empfindungen noch in der Brust verschlossen und der vom Leben, besonders von dem der Liebe, so romantische Ideen, so sanguinische Hoffnungen in sich nährte, dies in ganz natürlicher Folge des Contrastes, in welchem zu den frühern Gegenständen seiner mehr oder weniger flüchtigen Neigungen dies weibliche Wesen als endlich gefundenes und gewonnenes Ideal zu stehen schien. Denn wie ungeheuer muß der Schmerz der Enttäuschung für einen Mann von diesem Charakter sein, das Entsetzen, sich eines Morgens beraubt, das Herz dem bittersten Mangel preisgegeben zu sehen! Die Jugend hofft, den Jüngling richtet fast immer wieder die so schöne als starke Hoffnung auf; was aber erhebt den Mann, der im wonnigen Gefühle, an der äußersten Mark seines Hoffens das irdisch Höchste erreicht zu haben, plötzlich vom Wetterstrahle der furchtbarsten Enttäuschung niedergeschmettert wird?"

„Und dieses entsetzliche Loos", fragte Paul mit zitternder Stimme, „traf meinen Vater?"

„Entnehmen Sie die Antwort", versetzte Werner, „der Mittheilung, die ich Ihnen zu machen habe.

Es war zu Anfang jenes Carnevals", fuhr er nach kurzem Schweigen fort, „daß im Hause meines Grafen eine junge, ihm fern verwandte Dame, eine Waise von altadliger, aber in ihrem Vermögen sehr herabgekommener Familie, aufgenommen und in die große Welt eingeführt wurde. Ich sagte, eine junge Dame, hätte aber sagen sollen, ein weibliches Wundergebilde, ein geistig wie körperlich ganz außerordentliches Wesen, wie solches vielleicht in einem Jahrhundert nur einmal erscheint, um an die unversiegbare Schöpfungskraft der Natur zu erinnern und alle Geister und Herzen mit Bewunderung und Entzücken zu erfüllen. Sie blicken mich staunend an, mein Freund, und scheinen sich erklären zu wollen, wie ich, der ernste Mann, noch mit solcher Begeisterung von einem Weibe sprechen könne; und doch werden Sie selbst nach meinem schwachen Versuche, Ihnen jene Erscheinung zu schildern, sich selbst gestehen müssen, daß Sie mein wie Ihres Vaters Entzücken über dieselbe theilen."

„Sie also war es, die mein Vater liebte?"

„Die er verehrte, anbetete. Und diese junge Dame war noch ein halbes Kind, noch nicht sechzehn Jahre alt. Aber von welchem Geiste, von welchem Körper!

Denken Sie sich eine hohe, edle, schwebende, anmuth=
umflossene Gestalt von zarten, aber bereits vollkommen
ausgebildeten Formen; ein Antlitz, auf dessen Lilien=
schnee der Unschuld nur erst leise die Rosen der jung=
fräulichen Ahnung von Liebe sich zu entfalten began=
nen, während über seine rein antiken Züge schon die
Sonne des Geistes ihre blitzenden, blendenden Auf=
gangsstrahlen hinzittern ließ; ein Angesicht, sage ich,
worin der mythische Zauber der Psyche mit dem christ=
lich=romantischen der Engelschönheit in Eins verschmolz;
denken Sie sich hierzu die Haltung und das huldstrah=
lende Wesen einer jungen, zum ersten Mal die Stufen
des Throns mit ebenso viel Hoheit als Grazie be=
schreitenden Königin, und Sie haben ein nur flüchtiges
Abbild dieser wahrhaft idealen Erscheinung, nur ein
skizzirtes, denn Worte reichen nicht aus, das Rührende,
Hinreißende und Fesselnde wiederzugeben, das in ihrem
unschuldigen und doch so tiefen Blicke, im seelenvollen
Tone ihrer Stimme, in der unbewußten Anmuth jeder
ihrer Bewegungen und endlich in der staunenerregenden
Weise lag, in welcher sie im Gespräche mit den geist=
vollsten wie kenntnißreichsten Männern Erörterungen
über wichtige Lebensfragen und Gegenstände der Kunst
und Wissenschaft ebenso bescheiden als ideenentwickelnd
zu folgen wußte."

„Fürwahr, ein weibliches Ideal", rief Paul unwillkürlich aus, „ein Wesen, wie es mir nur in der Phantasie des Dichters zu leben schien."

„Und dieses Wesen ward wenige Monate nach ihrem Eintritte in das Haus des Grafen die Gattin Ihres Vaters, den sie noch im ersten Jahre ihrer glücklichen, allbeneideten Verbindung durch die Geburt eines holden Knaben beseligte. Dieses Kind, die einzige Frucht ihrer fünf Jahre hindurch durch nichts getrübten Ehe sind Sie."

„Dieses herrliche Wesen meine Mutter! Ja, es war eine Engelsgestalt, die sich in jener Nacht über mich, den von ihrem Kusse Erwachenden, geneigt hatte. O meine Mutter, meine Mutter!"

„Jener Kuß war der letzte, den diese Mutter von einundzwanzig Jahren ihrem einzigen Kinde gab; er war der letzte Hauch ihres Tugend= und Pflichtgefühls."

„Himmel, was sagen Sie!"

„Die Wahrheit, mein armer, theurer Paul; denn jene Nacht war zugleich die letzte für das häusliche Glück Ihres Vaters; er sah seine angebetete Gattin seit jener Nacht niemals wieder."

„Allmächtiger Gott!"

„Ein Freund, ein Busenfreund Ihres Vaters, nur daß er zehn Jahre jünger, feuriger und gewandter

war, hatte deſſen mehrmonatliche Abweſenheit in einer
diplomatiſchen Sendung dazu benutzt, das freundſchaft=
liche Wohlwollen, die rein ſchweſterliche Neigung Ihrer
Mutter für ihn bis zur Liebe, bis zur allgewaltigen,
jede Schranke durchbrechenden Leidenſchaft zu ſteigern,
und die endlich Verführte dahin gebracht, mit ihm zu
entfliehen."

„Schrecklich! Entſetzlich! Ein ſolches Weib!"

„Sie floh in jener Nacht, in welcher Ihr Vater
zurückgekehrt und die von ſeinem Buſenfreunde zu
einem Feſte für ihn beſtimmt war. Sie floh mit dem
Verräther und hinterließ einen Brief, worin ſie — noch
war der gute Genius nicht ganz von ihr gewichen —
ihren Fall in ſchmerzathmenden Worten geſtand und
den daniedergeſchmetterten Gatten anflehte, ihr nicht zu
fluchen und ſeinem Sohne dies Begebniß nicht vor
deſſen Eintritt in das Mannesalter zu enthüllen."

„Und mein Vater — wie mag er gelitten haben!"

„Sein erſtes Gefühl nach dem ungeheuren, beinahe
tödtlichen Schmerze über den Verluſt ſeiner Gattin, der
ihn auf das Krankenlager warf, war Sehnſucht nach
Rache an ihrem Verführer. Ich flößte ihm ein beſſe=
res ein, das der Verachtung. Halb geneſen, zog er
ſich von den Staatsgeſchäften wie von aller Geſellſchaft
zurück auf das Land. Da, freilich nur ſehr langſam,

erholte sich sein Geist und in seiner Liebe zu Ihnen auch sein edles Herz. Jetzt ist er ruhig."

„Und wohin flüchtete die Beweinenswerthe?"

„Soviel sich aus den uns zugekommenen unbestimmten Nachrichten von einigen Bekannten Ihres Vaters entnehmen ließ, anfangs nach Italien; ein paar Jahre später verweilte sie einige Zeit in Madrid, dann in London, bis sich endlich ihre Spur wieder verlor."

„Und er, der Nichtswürdige, wo blieb er und wer ist es?"

„Sein Name muß Ihnen nach dem Willen Ihres Vaters immerdar ein Geheimniß bleiben. Gewiß aber ist, daß sich Ihre Mutter von ihm getrennt hat und zwar schon im zweiten Jahre nach ihrer Flucht."

„Und es ist auch Gewißheit, daß sie lebt?"

„Für mich, allein noch nicht für Ihren Vater und für Sie."

„Wie das? Herr Werner, ich beschwöre Sie —"

„Wie? Für mich durch die Nachricht eines mir befreundeten Mannes von hier, der um dieses Geheimniß weiß; für Sie, Paul, durch zwei Gemälde."

„Durch zwei Gemälde?"

„Die Ihre Mutter zum Gegenstande haben und deren erstes ein halbes Jahr vor ihrer Flucht gemalt worden, ein Miniaturbild, das Baron Stromfeld mir beim Abschiede mit der Weisung übergab, es Ihnen hier mit seinem Briefe zugleich einzuhändigen."

„O geben Sie! Wo ist es?" rief Paul aufspringend, mit leuchtenden Augen, die Hände vorgestreckt, in frommer Leidenschaft aus.

„Hier", sprach Werner feierlichen Tons, indem er sich zugleich erhob und ein Maroquinetui aus seiner Brusttasche zog.

Paul erbebt, reißt es an sich, öffnet es, sein flammender Blick verschlingt das Bildniß, und Leichenblässe bedeckt plötzlich sein Angesicht, seine Glieder werden zu Stein.

„Was ist das?" stöhnt er aus tiefer Brust.

Werner legt seine Rechte auf die Schulter des Erstarrten.

„Das ist", sagt er mit fester Stimme, „das erste Abbild Ihrer Mutter; das zweite entwarfen Sie selbst in Ihrer Schilderung von Madame d'Arville."

Das Herz des Jünglings durchfuhr es wie glühendes Eisen; seine Augen schlossen sich krampfhaft, die Kniee brachen ihm ein und er sank, von seines Erziehers starkem Arme noch erhalten, lautlos auf das Sopha hin.

Siebentes Kapitel.

Madame d'Arville.

———

Kaum hatte sich die uns nur oberflächlich bekannt gewordene Gesellschaft aus dem Salon wie aus dem Hause von Madame d'Arville entfernt und der sogenannte Conte di Terra firma Luigi *** nach seinem verlegenen, stummen Abschiede von Paul sich in die Mezzanine zurückgezogen, um daselbst in seiner Bibliothek sich von der Verblüfftheit loszumachen, worein ihn die so unerwartete und räthselhafte Unterbrechung der Soirée versetzt, als ihn auch schon die Herrin des Hauses durch einen Diener auf einen Augenblick zu sich bitten ließ.

„Ah, das ist gut", sprach er zu sich selbst, indem er sich langsamen Schrittes dahin begab, von wo er so eben gekommen war, und im Emporsteigen zugleich die lästige Hülle der Verlegenheit von sich abzuschütteln bestens bemüht war, „das ist sehr gut! Dieser von Madame erbetene Augenblick wird ein halbes Stündchen währen und in sich eine Erklärung und ein Examen schließen, erstere bezüglich der Migräne, letzteres in Betreff meines jungen deutschen Barons, der sich so artig auszudrücken versteht. Diese Unterredung überhebt mich des einsamen Nachdenkens, das, sobald es ein moralisches Begebniß zum Gegenstande hat, für mich immer nur das ist, was Caviar für das Volk. Wir wollen sehen; vorwärts!"

Damit trat er, der Weisung des Dieners folgend, in das Boudoir von Madame d'Arville.

Er fand sie hier allein, ruhend in einer Bergère, das schöne Haupt auf die nicht minder schöne Hand geneigt und den reizenden Arm, dessen schneeiges Weiß sich von den ihn weich umfließenden schwarzen Seidenblonden fast blendend abhob, auf den purpurnen Damast der Lehne gestützt und, wie sein scharfer Blick sogleich wahrnahm, wirklich leidenden Aussehens, das zudem mehr die Folge geistigen als körperlichen Schmerzes schien.

Gerade diese Bemerkung aber war für ihn ein Motiv, so unbefangen als möglich sich zu geben, und er ließ sich auch auf einen raschen ernsten Wink von ihr auf einem Tabouret, zwei Schritte von ihrem Sitze, mit der heitersten Miene von der Welt nieder.

„Madame haben gewünscht, und ich bin entzückt, Ihrem Befehle nachkommen zu dürfen."

„Keine Redensarten, wenn es beliebt, mein Herr. Ich habe Sie um Einiges zu ersuchen."

„Ohne Umstände denn; sprechen Madame, ich höre."

„Sie wünschen die Lösung des Räthsels von diesem Abend —"

„Ein nur natürlicher Wunsch."

„Sie soll Ihnen werden, sobald Sie selbst sich als wahr erweisen."

„Lassen Sie hören."

„Wie heißt der junge deutsche Baron?"

„Ah, wie Sie das betonen und mich anblicken!"

„Noch einmal, wie heißt er?"

„Sie vergaßen also den Namen —"

„Unter welchem Sie ihn eingeführt, nein; Sie nannten ihn Wallheim."

„Madame, ich kann Ihnen bei Allem, was Sie wollen, betheuern, daß er sich selbst so genannt."

„Das heißt, sich so genannt wissen wollte."

„Möglich."

„Möglich? Ich sage Ihnen, es ist wahr."

„Wenn Sie es sagen, wird es sich wohl auch so verhalten."

„Sie pariren gut; aber vergessen Sie nicht, mein Herr, daß Sie sich jetzt in Paris und nicht in Neapel befinden; daß Sie nicht mehr Fechtmeister sind, und daß Sie Ihren angestammten wahren Familiennamen aus nur Ihnen bekannten, aber gewiß triftigen Gründen wiederholt nach Zeit= und Ortsverhältnissen abgeändert haben."

„Ich befinde mich diesfalls ganz in der Lage von Madame."

„Immer noch Fechtmeister; dieser Stoß traf mein Herz. Sie können nicht zweifeln, blicken Sie mich an."

Er blickte auf und sah Thränen in ihren Augen.

Ein so frivoler Abenteurer, um nicht zu sagen, hart= gesottener Sünder dieser Mann auch war, so verfehlten dennoch Thränen, von einem schönen Weibe geweint und um ihn oder durch ihn vergossen, niemals einer gewissen Wirkung, wenn nicht unmittelbar auf sein Herz, so doch auf seine Phantasie; denn wie immer auch das Leben dieses ebenso schönen als geistvollen Menschen durch eine Reihe von Jahren bereits sich ge= staltet haben mochte, so stammte er doch aus einer ehrenwerthen Familie von altem italienischen Adel und hatte eine sehr gute Erziehung genossen, deren Reich= thum an schönen Eindrücken noch nicht völlig von ihm vergeudet war.

„Madame", stotterte er betroffen und mit einem nicht erkünstelten Ausdrucke von Rührung, „verzeihen Sie mir; aber auch Sie berührten eine Saite in meiner Brust, die beim Himmel noch sehr melancholisch tönt."

Madame d'Arville reichte ihm die Hand, die er ehrerbietig küßte, und sprach:

„Es sind nunmehr schon zehn Jahre, daß wir uns kennen. Kennen? Nein, daß wir uns gesehen, gesprochen. Sie mochten fünfundzwanzig Jahre zählen, als wir uns in Neapel zum ersten Mal sahen. Sie hielten einen Fechtsalon, mein damaliger Begleiter wurde Ihr Schüler. Ich weiß so wenig von Ihren Verhältnissen als Sie von den meinigen; es ist uns daraus nur eins gewiß, nämlich daß wir beide sehr früh unglücklich geworden. Von dort an begegneten wir uns nach größern und kleinern Intervallen wie Accord und Einklang des Mißgeschicks in mehreren Hauptstädten Europas und in wechselnden Verhältnissen; so endlich auch hier vor einem halben Jahre unter abermals veränderten Namen. Wir hatten beide Ursache, wenn auch verschiedene, über uns selbst zu schweigen, und wir schwiegen. Heute aber ist der Augenblick gekommen zu sprechen, und ich will sprechen. Wollen Sie mich hören?"

„Ich bin gefaßt, reden Sie."

„Der fragliche junge Mann ist nicht ein Baron Wallheim, sondern ein Baron Stromfeld. Verhält es sich so?"

Madame d'Arville hatte diese Worte mit einer von innerem Beben zitternden, einen ungeheuren Schmerz nachtönenden Stimme und mit einem Blicke gesprochen, worin sich Entzücken und Entsetzen in einer Weise mischten, daß der Gefragte instinktmäßig das Auge senkte, indem er gedämpften Tons erwiderte:

„Es verhält sich in Wahrheit so, er ist ein Baron von Stromfeld."

„Paul von Stromfeld?"

„Paul von Stromfeld."

„O mein Sohn! Mein theurer Sohn! Mein einziges Kind!"

Mit diesem von Schluchzen halb erstickten Ausrufe sank die unglückliche Mutter Paul's, dieses ebenso schöne als beklagenswerthe Weib der großen Welt und Opfer der Verführung, mit dem Haupte auf die Lehne zurück und preßte mit beiden Händen ihr Batisttuch an die zuckenden Lippen, während ihren emporgerichteten Augen ein Strom von Thränen entstürzte.

„Dachte dergleichen", murmelte der Italiener vor sich hin; dabei überlief es ihn wie Fieberfrost.

Eine Minute lang schwiegen beide.

Welch fürchterliche Pause!

Für ihn war dieser Minute Vorgang eine Inquisition mit der peinlichen Frage, für sie das Weltgericht.

Ein ungeheurer Blitz hatte das mächtige Gewölke rings über ihr plötzlich nach allen Himmelsgegenden zerrissen und sie starrte mit dem Blicke der Verzweiflung in die den raumlosen Aether durchstrahlende und doch nicht gleich der zeitlichen Sonne blendende Glorie der ewigen Wahrheit, unter welcher, nach einem die Grundvesten der Erde erschütternden Donnerschlage, alle Gräber sich aufthaten; und sie vernahm eine Stimme, mild wie der Ton einer Flöte und doch durch die weithin dröhnenden Posaunen nur allzu deutlich hörbar, und diese Stimme, von der ein jeder Laut ihre Seele mit nie gefühltem Schmerze durchdrang, einer Empfindung, die nichts Irdisches an sich hatte, diese so himmlisch tönende und doch vernichtende Stimme rief ihr zu: „Du warst schön und rein an Leib und Seele, und Du hast Schönheit und Reinheit dem Bösen preisgegeben und befleckt! Du warst geachtet und geliebt, und Du hast das Urtheil der Menschen verachtet und das Dich liebende Herz mit Gram erfüllt! Du hast das reinste Erdenglück genossen, das einem Weibe werden kann, indem Du Mutter eines holden Kindes wurdest, und Du hast dieses Kind verlassen! Du vernahmst dann wiederholt die Stimme des Gewissens, und Du wandtest Dich doch nicht ab vom Pfade des Bösen! Aber Dein Herz, indem es beim Wiedersehen Deines Kindes brach, empfand Reue, und Deine heißen Thränen, diese Quellen des Guten, nimmt der klare Strom der Erkenntniß auf, und dieser mündet in das Meer meiner Gnade! Todt für die Zeit, gehöre der Ewigkeit!"

Diese Minute war entschwunden, und Paul's Mutter erhob sich ernst, feierlich, mit dem Ausdrucke eines hohen Entschlusses auf dem noch thränenfeuchten Antlitze.

In dem auf sie gerichteten Blicke des Spielers lag scheues Erstaunen.

Er stand schweigend auf.

„Mein Herr", redete sie ihn ruhigen, aber festen Tons an, „Sie sind ein Mann von guter Familie, von Kenntnissen und von Muth."

Er verneigte sich stumm, sie aber sprach weiter:

„Ich sah meinen Sohn und durch ihn fand ich mich selbst wieder. Dazu genügt ein Moment; das Menschenleben datirt nur nach Augenblicken. Es ist nie zu spät, in sich zu gehen; wohl aber dem, der sich noch zur Zeit seiner Kraft zurecht findet. Sie, mein Herr, sind noch stark an Geist und Körper. Wollen Sie meinem Beispiele folgen und sich gleich mir von diesem entscheidenden Augenblicke an wieder dem allein Guten, Rechten und Schönen zuwenden?"

„Wenn ich auch", lautete des sichtlich Ergriffenen zögernde Antwort, „die Kraft hierzu, wie Sie sagen, besitze, so fehlt es mir doch zur Erreichung eines solchen Zwecks, wie Sie selbst wissen, an äußern Mitteln."

„Aber falls Ihnen diese Mittel geboten würden?"

„Madame, es ist Ihnen nicht unbekannt, daß ich ohne Freunde bin."

„Gesetzt jedoch, Sie hätten für den Anfang einer neuen, redlichen, vorwurfsfreien Existenz über eine kleine Summe, etwa im Betrage von fünftausend Francs, nach Willkür zu verfügen, was würden Sie beginnen?"

„Madame —"

„Sprechen Sie."

„Was ich beginnen würde?"

„Ja, mein Herr, und Ihr funkelnder Blick sagt mir beinahe, daß Sie Ihre Wahl getroffen. Es fehlt Ihnen an Freunden; nun denn, eine aus der Welt scheidende Freundin, die sich zur Stunde noch Madame d'Arville nennt, bietet Ihnen diese geringe, aber, wie ich zu Gott hoffe, noch rechtzeitige Hülfe. Und nicht wahr, Sie weisen sie nicht zurück?"

„Madame, Ihre Worte sind glühende Strahlen; ich weiß nicht, was in mir vorgeht, Scham vernichtet mich."

„Scham? Das ist die Morgenröthe der Sonne der Vernunft nach der Gewitternacht der Leidenschaften. Was, o was, sprechen Sie, wird nun Ihr Beginnen sein?"

„Nehme ich Ihre Hülfe an, so gehe ich gegen Sie, Madame, eine Verpflichtung ein, die mir heilig bleiben wird, um so heiliger, als diese einem Manne von einer Frau auferlegt worden."

„Ich war immer von Ihnen überzeugt, daß in Ihrer Seele das Gefühl für Ehre nicht erstorben, sondern nur scheintobt sei. Welchen Weg also werden Sie einschlagen?"

„Welchen? Ich sehe nur einen vor mir offen."

„Und dieser ist?"

„Der nach Algerien."

„Sehr gut. Und wann wollen Sie ihn betreten?"

„Morgen."

„Wohl, mein Herr. Dieser Entschluß gereicht Ihnen zur Ehre, mir zum Troste. Uebrigens war ich im voraus davon überzeugt; hier der Beweis."

Mit diesen Worten nahm sie ein Papierpäckchen vom Tische und reichte es ihm; sein Erröthen dabei, das Zittern seiner Hand, das Beben seines Mundes, indem er fast unhörbar Dank stammelte, bezeugten mehr, als es die lebhaftesten Aeußerungen vermocht hätten, daß der Strahl der Erkenntniß seine vom drei= fachen Erze der Nothwendigkeit, des Leichtsinns und der Gewohnheit umpanzerte Brust durchdrungen, daß er sein ihm selbst schon fremd gewordenes besseres Ich wiedergefunden und erkannt habe.

Sie betrachtete den Zerknirschten mit gerührtem Blicke und fragte ihn tief aufseufzend um die nähern Umstände seines Zusammentreffens mit ihrem Sohne.

Er theilte ihr Alles mit, was er von demselben wußte. Bei Nennung des Namens Werner überlief Todtenblässe ihr Antlitz; war dieser Mann doch Zeuge ihrer ersten durch Sittlichkeit, Geist und Schönheit er= rungenen Triumphe, ihrer ersten Liebe und häuslichen Glückseligkeit, o und auch der ihrer ersten Sünde!

„Wir sehen uns morgen früh noch einmal", sprach die Leidende mit Anstrengung und sank, nachdem sich der Italiener mit einer stummen, ehrfurchtsvollen Ver= beugung empfohlen und entfernt hatte, sich das Gesicht mit beiden Händen bedeckend, lautlos in die Bergère zurück.

Betete sie?

Eine Viertelstunde später ließ sie Denise zu sich kommen.

Das Ergebniß ihrer Unterredung wird sich bald herausstellen.

Dieses holde Mädchen zog sich nach einer Stunde weinend zurück, aber es waren Thränen wehmüthiger Theilnahme, religiösen Mitgefühls und der Dankbarkeit, die es vergoß.

Paul's Mutter war nun und blieb allein.

Der anbrechende Tag fand sie noch am Schreibepulte; sie hatte die ganze Nacht geschrieben: Briefe an ihren Gatten, an Paul, an Werner und an ihren Advocaten.

Achtes Kapitel.

Der Sohn.

Auch Paul hatte diese Nacht schlaf- und ruhelos hingebracht; denn auf die nur wenige Minuten andauernde Betäubung war ein Zustand gefolgt, dessen Symptome nur zu deutlich die ungeheure Erschütterung seines ganzen Wesens kund gaben und, was Herrn Werner mit Angst erfüllte, den Ausbruch eines Nervenfiebers befürchten ließen, eine Befürchtung, die in Betracht der Gereiztheit, an der Geist und Phantasie dieses Jünglings lange schon gelitten, eine leider sehr wohlbegründete war.

„Meine Mutter!" seufzte er, in das traurigste Selbstbewußtsein zurückgerufen, und stierte halb irren Blicks dabei wie suchend um sich; dann versank er in ein Schweigen, aus welchem ihn selbst die liebevollsten und eindringlichsten Worte seines väterlichen Freundes nicht emporzurichten vermochten. Auch gelang es diesem erst um Mitternacht und nur nach vollem Aufwande aller denkbaren Vernunft- und Trostgründe, ihn dahin zu bringen, daß er sich zu Bette begab.

Der vorsorgliche Mann blieb im ersten Gemache, durch dessen offengelassene Thür er den Leidenden beobachten konnte, unentkleidet am Tische sitzen und las. Paul regte sich nicht, er schien zu schlummern, während er in Wahrheit wachend balag; sein körperliches Auge war geschlossen, aber vor dem seines Geistes tauchte Gestalt nach Gestalt empor, wie aus einem weiten, schauerlich gähnenden Grabe, und jede rief ihm mit Hohngrinsen und gespenstisch klangloser Stimme zu: „Erblicke in mir die Wirklichkeit, sieh in mir die Anmuth, die Schönheit, die Liebe und Treue!"

Werner hatte sich bis zum Anbruch der Dämmerung wach erhalten und während dieser langsam hinschwindenden Stunden zu wiederholten Malen an seines Zöglings Lager geschlichen, denselben immer in diesem anscheinenden Schlummer gefunden und sich allmälig über seinen Zustand beruhigt; diese Ueberzeugung, die durch keinen Laut unterbrochene Stille um ihn her und die eigene Erschöpfung, die bereits schwer auf ihm lastete, bewirkten, daß er gegen das erste Tagesgrauen hin, von Mattigkeit übermannt, in Schlaf verfiel.

Als er daraus erwachte, stand die Sonne schon hoch am Himmel und er sah mit an Bestürzung grenzendem Erstaunen vor sich Paul völlig angekleidet am Tische sitzen, die Arme über die Brust gekreuzt, die Augen eingefallen, aber entflammten Blickes und, während er wie vom Froste geschüttelt erzitterte, auf Stirn und Wangen flüchtiges Roth, das unverkennbare Anzeichen des Fiebers.

Der Mann der Selbstbeherrschung stieß bei diesem Anblicke einen Schrei aus, sprang auf und schloß den Jüngling in seine Arme.

„Paul", rief er mit vor Schreck und liebevoller Angst bebender Stimme, „Paul, Sie sind krank, und ich — ich habe dies herbeigeführt!"

„Nicht Sie, sondern die Vorsehung", sprach Paul mit Anstrengung.

„Und Sie verließen das Bett —"

„Schon vor zwei Stunden."

„Ohne mich zu wecken!"

„Sie ruhten."

„Aber mein Gott, ich spreche, statt nach einem Arzte zu senden!"

Hier erhob sich Paul, von Werner unterstützt, legte einen Arm um seinen Nacken, blickte ihn bittend an und sagte mit matter Stimme:

„Sie werden etwas Besseres thun."

„Und was, was, mein Theurer?"

„Sie werden mich zu meiner Mutter bringen."

Dieser so rührend einfach ausgesprochene Gedanke war ein Blitz in den noch durch Schmerz und Furcht umnachteten Geist Werner's; hell und schnell wie ein solcher Strahl durchzuckte ihn die Ueberzeugung, daß Paul's instinktartiges Gefühl hierin das Beste gewählt, und er entgegnete mit einer an ihm höchst seltenen und demnach das Außerordentliche dieses Falles wie seiner Stimmung bezeichnenden Hast:

„Ja, mein Freund, zu Ihrer Mutter; dieser Gedanke kam Ihnen von Gott!

Bald war das Nöthigste geordnet, ein Wagen besorgt und sie verließen das Hotel.

Während der kurzen Fahrt von da bis zu dem Hause, dessen Besitzerin sich Madame d'Arville nannte, schwiegen beide, Werner in ungewöhnlicher Aufregung durch den gewaltigen Gedanken, nach wenigen Augenblicken schon der Gattin seines Freundes und Mutter seines Zöglings gegenüber zu stehen, dieser durch ihr Geschick wie durch die Leiden, welche sie verursacht, so schmerzlich interessanten Frau, die er im höchsten Liebreiz von Unschuld, Jugend und Schönheit gekannt und gleich allen, die ihr nahten, bewundert, verehrt hatte, Paul dagegen in halber Unbewußtheit seiner selbst, in

unbestimmtem, geheimnißvollem Seelendrange, völlig unter der Macht eines alleinherrschenden Gefühls, dem sich alle seine Gedanken und Empfindungen widerstands=
unfähig unterordneten.

Als sich ihr Wagen — ein geschlossener Fiaker — dem in Rede stehenden Hause näherte, kam ihnen aus demselben eine mit zwei Postpferden bespannte und mit einem Reisekoffer bepackte offene Chaise entgegen.

Paul in seinem Hinbrüten bemerkte nichts, Werner's fester Blick jedoch erfaßte den Gegenstand rasch.

Dieser Reisewagen führte den reumüthigen Sünder Signor Luigi *** und sein Glück. Er verließ zur Stunde Paris, um dem Schauplatze seiner neuen, von ihm selbst gewählten Bestimmung entgegen zu eilen.

Der Fiaker hielt am Thore, unter welchem der Portier stand; unsere deutschen Freunde stiegen aus.

„Madame d'Arville ist wohl zu Hause?" fragte Werner.

„Ja, mein Herr", war des Portiers Antwort, der ihn und noch mehr seinen ihm schon bekannten jungen Begleiter, der wie träumend neben ihm stand, nicht ohne Verwunderung betrachtete, „Madame ist zu Hause, aber ich weiß nicht, ob" —

„Ob sie auch zu sprechen sein wird?"

„Das ist es, mein Herr."

„Nun, wir werden im Vorzimmer anfragen."

Der Portier trat nach einer etwas steifen Verneigung zur Seite, und Werner schritt, Paul's Arm in den seinen legend, mit leichtem Gruße an ihm vorüber.

Sie stiegen die Haupttreppe langsam hinan, und als sie den ersten Absatz vor den Thüren der Mezzanine erreicht hatten, sah sich Werner genöthigt anzuhalten, denn Paul, der hier erst an der Wohnung des Spielers aus seiner Apathie erwachte, schrak so heftig zusammen, daß er ihn kaum aufrecht zu erhalten vermochte.

„O mein Gott!" stammelte der unglückliche Sohn der beklagenswerthesten der Mütter, indem er sich, am ganzen Leibe zitternd, an Werner klammerte.

„Fassung! Fassung!" flüsterte ihm dieser zu, indem er seine Hüfte umschlang und ihn die noch übrigen wenigen Stufen mehr hinauf trug als führte.

In demselben Augenblicke kam Denise den Corridor entlang, Briefe in der Hand, die sie auf Befehl ihrer Herrin einem der Diener überbringen sollte.

Sie wußte bereits um Alles, und der Ausdruck ihrer sanften Züge wie ihre Haltung zeugten deutlich von dem Schmerze, von dem sie infolge jener Mittheilung durchdrungen war.

Beim Anblicke Paul's, der, eine Beute furchtbarer

geiſtiger und körperlicher Qualen, das Antlitz erglüht von der Flamme des ſchon in ihm tobenden Fiebers, ſich bebend auf die Treppenbrüſtung ſtützte, während ihn ſein Führer noch feſt umſchlungen hielt, bei dieſem Anblicke, der allerdings nur erſchütternd auf ſie wirken konnte, ſtieß Deniſe einen Schrei aus und wankte zurück; im nächſten Momente war ſie verſchwunden.

Werner hatte ſie kommen und enteilen ſehen, letzteres durch eine einfache Thür, welche, wie er annahm und wie es ſich auch verhielt, in das Vorzimmer der weiblichen Dienerſchaft führte.

Dahin nun brachte er langſam, Schritt für Schritt innehaltend, den Leidenden.

Die Thür ging auf, Deniſe, Thränen in den Augen, unfähig zu ſprechen, bedeutete durch eine zitternde Handbewegung, einzutreten, und zeigte, als ſie über der Schwelle des Vorgemachs waren, auf eine mit grünſeidenen Vorhängen verkleidete Glasthür, deren einer Flügel halb offen ſtand.

Es war die Hauptthür zum Boudoir der Frau vom Hauſe, und daraus drang ein krampfhaftes, ſchmerzliches Schluchzen.

Dies gab dem Jünglinge, wenngleich nur für einige Augenblicke, Bewußtſein und Kraft zurück.

„Mutter! Mutter! Meine Mutter!"

Mit diesem Schrei reißt er sich aus Werner's Armen und stürzt, von diesem gefolgt, während Denise laut weinend aus dem Vorzimmer nach dem Corridor schwankt, in das Gemach seiner Mutter.

Diese liegt halb ohnmächtig auf der Bergère, das von Thränen überflutete Gesicht der Glasthür zugewendet, die Hände convulsivisch zitternd vor sich hingestreckt, den Blick starr wie in Wahnsinn.

Sie hat den Aufschrei ihres Sohnes mit einem Gefühle von Entzücken und Entsetzen vernommen, und nun, während Werner in der Thür mit vernichtender Ruhe stehen bleibt, sieht sie Paul zu ihren Füßen, fühlt die Glut seiner Stirn, Wangen und Lippen auf ihren Händen und hört ihn wiederholt das süße, heilige, ach! und sie verdammende Wort „Mutter" stammeln.

Allein in diesem Augenblicke klang es nicht anklagend, verurtheilend, sondern beseligend durch ihren Busen, und mit dem Ausrufe: „Mein Sohn! Mein lieber, lieber Paul!" umschlang sie den Knieenden mit beiden Armen, um ihn emporzurichten und an ihr Herz zu ziehen; aber in der maßlosen Aufregung dieses Moments hatte sich die letzte Geistes- und Körperkraft des schon Fiebernden erschöpft und er sank, nachdem er sich mit aller Anstrengung kaum halb erhoben hatte, ihr zur Seite auf den Teppich hin.

Neuntes Kapitel.

Die Mutter.

Es ist in der Nacht des dritten auf das eben geschilderte Begebniß gefolgten Tages. Wir sind in der Baronin Schlafgemach, welches auf der dem Vorzimmer gegenüberliegenden Seite an ihr Boudoir stößt und mit demselben durch eine Tapetenthür in Verbindung steht. Die Einrichtung dieses Gemaches von geringem Umfange ist geschmackvoll einfach; seine Hauptzierde bildet ein schöner Gobelin; die Mitte desselben nimmt das Bett ein, von halb antiker Form, musivischer Arbeit, ruhend auf vier bronzenen Sphinxen und umflossen von grüner Seide, die, in reichem Faltenwurfe vom Plafond niederwallend, einen Baldachin darüber bildet.

Eine Lampe von mattgeschliffenem Kryftall, deren Licht durch einen polygonischen, mit Alabasterfiguren ausgelegten Schirm noch ermäßigt wird, verbreitet von einem Tischchen aus, das an der Wand, gegenüber dem einzigen Fenster, vor einer Ottomane steht, milde Dämmerung durch dieses Gemach, worin sich, nach des Ewigen unergründlichen wie unverbrüchlichen Gesetzen, das Geschick der Hauptpersonen dieses Dramas in seltsamer und doch Geist und Herz beruhigender Weise erfüllen sollte.

Auf der Ottomane sitzt, umwallt von einer faltenreichen weißen Musselin-Nachtrobe, das volle glänzende Haar halb gelöst, das Haupt matt auf das hohe Kissen zurückgelehnt, die thränenfeuchten Augen mit einem unbeschreiblichen Ausdrucke von Zerknirschung und Inbrunst aufgeschlagen und die Hände wie zum Gebete im Schoße gefaltet, Paul's Mutter.

So rasch auch die moralische Revolution in dieser unglücklichen Frau vor sich gegangen, ihre physische Umgestaltung ist noch auffallender.

Drei Tage nur seit der erschütternden Scene, da ihr Sohn bewußtlos zu ihren Füßen hingesunken, und wir erkennen sie kaum wieder.]

Ihre Stirn, noch vor wenigen Tagen ein Thron des strahlendsten Geistes, ist verdüstert und durch die

vom Seelenschmerze wie zum Himmel flehend empor=
gerichteten Brauen gefurcht; ihr Blick, ehebem der Sonne
im reinsten Azur gleich, erscheint jetzt wie der von zer=
rissenem Sturmgewölke überflogene Mond. So ist sie
gegenwärtig in ihrer regungslosen Haltung, die gram=
verstörten Züge mit Leichenblässe bedeckt, wie ein weißes
Marmorbild der Reue anzuschauen.

An der ihr zugekehrten Breitseite des Himmelbettes
sind die Vorhänge zurückgeschlagen; und indem sich ihr
Blick jetzt senkt und mit einem herzzerreißenden Aus=
drucke mütterlicher Angst und wehmuthsvoller Zärtlich=
keit darauf hinwendet, hebt sich ihr Busen von Seuf=
zern geschwellt. Es ist dieses Bett seit drei Tagen das
Krankenlager ihres Sohnes.

Paul liegt, das von Fieberglut übergossene Antlitz
ihr zugewandt, in jenem unruhigen und schmerzvollen
Halbschlafe, der dem vollen Ausbruch des Typhus vor=
anzugehen pflegt.

Diesen hatte der noch an jenem Morgen herbeige=
rufene Arzt, einer der berühmtesten von Paris, als
unvermeidlich angekündigt, und es wurde seine Ansicht
wie sein Verfahren durch ein Consilium bestätigt und
gebilligt.

Die trostlose Mutter übernahm trotz aller Einreden
von seiten der Aerzte das Amt einer Krankenwärterin

und war, nur wenige Stunden abgerechnet, während welcher Denise den Leidenden bewachte, durch diese drei Tage und zwei Nächte nicht von seinem Lager gewichen.

Auch Werner hat den größten Theil dieser Zeit in ihrer Wohnung zugebracht und befindet sich in diesem Augenblicke im nahen kleinern Salon; denn er weiß aus eigener Einsicht, wie auch durch den Arzt, der den Kranken noch vor einer Stunde besucht und scharf beobachtet, daß in dieser Nacht der noch halb apathische Zustand Paul's in den des Deliriums übergehen und wahrscheinlich schon am darauffolgenden Tage seinen typhösen Charakter entwickeln wird.

Wir wollen nicht versuchen, den Schmerz dieses Mannes zu schildern.

Er hat vor zwei Tagen eine lange Unterredung mit der Gattin seines Freundes gehabt und diesem unmittelbar danach geschrieben.

Der Brief umfaßte Alles, was wir in Betreff Paul's und seiner Mutter bereits wissen: seinen verhängnißvollen Eintritt in ihr Haus, seine Erkrankung, die er ohne Rückhalt als eine lebensgefährliche bezeichnete, sowie ihren Schmerz und ihre Reue; auch schloß er diesem Schreiben ihre eigenen Briefe an ihn, den Baron Stromfeld und an seinen Sohn bei.

Es genügt, zum Verständnisse über das Leben

dieser des innigsten Mitleids nicht unwürdigen Frau einige Punkte hervorzuheben, die sie in ihrer Unterredung mit Werner berührt hatte.

Unmittelbar nach ihrer Flucht fühlte sie sich von Scham, Schmerz und Reue ergriffen, allein es wirkte dagegen noch der entfesselte Dämon der Leidenschaft, und dieser hielt sie an die Seite ihres Verführers gebannt.

Zwei Jahre brachte sie mit ihm so hin, betäubt, ruhelos, eine Beute des Widerspruchs in ihrem Denken und Fühlen, in verzehrender Sehnsucht nach ihrem Kinde, in tödtlicher Angst bei der Vorstellung ihres so tief gekränkten Gatten.

„Nur eins hielt mich noch", sprach die reuige Anklägerin ihrer selbst zu Werner, der ihre Bekenntnisse mit ebenso großer Aufmerksamkeit als Schonung entgegennahm, „vom Abgrundsrande der Verzweiflung zurück; dies Eine war der Glaube an die heiße und ausschließende Liebe meines Verführers. Das Verhängniß sollte mich bald erreichen. Eines Tages, am Schlusse des zweiten Jahres nach meiner Flucht, entdeckte ich, daß dieser mein Verführer auch an mir zum Verräther geworden. Der Schändliche hatte sich ein neues Opfer auserseh̄en und gewonnen.

Diese Entdeckung riß mich aus der Ohnmacht der

Leidenschaft empor; ich fühlte mein besseres Selbst. Meine ganze Rache an dem Nichtswürdigen bestand darin, daß ich ihn noch am selben Tage verließ, ohne ihm in meinem hinterlassenen Briefe mehr zu sagen, als daß ich bereue und ihn verachte, und ohne etwas mit mir zu nehmen, als was mir eigen gehörte. Dies mein Eigenthum bestand jedoch in so Wenigem, daß ich durch Veräußerung des Entbehrlichsten davon mein Dasein selbst in ganz bescheidener Weise kaum ein Jahr zu fristen vermochte. Was beginnen? Zurückkehren in mein Vaterland? Lieber tausendmal sterben. Mich überkam der Gedanke an Selbstvernichtung; religiöse Scheu rang dagegen einige Zeit, ward aber von ihm erdrückt, und ich eilte ihm zu gehorchen. Es war ein Jahr seit meiner Trennung von dem Doppelverräther hingeschwunden, und ich befand mich in London, bereits dem Mangel preisgegeben. Da, in einer schönen Sommernacht", fuhr die Unglückliche in ihrer Mittheilung mit bebender Stimme fort, "in einer Nacht, deren Zauber mich an jene meiner ersten Sünde nur zu gewaltig erinnerte, eilte ich der Themse zu und gelangte athemlos, besinnungslos an den Mond und Sterne abspiegelnden Strom. Wie lange ich am Ufer gestanden und wie ich in die Flut stürzte, ist meinem Gedächtnisse entschwunden. Als ich mein Bewußtsein wiedererlangt hatte, sah ich mich in einem hellerleuchteten glänzenden Gemache auf einem Ruhebette und mir zu Füßen einen schönen jungen Mann, der seine Freude, mich neu belebt zu sehen — denn er war es, der mich den Wellen entrissen — in den feurigsten Ausdrücken kund gab."

Dieser junge Mann — um das Wesentlichste aus der Selbstanklage der Baronin nun kurz zusammenzufassen — dieser Gentleman, der in London das fashionableste Leben führte, war ein Spieler von Profession, dessen Virtuosität in Ecarté und Whist nicht gerade verrufen, aber auch nicht von der Reinheit des frischgefallenen Schnees war.

Das Geschick der Verlassenen und neuerdings Betäubten kettete sich allmälig an das seinige. War er nicht ihr Lebensretter, der Retter ihrer Seele? O, und liebte er sie nicht bis zur Raserei? Dies war der Fall, wie auch, daß sie sein Spiel nur für ein glückliches und nicht für ein künstliches hielt.

Sie folgte ihm durch halb Europa.

Aber auch dieses Verhältniß sollte, wenngleich um Vieles später, unglücklich für sie enden. Eines Morgens — nach sieben Jahren ununterbrochenen Zusammenlebens — brachte man ihren Freund sterbend nach Hause; er war infolge einer Spielpartie gefordert und im Duell tödtlich verwundet worden.

Der Tod dieses Mannes, dem sie aufrichtig zugethan geblieben, erschütterte sie tief, und sie zog sich aus der Welt in die Einsamkeit zurück.

Es war an einem der herrlichen lombardischen Seen, wo sie, nur in Gesellschaft einer Kammerfrau, durch drei volle Jahre sich selbst lebte, ihren so mannichfaltigen, seltsamen und meist schmerzlichen Erinnerungen hingegeben, für welche sie in der schönen Natur weit mehr Nahrung als Linderung fand, sodaß sie endlich schwer erkrankte.

Wieder genesen, aber bereits irre an sich selbst und ohne Halt, kehrte sie in die große Welt zurück. Ohne eine engere Verbindung einzugehen, umgab sie sich von neuem mit Gesellschaft, wozu es ihr durch die ziemlich beträchtliche Verlassenschaft ihres Freundes nicht an Mitteln gebrach. Uebrigens fühlte sie sich wie von unsichtbarer Hand unter die Menschen zurückgezogen. Mechanisch folgend gelangte sie endlich, ein Jahr vor der Ankunft ihres Sohnes, nach Paris, wo sich jener uns leichthin bekannt gegebene Kreis von intriguanten Leuten um sie bildete, in welchen Paul das ewig waltende Verhängniß führte.

So viel oder, eigentlich zu sprechen, so wenig aus dem Leben und über den Charakter dieser Frau, einer modernen Maria Magdalena, einer Märtyrerin ihrer Schönheit.

Was immer auch sie verschuldet, jetzt ist sie wahrhaft unglücklich, jetzt haben wir sie nur als reuige Sünderin in der furchtbarsten Qual der Selbstanklage vor Augen und schleudern keinen Stein gegen sie.

Den starren Blick auf das von Fieberröthe übergossene Antlitz ihres Sohnes geheftet, erhebt sie die zitternden, gefalteten Hände, preßt sie krampfhaft an ihre schmerzgebleichten Lippen und versucht zu beten.

Bei Seelenzuständen solcher Art ist der Versuch zu beten, das scheue, ängstliche Verlangen, den Geist zu Gott zu erheben, schon ein Gebet.

Zehntes Kapitel.

Sohn, Mutter, Vater.

Die Voraussetzung des Arztes bestätigte sich. An dem auf diese peinliche Nacht folgenden Morgen lag Paul, nach einem kurzen Zwischenreiche des Bewußtseins aller Denkkraft beraubt, wie in einem Flammenpfuhle da, in den wildesten Phantasien delirirend, durch welche sich von Zeit zu Zeit die beklommenen Ausrufe: „Meine Mutter! O mein Vater! O Denise!" vernehmen ließen.

Es wurde die genaueste Ueberwachung des so schrecklich Leidenden in dieser nur von wenigen Augenblicken der Abspannung unterbrochenen Raserei nothwendig, und Werner, der starke Mann, fühlte während dieses Tages mehrmals seine ganze Kraft in Anspruch genommen, um den Tobenden auf seinem Lager zu erhalten.

Es bleibe unbesprochen, weil Worte nicht ausreichen, was die Mutter litt; bemerken aber müssen wir, daß Denisens Leiden, obgleich von reinern Motiven bedingt, die Qualen dieser armen Frau noch überwogen.

Sie verließ das Krankenzimmer nur, solange der Arzt anwesend war, und sie hörte zu wiederholten Malen aus des Phantasirenden Munde ihren Namen, und Denise hatte bis zu dem Augenblicke ihrer Begegnung mit Paul nie geliebt.

Es ist nicht der Ort, mehr hierüber zu sagen; wir überlassen dies der Zeit, der alles ausgleichenden.

Die Nacht vom sechsten auf den siebenten Tag seit Paul's Erkrankung war durch einstimmigen Ausspruch des erneuerten ärztlichen Consiliums als die über Leben und Tod des Jünglings entscheidende bezeichnet.

Diese Nacht — eine durch die Emeute Barbès' für Paris sehr stürmische — brach herein; der ordinirende Arzt blieb.

Er brang darauf, daß sich die Damen in das Nebengemach zurückzögen; die Baronin gehorchte halb bewußtlos, Denise still weinend.

Nachdem beide sich entfernt, sprach Werner mit bebender Stimme halblaut zu dem Arzte:

„Mein Herr, wir sind allein, sagen Sie mir ganz offen, was —"

Der Schmerz erstickte die Worte in seiner Brust.

„Was ich hoffe oder befürchte, wollten Sie fragen, nicht wahr?" entgegnete letzterer gleichfalls gedämpften Tons, den scharf forschenden Blick auf den Kranken gerichtet.

Werner, unfähig zu sprechen, nickte bejahend, indem er den Arzt mit mehr Angst als Hoffnung ins Auge faßte.

Dieser sagte nach kurzen Schweigen, ohne seine Haltung zu verändern:

„Wir haben noch zwei Stunden bis Mitternacht; tritt bis dahin nicht der kritische Schweiß ein, so ist der junge Mann verloren."

„Und diese Krisis?" stammelte Werner.

Statt unmittelbar zu antworten, trat der Arzt dicht zum Bette, nahm Paul's herabhängende Linke sanft auf, befühlte den Puls eine Minute lang 'mit größter Aufmerksamkeit, ließ die Hand auf die Decke behutsam niedergleiten, machte, sich wendend, ein paar Schritte vom Lager weg und sagte:

Ich kann mich täuschen und darf darum der Mutter noch nicht Hoffnung geben, aber —"

„Aber Sie hoffen? Nicht so, mein Herr?"

„Ich hoffe den Eintritt der Krisis nicht, ich erwarte ihn."

„Wirklich? Und damit seine Rettung?"

„Und damit seine Rettung."

Werner sank, die Augen plötzlich voll Thränen, dem Arzte an die Brust und umschlang ihn mit beiden Armen.

Es fügte sich, wie dieser gesagt. Beinahe mit dem Schlag zwölf begann der gewaltige Umschwung der Natur; einzelne kleine Perlen warmen Thaus sickerten allmälig von der hohen Stirn des Kranken, dessen Athem gleichzeitig im selben Verhältnisse freier wurde, als die Feuchtigkeit der Haut zunahm, über die noch so eben starren Wangen nieder, und es ward hiernach selbst dem Auge des Laien ersichtlich, daß der einem Starrkrampf ähnliche Zustand in den eines wohlthätigen Schlafes übergegangen war.

Diese Zwischenzeit von zwei Stunden hatten die Baronin und Denise im Nebenzimmer schweigend in einer Aufregung zugebracht, die jedes Wort des Trostes, ja jeden Gedanken daran im Keime erstickte, in einer Angst, weit qualvoller als das Gefühl einer Todesfurcht, nur daß Denise, wenn auch nicht zu sprechen, doch in manchem Augenblicke im Stillen zu beten und zu weinen vermochte, während die Mutter, allen bestimmten Denkens und Fühlens unfähig, lautlos, ohne Veränderung in den Zügen, mit verglasten Augen nach der Thür stierend, das Haupt wie zum Horchen vorgeneigt, jetzt mehr einer Statue der Verzweiflung oder des Irrsinns als der Reue gleich.

Plötzlich öffnet sich diese Thür; Werner und der Arzt treten rasch, das Gesicht von Freude strahlend, heraus.

„Er ist gerettet!"

Bei diesem Zurufe beider Männer springt sie, einen unartikulirten Schrei ausstoßend, auf und bricht ohnmächtig zusammen.

———

Abermals überspringen wir einen Zeitraum von drei Tagen.

Innerhalb dieser kurzen Frist hat die Natur in ihrer ganzen Macht gewaltet und den Stand der Dinge höchst auffallend und doch nur folgerecht verändert.

Paul befindet sich bereits nicht blos ganz außer Gefahr, sondern er hat auch, obgleich noch matt, schon sein volles Bewußtsein wiedererlangt, während seine unglückliche Mutter dasselbe Fieber, das ihn verlassen, in der furchtbarsten Weise gepackt hält.

Ihr Schmerzenslager ist in dem von ihrem Schlafgemache, das Paul noch immer inne hat, durch das Vorzimmer getrennten kleinern Salon.

Der Genesende, der ab und zu vom Arzte besucht, sowie von Denise und Werner gepflegt wird, weiß nichts von ihren entsetzlichen Leiden und allem dem, was jetzt in diesem Salon vorgeht; er vernimmt nur, daß seine Mutter, durch Angst und Nachtwachen erschöpft, nunmehr, da er auf dem Wege der Besserung sich befinde, ungestörter Ruhe bedürfe, eine Erklärung ihrer Abwesenheit, die sein wahrhaft kindliches Herz mehr mit Dankbarkeit und Rührung als mit Besorgniß erfüllt, da er vom eigentlichen Charakter seiner Krankheit keine Ahnung und auch keine Erinnerung seiner eigenen Leiden hat.

Wir überlassen den Jüngling allen seinen Gefühlen und Gedanken, die bei dem der ungeheuren Nervenerschütterung nothwendig folgenden Zustande von Schwäche oder vielmehr wohlthuender Ohnmacht, Gewaltiges zu empfinden und zu denken, durchaus nicht beunruhigender, aufregender Art sein konnten, während seiner Phantasie ein holdes Bild vorschwebte und ihn zudem noch jene namenlose selige Empfindung zu durchbringen begann, welche den nach schwerer Krankheit Genesenden zu erfüllen pflegt, zumal wenn dieser noch in der Blütezeit des Daseins und vom Himmelsodem der

Liebe zugleich mit dem des äußern Frühlings ange=
haucht ist; wir überlassen also Paul seinen sanften,
halb schwermüthigen, halb beseligenden Träumereien,
worin der Gedanke an seine Mutter sowie Denisens
wiederholtes Erscheinen ihn erhält, um einer Scene von
weit ergreifenderer Wirkung beizuwohnen.

Es ist acht Uhr morgens, und die milden Strahlen
der Maisonne überströmen das große Paris mit einer
erquickenden, neu belebenden Flut von Licht und Wärme;
aber diese bringt nicht in das Gemach, in dem wir jetzt
uns befinden. Durch doppelte Gardinen gebrochen,
verbreitet sie sich darin nur als sanfte Dämmerung, in
richtigem Verhältnisse zu den schmerzlichen Zuständen
der Personen, welche wir da erblicken.

In einem freistehenden Bette ohne Vorhänge liegt
Paul's Mutter bewußtlos da; ihr zu Füßen sitzt eine
graue Schwester von mittlerem Alter, festem Gliederbau
und ruhigem, besonnenem Wesen, den sichern Blick aus
großen, klaren, leidenschaftslosen Augen unverwandt
auf das glühende Antlitz der Kranken gerichtet.

Aber mit wie ganz anderm Blicke betrachtet dieses
von der purpurnen Flut des Fiebersturms überströmte
und trotzdem noch so schöne Angesicht der Mann,
welcher ihr zu Häupten steht, seine gekreuzten Hände
an den krampfhaft zuckenden Mund gepreßt!

Es ist ein Blick voll unaussprechlicher Klage ob der Vergangenheit und zugleich der liebevollsten, zärtlichsten Angst um die Gegenwart, ein Blick, daraus eines ganzen Daseins Vernichtung und doch auch wieder Sehnsucht und verzeihende Hingebung spricht. Das hier Gesagte genügt, in diesem Manne, dessen hohe, edle Gestalt sich halb über die Kranke vorneigt, den Baron Stromfeld, ihren durch sie so unglücklich gewordenen Gatten zu erkennen.

Er ist die Nacht zuvor in Paris angekommen und im Hotel des Princes abgestiegen.

Da hat er durch Werner Alles erfahren, was sich seit seinem letzten Schreiben mit Paul und mit ihr begeben, und nun ist er mit dem treuen Freunde seit Tagesanbruch bei den Seinen, bei seinem ihm so theuren Sohne, bei seiner von ihm fünfzehn Jahre lang getrennten, schuldigen und doch immer noch heißgeliebten Gattin, ohne jenen sehen zu dürfen und ohne diese sprechen, den süßen Ton ihrer Stimme vernehmen zu können.

Ersteres untersagte der Arzt, der sich fast gleichzeitig mit ihm und Werner hier eingefunden.

Der Ausspruch des Consiliums vom vorigen Abende erklärte ein Aufkommen der Baronin für höchst unwahrscheinlich, um nicht zu sagen für unmöglich. Ihr Ner=

vensystem war völlig zerrüttet schon in dem Augenblicke, als sie die Nachricht von der Rettung ihres Sohnes niederschmetterte.

Ihr Gatte weiß darum. Er soll ihr Auge vielleicht nur noch im Momente des Brechens sich erschließen sehen, dieses Auge, das für ihn ein reiner, strahlender Frühlingshimmel gewesen.

Wer wagte es, dem Schmerze dieses Mannes Worte zu geben? Und doch liegt eine Art Wonne darin, sich in solche Seelenzustände tief hineinzudenken und den Geist aus so geheimnißvoller Nacht des Gefühls siegreich mit dem befreiten Worte zurückkehren zu sehen.

Der Arzt, durch Werner schon vor einigen Tagen in Kenntniß vom Wesentlichsten alles Geschehenen gesetzt, hat diesem sowie auch dem Baron selbst die äußerste Vorsicht in Betreff Paul's anempfohlen; demzufolge ist auch Denisen Schweigen auferlegt worden, obwohl es bei ihrem Zartgefühle nicht erst einer solchen Weisung bedurfte, um sie verstummen zu machen.

Werner, der in einiger Entfernung vom Bette langsam, geräuschlosen Schrittes, die Arme über der Brust verschränkt, den ernsten Blick vor sich hingerichtet, eine Weile auf und ab gegangen, nähert sich jetzt seinem Freunde, der noch immer regungslos am Lager der ohne Bewußtsein hinschmachtenden Kranken steht, und berührt ihn sanft.

„Stromfeld", redet er ihn halblaut und in deutscher Sprache an, „ergib Dich nicht so dem Schmerze; bekämpfe ihn männlich, gedenke Deines Sohnes, bleibe auch eingedenk Deiner selbst!"

Diese milden Worte brachten eine der gehofften ganz entgegengesetzte Wirkung auf den Angeredeten hervor; wie ein Nachtwandler beim Zurufe seines Namens erbebt und zusammenbricht, so im Innersten erschüttert fühlte sich plötzlich der Baron.

Zum ersten Male in seinem Leben verließ ihn alle Besonnenheit, zum ersten Male auch seit fünfzehn Jahren entströmten Thränen seinen Augen wieder, und er stürzte, im Aufruhr aller seiner Gefühle, Alles um sich her vergessend, vor dem Bette in die Kniee und preßte sein heißes, bethräntes Gesicht an die herabhängende Hand seiner Gattin mit dem Ausrufe:

„O mein Weib, o meine Pauline!"

Hatte das der Kranken vom Arzte vor mehreren Stunden eingeflößte Opiat bereits den Endpunkt seiner Wirksamkeit erreicht, oder lag in diesem Schmerzesschrei ihres Gatten, in dem herzzerreißenden Tone, womit er ihren Namen ausrief, eine unwiderstehliche magnetische Gewalt — sie erzittert am ganzen Leibe und schlägt die Augen auf.

Die Arme! Sie ist erwacht und hat, wenn auch nur für wenige Minuten, ihr volles Bewußtsein.

Sie starrt den Knieenden an; dieser, durch ihr Erbeben aus seinem Schmerze aufgerüttelt, erhebt das Haupt, ihre Blicke treffen sich mit einem unaussprechlichen Ausdrucke und im nächsten Momente halten sich die unglücklichen Gatten fest wie für die Ewigkeit umschlungen. Beider Lippen glühen, beider Thränen strömen in einander.

„Verzeihung — auf daß ich — nicht in Verzweiflung sterbe!" stammelt sie jetzt kaum vernehmlich, indem sie sich in seinen Armen halb aufrichtet.

„Alles, Alles, nur lebe, lebe, meine theure Pauline!"

Diese Versicherung aus dem Munde des so tief durch sie gekränkten Mannes umweht sie wie der Hauch eines Engels und es sinkt mit plötzlich sich verklärendem Antlitze ihr Haupt an seine Brust. Sie ist ohnmächtig.

Dieser schöne Augenblick war der letzte ihres Bewußtseins; die darin so rasch wechselnden Eindrücke von Scham, Reue, Rührung und Liebe sollten das Werk der Zerstörung an diesem Körper voll idealer Herrlichkeit beschleunigen helfen.

Seit dem Tode der beweinenswerthen Baronin Stromfeld, der wenige Tage nach dem schmerzlich-freudigen Momente der Wiedervereinigung mit ihrem trostlosen Gatten erfolgt war, sind zwei Jahre verflossen, und wir sehen zwei andere der durch ihre Leiden und Reue Gesühnten und Verklärten einst so theure Leben an einander emporblühen in irdischer Seligkeit, zwei reine, makellose Herzen, eins geworden durch Liebe und gegenseitige Verehrung, verbunden im zweifachen Segen eines Priesters und eines in ihrem Glücke sich wieder glücklich fühlenden Vaters.

Es sind Paul und Denise.

Baron Stromfeld hatte noch während seines Aufenthalts in Paris, wo er die vollständige Wiederherstellung seines Sohnes, die sich durch die endlich nothwendig gewordene Mittheilung vom Tode der Mutter um einige Wochen verzögerte, selbst abwarten wollte, diese ebenso gefühlvolle als gebildete holde Waise näher kennen und achten gelernt; auch war es ihm nicht schwer geworden, sich von der innigen Neigung zu überzeugen, die Paul und Denise für einander beseelte. Dies und die Mittheilung Werner's über den so sehnlich ausgedrückten Wunsch der Verewigten, dieses engelreine Mädchen für das Leben würdig geborgen zu wissen, bestimmte ihn, Denise mit sich nach Deutschland zu nehmen und sie bis zur Rückkehr seines Sohnes, für den jetzt mehr denn je größere Reisen als nöthig sich erwiesen, in seiner Nähe und zwar im Hause einer ihm verwandten, höchst achtbaren und geistvollen Dame, vor welcher er kein Geheimniß hatte, aufs anständigste unterzubringen.

Innerhalb dieser zwei Jahre haben die Liebenden ihre Seelen in einer fast ununterbrochenen Reihe von Briefen ausgetauscht, deren Inhalt ebenso deutlich von dem wachsenden Reichthum ihrer Ideen und Kenntnisse als von der sich immer steigernden Sehnsucht nach ihrer endlichen Vereinigung sprach.

Und diese Vereinigung ist erfolgt."

Baron Stromfeld, der Vater, überlebte sie nur ein Jahr.

Werner weiß seinen geliebten Zögling glücklich und ist beruhigt.

―――――

Elftes Kapitel.

Die Familie Schmid.

Eines schönen Sommermorgens herrschte im Hause des reichen Seidenfabrikanten Schmid zu Rostock ungewöhnliche Rührigkeit; wir sagen ungewöhnliche, da es an einem Sonntage war, dessen Sabbathstille sonst immer mit einer gewissen Strenge eingehalten und von der Familie dieses in jeder Beziehung ordnungsliebenden und darum auch allgemein geachteten Mannes in nichts gestört wurde, um so weniger, als sein Fabrikgeschäft außerhalb dieses ihm gehörigen', auf dem Blücherplatze gelegenen ansehnlichen Hauses sich befand.

Herr Schmid, ein stattlicher Mann von vierzig und einigen Jahren, freundlichem Wesen, großer Intelligenz und einer über seinen Beruf weit hinausreichenden

Bildung, hatte sich eines sehr glücklichen Hausstandes zu erfreuen. Die Liebe seiner von ihm hochgeehrten Gattin, die zehn Jahre weniger zählte als er, wie seines einzigen Kindes, eines holden Mädchens von zwölf Jahren, ließ ihm keinen andern Wunsch übrig als den in Anbetracht der Hinfälligkeit alles Menschlichen verzeihlichen Wunsch, daß dieses stille Glück eben anbauern, weder durch Krankheit noch durch andere Zwischenfälle gestört oder gar zerstört werden möge.

Ebenso verzeihlich oder doch begreiflich war die bis zur Aengstlichkeit gesteigerte liebevolle Sorge, die Herr und Frau Schmid ihrem einzigen Kinde widmeten; um so erklärlicher, als Minna, so hieß das Töchterchen, bei etwas allzu raschem Aufwachsen, von sehr zartem Körper und gleichzeitig ganz außergewöhnlich regem Geiste war, der, im Vereine mit schönen Anlagen, besonders für Musik, Befriedigung erheischte.

Für diese mit steter Rücksichtnahme auf ihre körperliche Entwickelung zu leitende Geistesbefriedigung hatte Herr Schmid entsprechend Sorge getragen.

Er war, vor nicht ganz einem Jahre bereits, so glücklich gewesen, in einer noch jugendlichen Französin, Namens Claudine Arnaud, die Person zu finden, welcher er einestheils auf Grund einer warmen Empfehlung, anderntheils infolge seiner und seiner Gattin alsbald selbstgewonnenen Ueberzeugung das geistige und leiblihe Wohl seines Kindes anvertrauen konnte.

Die Herrn Schmid zugekommene sehr günstige Empfehlung dieser Gouvernante datirte aus einer ihm befreundeten, in Hannover ansässigen Familie, bei welcher Claudine in gleicher Eigenschaft ein halbes Jahr hindurch gewirkt und welche Stelle sie nur aufgegeben hatte, weil das ihrer Leitung anvertraute Kind nach jener kurzen Frist gestorben war.

An dem oben erwähnten schönen Sonntagsmorgen nun herrschte, wie schon gesagt, im Schmid'schen Hause ungewöhnliche Thätigkeit.

Es galt diese dem Empfange eines geliebten langersehnten Verwandten, der mehrere Jahre fern von da geweilt und vor kurzem von Paris aus seine Rückkehr angekündigt und diesen Tag als den seines Eintreffens in Rostock bezeichnet hatte.!

Man erwartete ihn zu Mittag.

Zu diesem kleinen Familienfeste war, um jede auch noch so geringe Störung zu vermeiden, von seiten des Herrn Schmid Niemand geladen worden; Letzteres konnte und sollte einige Tage später einmal geschehen, dieser Tag eben nur im engsten Kreise verlebt werden!, da man nach so langem Getrenntsein sich ja so viel zu sagen hatte.

Die an sich schon sehr freundliche Wohnung, nicht gerade luxuriös, aber geschmackvoll und mit allem Comfort ausgestattet, gewann heute noch bedeutend durch eine Fülle herrlicher, köstlich duftender Blumen, bei deren Anordnung Fräulein Claudine ebenso viel feinen Sinn als ihre Pflegebefohlene Freude kund gab; Minna war ganz glücklich, bei diesem anmuthigen Geschäfte helfen zu dürfen, besonders bei Ausschmückung des für den Erwarteten bestimmten Zimmers.

War derselbe ja doch ihr Onkel, der einzige Bruder ihrer lieben Mutter, dessen sie sich nur dunkel noch erinnerte.

Frau Schmid ihrerseits, noch von jener vortrefflichen Art Frauen, denen das Hauswesen so zu sagen heilig ist und das sie mit liebevoller Hingebung leiten, hatte bis zur Stunde des Mittagsmahls vollauf zu schaffen.

In der Zwischenzeit, die ihr Gatte am Schreibtische zubrachte, war Minna mit der Gouvernante zur Kirche gegangen.

Der Umstand, daß die Familie Schmid der evangelischen Kirche, die Gouvernante dagegen der katholischen angehörte, brachte in dieser Hinsicht keinerlei Störung hervor; denn die junge Französin bethätigte hierin viel Takt und Elasticität, auch bekannte sie offen, daß sie von den Predigten in der protestantischen Kirche, obgleich sie der beutschen Sprache nur wenig kunbig war, stets erbaut werde.

Es ging auf elf.

Zwei Stunden später konnte der Erwartete eintreffen.

Frau Schmib begab sich, ba in der Küche Alles wie am Schnürchen ging, auf ihr Zimmer, um ein wenig Toilette zu machen; benn war der Ersehnte auch ihr Bruder unb war sie auch nichts weniger als putzsüchtig, so blieb der Besuch doch immer ein männlicher unb sie blieb ein weibliches Wesen unb hegte bemnach ben gewiß verzeihlichen Wunsch, in den Augen des geliebten Brubers, von dem sie Jahre hinburch getrennt gewesen, nicht um ebenso viele Jahre älter zu erscheinen. —

„Mein Gott", sagte sie sich vor ihrem Toilettenspiegel, „wenn mich Ernst nicht wiedererkennen würde!"

Aber biesen Schmerz sollte die treffliche Frau nicht erleben; wenigstens versicherte sie bessen ihr braver Mann, als sie in einfach geschmackvoller Haustoilette bei ihm eintrat, um sein Urtheil barüber zu vernehmen.

„Ei, sieht mein Frauchen heute reizend aus!"

Damit begrüßte er sie, indem er sich vom Schreibtische rasch erhob unb bie noch immer holbe, burch biese

Anerkennung sichtlich angenehm berührte Frau zärtlich umarmte.

„Du glaubst also, lieber August", fragte sie lächelnd, wobei eine leichte Röthe ihre Wangen überhauchte, „daß mein Bruder mich nicht zu gealtert finden, daß er mich überhaupt wiedererkennen werde?"

„Aber, liebes Jettchen, was sprichst Du da!" rief Herr Schmid mit dem Ausdrucke ungekünstelten Eifers und Staunens, während er sie liebevollen Blicks betrachtete. „Mein Schwager müßte ja im chemischen Laboratorium zu Paris sein Augenlicht gänzlich eingebüßt haben, falls er Dich nicht auf den ersten Blick wiederkennen sollte; bist Du doch in diesen vier Jahren Zwischenzeit vielmehr um vier Jahre jünger als älter geworden; das muß ich wissen, ich!"

„Mein guter August", entgegnete sie mit aller Innigkeit, „sieht aber durch die Rosabrille seiner freundlichen Seele."

Die so herzlich verbundenen Gatten besprachen nun, Arm in Arm das Gemach durchschreitend, die Empfangsvorbereitungen; dann nahm nach kurzem beiderseitigen Schweigen Herr Schmid in etwas ernsterem, doch nicht strengem Tone das Wort, indem er sagte:

„Der Entschluß Deines Bruders, in oder bei Rostock eine Chemikalienniederlage zu etabliren und auch eine

Schönfärberei zu begründen, hat, wie ich Dir schon gesagt, meinen ganzen Beifall und, wie ich die hiesigen Verhältnisse kenne, auch alle Aussicht auf Bestand, sogar auf sehr günstige Ergebnisse, sobaß ich meinerseits nicht einen Augenblick anstehe, sein Talent und seine Kenntnisse durch einen beträchtlichen Theil meines Vermögens zu unterstützen, will sagen, das Geschäft mit ihm in Compagnie zu betreiben, da es mit meinem eigenen Hand in Hand geht. Vorläufig", fuhr er nach abermaliger Pause wie zu sich selbst sprechend fort, „bis nämlich alle die nöthigen Einleitungen getroffen sind, wird mein Schwager bei uns wohnen und kann sich auch sogar mittlerweile unter den Töchtern des Landes nach einer Braut umsehen; ist er doch gerade noch in den Jahren, da einen das Freien freut, und kann ich mir auch in praktischer Hinsicht ein großes Geschäfts= und Hauswesen gar nicht loben ohne eine tüchtige Hausfrau. Was zum Beispiel wäre ich ohne meine brave Frau!"

„Mein theurer August!" flüsterte Frau Schmid.

„Ist ja wahr", sprach er weiter. „Ein Mann, besonders ein Geschäftsmann, ohne Frau, ohne eine liebevoll sorgliche und tüchtige Frau ist nur ein halber Mensch. Ernst muß heirathen, er mag nun wollen oder nicht."

„Aber, bester Mann, wenn er ein solches Wesen nicht findet?"

„Nicht findet! Man findet nur, wenn man gehörig sucht; auch findet sich dergleichen nicht selten ungesucht; gar nicht davon zu reden, daß die Ehen im Himmel geschlossen werden; Ernst wird eine brave und auch vermögende Frau bekommen."

„Warum denn eine vermögende, August? Ich brachte Dir fast nichts zu, und wir sind doch glücklich."

„Ja Du! Mädchen, wie Du gewesen, Frauen Deiner Art wachsen heutzutage nicht wild. Auch haben sich die Lebensverhältnisse bedeutend geändert. Geld ist gegenwärtig der wichtigste Gesellschaftsfactor."

„Aber da Du ihm Kapitalien als Einlage zukommen läßt —"

„Willst Du, daß Ernst unbeweibt bleibe?"

„Nein, nur daß er gelegentlich, nach Neigung heirathe."

„Als ob eine stattliche Mitgift die Neigung unmöglich machte! Ist ein Mädchen brav und liebenswürdig, so verliert es doch wahrhaftig nicht durch den Umstand, daß es auch Vermögen besitzt."

„Gewiß nicht, lieber Mann, nur trifft sich ein solcher Verein eben selten."

„Dein Bruder ist auch kein gewöhnlicher Mensch,

und Gleich und Gleich gesellt sich gut. Uebrigens werde ich ihn nicht hofmeistern, er ist Mann, ist Herr seines Willens; ich meinte nur so."

„Und Deine Meinung, August, ist immer gut." Damit wurde dies Thema verlassen, und beide schwiegen eine Weile.

Dann sagte Herr Schmid, nur ganz leicht hingeworfen:

„Du bist, wie ich denke, noch immer gleich zufrieden mit Mademoiselle Claudine."

„Ja", entgegnete seine Frau ruhig im Tone voller Ueberzeugtheit, „sie läßt mir nichts zu wünschen übrig."

„Gar nichts, Jettchen?"

„In Bezug auf ihre Befähigung zum Unterrichte im Französischen und in der Musik gleichwie auf ihre Sittlichkeit und liebevolle Behandlung unseres Kindes nicht das Mindeste; bliebe etwas zu wünschen, so —"

„Nun, so wäre es?"

„Das Fräulein etwas heiterer zu sehen."

„Siehst Du, Jettchen, das ist der Casus."

„Minna leidet aber dadurch nicht, denn dem lieben Kinde gegenüber ist Claudine stets herzlich und auch viel heiterer als in unserm Beisein oder gar, wenn wir Gesellschaft bei uns sehen. Für Geselligkeit scheint sie keinen Sinn zu haben."

„Sprach sie, Dir allein gegenüber, sich noch immer nicht näher über ihre Familien- und sonstigen Verhältnisse aus?"

„Noch immer nicht; ich berühre diesen Punkt nie und Claudine scheint es dankbar zu fühlen, daß ich es unterlasse."

„Thust gut daran, mein Herz. Mein Gott, es wird eben die alte ewig neue Geschichte von einer unglücklichen Liebe sein!"

„Ich denke so. Die Arme! Früh verwaist, wie sie uns sagte, früh dem Mangel preisgegeben und früh vielleicht auch um ihre einzige Habe, nämlich um das Glück ihres Herzens betrogen, um das Vertrauen gebracht, lebt sie nun schweigsam dahin, ihrer Pflicht emsig nachkommend, wobei sie wenigstens Ruhe findet und Achtung."

„Ja, sie ist eine ganz achtenswerthe Person."

„Und wie schön sie ist!"

„Auch dies, nur daß eben ein verborgenes tiefnagendes Leiden ihren an sich schönen Gesichtszügen ein Etwas aufgeprägt hat, das der Schönheit Eintrag thut; so leidet auch ihre schöne Gestalt durch die bisweilen auffallend gesenkte Haltung, besonders wenn sie sich unbemerkt glaubt. Nun, wie dem sein möge, sie ist sehr religiös, ohne eben bigott zu sein, artig ohne

Zubringlichkeit, sittig und, was die Hauptsache, unserm Kinde sehr zugethan; dies genügt, und die gute Person, bleibt sie noch einige Jahre zu Minna's Ausbildung bei uns, soll es nicht bereuen, meinem Hause sich gewidmet zu haben; ich werde für sie thun, was ich kann."

Frau Schmid dankte für diese Zusicherung ihrem Manne mit einem schönen Blicke und begab sich wieder in die Küche, während Herr Schmid sich wieder an seine Geschäftsbücher machte.

Bald darauf kamen Claudine und Minna aus der Kirche.

Letztere begrüßte den Vater.

„Nun wirst Du Onkelchen bald sehen", sagte dieser, „und das wird eine große Freude für Dich sein, nicht wahr?"

„Ach ja, gewiß, lieber Vater!"

Herr Schmid faßte sie bei diesen mehr geseufzten als freudig betonten Worten schärfer ins Auge.

„Ei, was hast Du denn, Minna? Du bist ja nicht so munter wie vor dem Kirchengange! Was ist Dir?"

„Ich — ich bin traurig, Vater."

„Und warum das, mein Kind?"

„Weil sie geweint hat."

„Weil wer geweint hat?"

„Mademoiselle Claudine."

„Hat geweint?"

„Ja, Vater, in der Kirche, zwar nur leise in das Buch hinein, aber ich habe es doch bemerkt, und das hat mich traurig gemacht."

„Und jetzt, wie ist Mademoiselle jetzt?"

„Wieder so wie gewöhnlich, ruhig, nur spricht sie wenig."

„Hat sie während des Gesangs geweint?"

„Nein, Vater, während der Predigt."

„Wovon handelte diese?"

„Der Herr Pastor sprach über das Gewissen."

„Du kannst mir wohl Einiges aus dieser Rede sagen?"

„Ich denke, lieber Vater."

„Nun, theile mir mit, was Dir erinnerlich."

„Der Herr Pastor sagte, daß die Menschen wohl gern Musik lernen und gute Musik von schlechter zu unterscheiden wissen, und daß selbst nicht musikalisch gebildete Menschen oft sehr feines Gehör besitzen und von falschen Tönen unangenehm berührt werden, daß aber dieselben Menschen nicht selten taub bleiben für die Stimme des Gewissens. Und dann sagte er, der Mensch könne sich nicht früh genug daran gewöhnen, auf jeden Mißton zu achten, der aus dem Herzen kommt, weil dieser Mißton die warnende oder zürnende Stimme des Richters ist, der sein Tribunal im Menschenherzen hat, und daß diese Stimme, wenn man nicht genug auf sie achtet, allmälig schwächer und dann ganz unvernehmlich wird, und daß man sie nicht mehr hört bis zu dem Augenblicke, wo entweder der Zuruf des Todesengels ertönt oder ein furchtbarer Donnerschlag des rächenden Geschicks. Und bei diesen Worten des Herrn Pastors begann Mademoiselle zu weinen."

Herr Schmid hatte seine Tochter aufmerksam angehört. Er belobte sie über ihre richtige Auffassung und Wiederholung des Vernommenen und sagte dann:

„Du weißt, mein gutes Kind, daß Mademoiselle ihre Aeltern und auch sonst Alles, was zum Lebensglücke gehört, frühzeitig verloren hat; dabei mag sie sich denn auch erinnern, daß ihre Aeltern eben durch gewissenlose Menschen viel gelitten haben, und die Erinnerung stimmt sie traurig."

„Ach, Vater, könnte ich doch die Gute trösten, ich habe sie so lieb!" seufzte das holde Mädchen, dem Vater die Hand küssend.

„Das wird", sprach er gerührt, „die Zeit thun, und auch wir wollen dazu beitragen."

Er hatte dies kaum gesagt, als sich vom anstoßen=

den Corridor her Stimmen vernehmen ließen, im nächsten Augenblick sich rasch die Thür aufthat und Hand in Hand mit Frau Schmid der Erwartete eintrat und ihn umarmte.

Da war denn die Freude groß.

„Nicht wahr, lieber Schwager, Deine Schwester hat sich verjüngt?" rief Herr Schmid jubelnd aus.

„Wenigstens", sagte seine liebe Frau sanft erröthend, „hat mich der Bruder sogleich erkannt."

Und wir unsererseits erkennen in dem Angekommenen einen der vier Freunde, deren Bekanntschaft wir in Paris gemacht; es ist unser Chemiker Ernst.

Zwölftes Kapitel.

Am Meere.

Das bis zum Beginne der Mahlzeit noch übrige Stündchen schwand unter vielen Fragen und Antworten rasch dahin. Ernst, der, wie uns erinnerlich, in seinem Wesen schlicht und ruhig war, zudem während seines mehrjährigen Aufenthalts in der Metropole des verfeinerten Lebens, der Gewandtheit und des Geschmacks manche ihm früher eigene Schroffheit verloren, dagegen, ohne Beeinträchtigung seines echt deutschen Charakters, an freundlicher Verkehrsweise gewonnen hatte, machte auf Herrn Schmid den günstigsten Eindruck, was seine Gattin natürlich wahrnehmen und sie innigst erfreuen mußte.

Kurz bevor man sich zu Tische begab, erschien auch

die Gouvernante, von welcher mittlerweile gesprochen worden war.

Ernst begrüßte die Eintretende in ihrer Muttersprache, worauf sie, obgleich schüchtern und langsam, doch in wohlgeordneten Worten deutsch entgegnete, in delicater Berücksichtigung des Umstandes, daß die Frau vom Hause der französischen Sprache noch weniger kundig war als ihr Gemahl.

Claudine war eine interessante Erscheinung.

Ihre schöne Gestalt, deren nicht üppige, aber reizende Formen eine blousenartige, um die geschmeidige Hüfte mittels eines Gürtels aus gepreßtem Corduan zusammengehaltene faltenreiche Robe aus dunkelfarbigem Nesseltuch sehr gefällig und dabei ohne alle Koketterie drapirte, zeigte sich zwar, wie früher gesagt worden, leise gesenkt, doch waren ihre Bewegungen von jener Grazie, die sich nicht aneignen läßt, die eben angeboren sein muß.

Das Antlitz dieser jungen Dame, deren Alter, im ersten Momente nicht gut bestimmbar, drei bis vierundzwanzig Sommer kaum überschritten haben mochte, wäre schön zu nennen gewesen, hätte nicht ein gewisses Etwas die Harmonie der Gesichtszüge beeinträchtigt, welches Etwas Geist an und für sich oder auch schwer bekämpftes Seelenleiden, Kummer, Gram sein konnte.

So lag auf der edel gebildeten, von dunklen Locken umrahmten Stirn ein Düster, dem der elegische, um nicht zu sagen melancholische Blick aus ebenso dunklen Augen beredten Ausdruck gab, gleichsam flehend um schonendes Schweigen; einem Kranken ähnlich, der durch das Zimmer eilende Personen mit um Ruhe bittenden Blicken verfolgt.

Gleiches bekundete sich im Tone ihrer Stimme.

Sie sprach nur halblaut und, ob nun französisch oder deutsch, zwar wohlklingend, doch wählerisch, als überlege sie Werth und Wirkung der Worte noch im Zusammenfügen.

Die Unterhaltung bei Tische, durchgehends deutsch geführt, gestaltete sich, Dank all den Dingen, die man sich zu sagen hatte, angenehm lebhaft, und selbstverständlich war es Ernst, der den größten Kostentheil daran zu tragen hatte.

Herr und Frau Schmid kannten Paris nur aus Büchern und vom Hörensagen; so war denn Alles, was der liebe Gast von der Hauptstadt der Civilisation mitzutheilen wußte und für gut fand — die Anwesenheit des Töchterchens zog hierin gewisse Schranken — von großem Interesse für seine Zuhörer, Mademoiselle Claudine nicht ausgenommen, die seine gleich anfangs an sie gerichtete Frage, ob sie in Paris gewesen, verneint hatte, beifügend, daß sie zwar von ursprünglich französischer Familie abstamme, aber in Genf geboren und erzogen worden sei, von welcher Stadt auch ihr Reisepaß ausgestellt war.

Als das Diner zu Ende war, dessen Vortrefflichkeit von seiten des Gastes wiederholt belobende und werkthätige Anerkennung fand, erhob sich Frau Schmid und verließ mit Minna und der Gouvernante das Speisezimmer.

Die Herren, nun sich selbst überlassen, machten sich etwas lebhafter an den Wein, und dieser, von bester Rheinsorte, äußerte bald seine standesgemäße Wirkung auf Kopf und Herz, anregend und, mäßig genossen, ermunternd, erfreuend.

Herr Schmid legte seinen Geschäftsplan in Betreff seines Schwagers dar, und dieser ging, wenigstens in der Hauptsache, dankbar darauf ein.

Demzufolge sollten die nächsten Tage zu Besuchen bei Geschäftsfreunden und einigen andern Bekannten wie zur Ausmittelung einer dem Chemiker zusagenden Lokalität, die noch übrigen Stunden dieses schönen Sonntags zu gemeinschaftlichem Ausfluge nach Warnemünde, dem Hafen der Stadt an der zwei Meilen entfernten Mündung der Warnow in die Ostsee, verwendet werden.

Nicht in gleichem Maße einverstanden zeigte sich Ernst mit seines wackern Schwagers Anspielung auf gelegentliches, sogar möglichst baldiges Eintreten in den Stand der Ehe.

„Was man Liebe nennt", sagte Ernst, „habe ich nie kennen gelernt; das heilige Gefühl für meine verewigte Mutter und die innige Zuneigung für Euch ausgenommen, ist die sogenannte, möglicherweise eigentliche Liebe mir eine terra incognita, eine Sage der Vorzeit geblieben, obwohl ich, da mir Dein Glück mit meiner guten Schwester bekannt und lieb ist, an der Wirklichkeit dieses beseligenden Zustandes nicht zweifeln kann; es scheint, daß ich während meiner Studien und Arbeiten die rechte Zeit dazu versäumt und daß ich das Herz dafür nicht mehr habe."

„Das scheint Dir eben nur", erwiderte Herr Schmid lächelnd; „Dein Stündchen kann und wird schon noch schlagen. Uebrigens", fügte er fast in geschäftlichem Tone hinzu, „heirathet man auch aus Vernunft, und gerade Vernunftheirathen lassen sich oft besser an als jene aus Liebe; man möchte sagen, die eheliche Liebe sei eine Pflanze, die, aus der freien Natur in das Treibhaus des Familienlebens übertragen, erst da, erst zu Hause recht gedeiht."

„Aber der süße Duft der Naturliebe, von dem die

Poeten so viel Schönes zn sagen wissen, die Primula veris der ersten Liebe, wie ist's damit, guter Schwager, bei der Vernunftheirath?" bemerkte Ernst lachend.

„Höre, lieber Freund", versetzte Herr Schmid auch ganz munter, „die Blume, das Bouquet des Weins, wie zum Beispiel dieses, den wir da trinken, duftet auch nicht übel, und ein durch Vernunftheirath gefüllter Keller davon dürfte vorzuziehen sein einer jener kleinsten Hütten, worin ein glücklich liebend Paar Raum hat bei Wasser und Brod. Stoß an", rief er fröhlich aus, „auf das Wohl Deiner Zukünftigen, die höchst wahrscheinlich schon in Rostock gegenwärtig ist; sie soll leben mit Dir!"

Ernst stieß an, und beide leerten ihre Gläser.

„Ich werde", sagte dann der Chemiker, „meinem Schicksal so wenig entgehen wie irgendwer vor und nach mir; aber wehren will ich mich, soviel ich kann."

Diesem muntern Gespräche machte das Wiedererscheinen der Frau Schmid ein Ende, die höchst eigenhändig den schwarzen Kaffee zu serviren kam.

Auch meldete sie, daß der Wagen bereit stehe.

Zehn Minuten später saßen in Herrn Schmid's geschmackvoller Equipage er zur Seite seiner Frau mit Minna im Fond, ihnen gegenüber Ernst mit Mademoiselle Claudine, und rasch ging es dahin durch die

Straßen und Gassen der freundlichen Stadt ins Freie hinaus, dem herrlichen Meere zu.

Dem Meere zu!

Einem Bilde, dessen Anschauung nie ermüdet, während der Eindruck einer Landschaft, und wäre sie die reizendste oder erhabenste, sich durch täglichen Anblick abschwächt, selbst bei allem Wechsel der Beleuchtung durch Sonne, Mond und Sterne, Sturmesdüster und Aetherblau.

Ernst fühlte sich ganz glücklich bei diesem Wiedersehen seines geliebten Meeres, und er ließ auch dieser glücklichen Stimmung beredten Ausdruck.

Angelangt in der fünften Stunde, wollten sie bis zum Einbruch der Dämmerung in Warnemünde bleiben, den Aufgang des Mondes abwarten und dann nach Rostock zurückfahren; so hatte man denn ein paar Stunden vor sich, Zeit genug zu geistigem Genusse, zum Austausche schöner Gedanken und Gefühle.

Herr Schmid freilich, ein zwar nicht eben sentimentaler, aber auch nicht ganz trockener Geschäftsmann, hatte da seine größte Freude nicht am Meere an sich, sondern weil es ihm als mächtiges Verkehrsmittel erschien, als riesiger Träger alles dessen, was aus der Hand der Natur wie aus der des Fleißes, der Industrie hervorgeht, und sein klares Auge ruhte mit einem Blicke innigster Befriedigung auf den zahlreichen Handelsschiffen im Hafen wie auf der Rhede, mit berechtigtem Stolze sogar; trug doch so manches dieser Schiffe schon die Erzeugnisse seines Fleißes und Talents.

Die kleine Gesellschaft hatte sich gleich nach ihrer Ankunft im Hafenorte ein wenig erfrischt und machte sich nun auf den Weg an dem Gestade hin, das sich heute zwar nicht geschäftlich lebhaft, doch durch viele Besucher anmuthig staffirt zeigte.

So wandelte man eine Weile, nur eine Gruppe bildend, gemächlich dahin.

„Die Ansicht eines meiner Freunde vom Wesen des Meeres", sagte Ernst, „finde ich jetzt, da ich es selbst wieder vor Augen habe, nicht mehr so seltsam wie damals in Paris, wo sie mir nahezu barock vorkam."

„Nun, was meinte Dein Freund?" fragte Herr Schmid.

„Dieser, mein Freund", fuhr ersterer lächelnd fort, „seines Zeichens Schriftsteller, Dichter, bekam einst in einer aus Damen und Herren bestehenden Abendgesellschaft bei einem jeu d'esprit die Frage zu beantworten, was er wählen würde, wenn er wählen müßte für die ganze Dauer seines Lebens, welchen Aufenthalt, welche Nahrung, welches Buch, das heißt, immer denselben Ort, dieselbe Nahrung, ein und dasselbe Buch."

„Die Aufgabe ist schwierig", meinte Herr Schmid.

„Aber sehr interessant", bemerkte seine Frau.

Mademoiselle Claudine schwieg.

„Er löste", sagte Ernst, „diese ebenso interessante als schwierige Aufgabe in ganz seltsamer Weise. Als immerwährende Nahrung wählte er sich die Kartoffel."

„Du scherzest, Schwager."

„Nein. Er wollte die Kartoffel haben und motivirte seine Wahl damit, daß die Kartoffel die weitaus mannichfaltigste Zubereitung möglich mache, während sie nur mäßig nähre und also nicht belästige oder überreize."

„Nicht übel, in der That!" lachte Herr Schmid.

„Und welches Buch?" fragte seine Frau.

„Die Bibel", entgegnete Ernst.

Wie Herr Schmid mit seiner Frau, ging Ernst mit Claudine Arm in Arm, während Minna eine kleine Strecke munter voranschritt.

Bei dem Worte „Bibel" fühlte Ernst Claudinens Arm leise zucken, und er blickte sie unwillkürlich an.

Claudinens Augenlider waren gesenkt, ihr Gesicht bleich.

„Mademoiselle fühlen sich doch nicht unwohl?" fragte er besorgt.

„Nein, mein Herr", erwiderte sie halblaut, wie

immer, indem sie sich in Blick und Haltung mit ersichtlicher Anstrengung sammelte; „was Sie da sagen, interessirt mich sehr."

Herr und Frau Schmid, schon vertraut mit diesen zeitweiligen Erscheinungen in Claudinens Wesen, beachteten letztere Phase nicht allzusehr.

„Und nun, lieber Schwager, den Aufenthalt! Welchen wählte der drollige Kauz? Drollig nur in Betreff der Kartoffel, denn ich, ich hätte mir Rinderbraten for ever ausbedungen. Also welchen Aufenthalt?"

„Ein Gemach hoch oben in einem Leuchtthurm", sagte Ernst.

„Das paßt wirklich", lachte ersterer, „zu Bibel und Kartoffel."

„Und wie begründete er diese Wahl?" fragte Frau Schmid.

„Seltsam eben", entgegnete ihr Bruder. „Nämlich so: Das Meer, anscheinend einfach, bietet in Wahrheit die größte Mannichfaltigkeit; seine drei Haupterscheinungen, Windstille, leichtbewegte See und Sturm, theilen sich in zahllose Wandlungen ab, hervorgebracht durch darauf befindliche Fahrzeuge wie an sich selbst durch Flut und Ebbe, wachsenden und fallenden Wellenschlag, Brandung und Hohlgang; dazu die so häufig wechselnde Beleuchtung, das nie völlig gleiche Farbenspiel bei Sonnen=Auf= und Niedergang, im Lichte des Mondes und der Sterne; endlich seine Stimme, die da tönt wie Sphärengesang, wie eine Mahnung an das Jenseits. So sprach mein poetischer Freund, und die Gesellschaft war mit seiner Darlegung zufrieden."

„In Letzterem namentlich hat er Recht", sagte Frau Schmid mit schöner Wärme, „denn das Brausen des Meeres tönt wirklich wie ein Zuruf aus dem Jenseits, und diese gewaltige Stimme muß auf ein schuldbelastetes Gewissen entsetzlich, ja tödtlich wirken."

Wie früher ein flüchtiges krampfhaftes Zucken, fühlte bei diesen Worten Ernst an seinem rechten Arme plötzlich eine Schwere, die ihn abermals zwang, seine Dame genauer ins Auge zu fassen.

Die Gesichtsblässe von vorher war nahezu erschreckend geworden.

„Es ist vorübergehend", flüsterte ihm Claudine französisch zu; „machen Sie keine Bemerkung, ich bitte Sie, mein Herr."

Die Gewährung dieser Bitte erleichterte der Umstand, daß im selben Momente Herr und Frau Schmid von einer ihnen mit Minna entgegenkommenden Familie ihrer Bekanntschaft begrüßt und in ein kurzes Gespräch gezogen wurden, wobei natürlich auch die Vorstellung Ernst's wie andererseits der Gekommenen stattfand.

Auch wirkte diese Unterbrechung offenbar günstig auf das Befinden der Gouvernante, deren Aussehen und Haltung bald wieder normal wurden, insofern die Bezeichnung „normal" sich überhaupt auf ihr auch sonst eigenthümliches leidendes Wesen anwenden ließ.

Noch mehr, sie selbst besprach, nachdem man sich von den Begegnenden wieder getrennt und die Promenade fortgesetzt hatte, dieses für Ernst, den mit ihrem Wesen noch nicht Vertrauten, so auffällige Zwischenspiel, indem sie, in einiger Entfernung hinter Herrn und Frau Schmid weiterschreitend, zu ihm sagte:

„Die ungewohnte starke Bewegung in dieser scharfen Luft verursachte mir heftigen Blutandrang; dieses Unwohlsein aber pflegt ebenso schnell, als es eintritt, zu schwinden, und ich habe nichts zu beklagen, als daß ich durch solche Erscheinungen meiner Umgebung lästig falle."

Claudine hatte diese Erklärung an ihren Begleiter französisch gerichtet, in welcher Sprache sich dann auch die Unterhaltung zwischen ihnen noch eine Weile fortsetzte, während welcher Ernst halb unwillkürlich eine gewisse Entfernung von seiner Schwester und ihrem mit Minna plaudernden Manne einhielt.

„Von Lästigwerden", gab er ihr in herzlichstem Tone auf ihre mit bebender Stimme geflüsterte Bemerkung zur Antwort, „kann bei Menschen, wie meine Schwester und ihr Mann, wohl nicht die Rede sein, und was mich betrifft, so nehmen Sie die Versicherung innigster Theilnahme hin."

„Wie verdiene ich diese, mein Herr? Sie kennen mich ja nicht."

„Doch; was diese meine Verwandten von Ihnen gesagt, reicht hin, Sie hochzuachten."

„Es sind das in der That edle Naturen; ich verehre sie und liebe ihr Kind von ganzer Seele."

„Was Sie, Mademoiselle, für meine Nichte thun, macht Sie zu einem Gliede der Familie, und die Achtung, die Liebe dieser Familie mag Ihnen, wenigstens theilweise, Ersatz leisten für Verluste und Leiden in Ihrer eigenen."

„Sie sind so überaus gütig, mein Herr —"

„Ich spreche nie anders, als ich fühle; darf ich, wie es ja bisweilen die Verhältnisse und Umstände gebieten, das nicht aussprechen, was in mir vorgeht, so sage ich auch nichts Anderes, ich schweige einfach. Und so sage ich Ihnen denn", fuhr Ernst nach kurzem Schweigen noch mildern Tones fort, „es hat sich durch mich die Zahl Ihrer Freunde vermehrt, und ich werde mich glücklich schätzen, Ihnen davon Beweise geben zu können."

Claudine entgegnete kein Wort, aber ihr Blick, der jetzt sein offenes, seelenvolles Auge traf, ein Blick voll Rührung und Dankbarkeit, war genügende Antwort.

Die Voranschreitenden waren stehen geblieben und man vereinigte sich wieder.

Bald danach trat man den Rückweg zum Hafen an, wo ein kleines Mahl eingenommen wurde.

Zwei Stunden später befand sich unsere Gesellschaft wieder in Rostock.

Dreizehntes Kapitel.

Freie Phantasie.

Die nächstfolgenden Tage schwanden rasch dahin, ganz nach dem von Herrn Schmid entworfenen Programme, mit Besichtigung nämlich seines Fabriketablissements, auch der Stadt selbst und einiger zu Ernst's Unternehmen sich mehr oder weniger eignenden Lokalitäten, dazwischen mit Besuchen, die freundlichst erwidert wurden, endlich mit dem Abschließen eines Contracts, welcher Herrn Schmid zum stillen Gesellschafter seines Schwagers machte und letzterem eine aussichtsvolle und zugleich unabhängige Stellung gab.

„Ich werde", sagte eines Abends am Theetische Ernst zu seiner Schwester, „mich in meiner eigenen Wohnung schwer zurecht finden, denn Du hast mir den provisorischen Aufenthalt in Deinem Hause so lieb gemacht, daß mir das Scheiden daraus nicht leicht werden kann; es wird mir immer meine so freundlich ausgestattete Stube vor Augen schweben —"

"Die", fiel Minna ein, "ich und Mademoiselle aufgeputzt haben."

Ernst sah die ihm gegenübersitzende Gouvernante an, die ihrerseits verlegen niederblickte.

"Und dies erfahre ich jetzt erst?" sagte er, der holden Nichte die Hand reichend.

"Ja", rief das muntere Mädchen mit reizender Koketterie aus, "ja, Onkelchen, man hat auch seine Meriten, man besitzt bon sens, man versteht sich auf Arrangements —"

"Besonders französischer Brocken", unterbrach sie Herr Schmid lachend.

Die Kleine war nicht so leicht aus dem Felde zu schlagen.

"Ei, sieh da", versetzte sie, ihr schönes Lockenköpfchen schüttelnd, "Väterchen moquirt sich über meine Anwendung von Fremdwörtern! Wenn der Herr Onkel mich gewürdigt hätte, in Deiner Gegenwart ein ganz französisches Gespräch zu führen, so hätte man sich überzeugt, daß Mademoiselle aus der kleinen Schmid bereits eine große Französin gemacht."

Aeltern und Onkel lachten, selbst die Gouvernante lächelte.

Eh bien, ma chère nièce, arrangez votre grand jeu de langue!" rief Ernst munter aus.

„Commencez, mon chère oncle, et vous allez voir —" entgegnete Minna, und die französische Conversation hob an und setzte sich so rasch und ungezwungen fort, daß die Aeltern der allerliebsten Schwätzerin, obwohl sie das Gesprochene nur theilweise verstanden, mit Freudenthränen in den nach ihr gerichteten Augen zuhörten und der Gouvernante die Hände reichten, während unser Herr Onkel sein Nichtchen zu wiederholten Malen küßte.

Dann bat letzterer, wie fast jeden Abend, Claudine, etwas zu spielen, und diese kam dem Wunsche nach, indem sie ihrem Zögling winkte.

Die Pièce, zu vier Händen, ließ an Correctheit des Vortrags nichts zu wünschen übrig.

Minna, allseitig belobt, erhob sich nun und nahm ihren frühern Platz am Theetische wieder ein, während ihre Lehrerin auf Ernst's wiederholte Bitte sich anschickte, etwas Selbstständiges vorzutragen, eine Improvisation, eigentlich in freier Phantasie ihrem Gefühle Ausdruck zu geben.

Dies geschah nun und in einer Weise, daß ihre laut- und regungslosen Zuhörer [bald tief ergriffen, bald erhoben, ja entzückt dem seelenvollen Spiele, dem

Wechsel von Ideen und Empfindungen lauschten und nach dem Abschlusse desselben, einem zarten Verhauchen der Töne, noch eine Weile stumm blieben — der schönste Beifall, der einem Künstler werden kann.

Claudine machte zwar nicht Anspruch auf eigentliche Künstlerschaft oder auf Virtuosität im leidigen modernen Sinne; das Schöne ihres Spiels, obgleich auch ihre Technik bedeutend war, lag eben in der Tiefe ihres Gefühls, in dem seelischen Ausdrucke; ihr Spiel war Gesang.

Man bat sie selbstverständlich nicht, noch etwas vorzutragen, da eine derartige Phantasie Alles erschöpft.

Minna und ihre Mutter küßten sie, die Herren reichten ihr die Hände, und sie nahm, allen mit einem schönen Blicke dankend, ebenfalls ihren Platz am Thee= tische wieder ein.

Ernst sprach sich über das Wesen der Musik als Mann von Geschmack und Kenner aus und erwähnte dabei der Ansichten seines Freundes, des Schriftstellers Karl, desselben, der nach jenem Geistesspiele das Meer oder eigentlich den Leuchtthurm am Meere zum beständigen Aufenthalte gewählt haben würde.

„Bei einer unserer Unterhaltungen über Musik", fuhr Ernst nachsinnend fort, „da ich diesem meinem Freunde bemerkte, daß der Musiker den Vortheil der freien Phantasie gegenüber dem Dichter habe, nahm er statt aller Antwort seine Brieftasche heraus und schrieb eine freie Phantasie.

„Was Du sagst! Wie ist das zu verstehen?" fragte Herr Schmid.

„Ich habe", entgegnete Ernst, indem er ein kleines Papierheft hervorzog, „diese seine freie Phantasie zur Hand —"

„Und bist so freundlich, sie uns vorzutragen", meinte seine Schwester.

„Ich wollte dies schon mehrmals", versetzte er; „also — bitte um geneigtes Gehör."

Und Ernst las mit Verständniß, Gefühl und gutem Ausdruck Folgendes:

„Wer wollte nicht den Musiker beneiden!
Kann schmerzverfolgt zum Instrumente fliehen,
Ausseufzen da melodisch seine Leiden,
Eh' sie zu Gram, zu tödtlichem, gediehen!
Und so auch sinkt in des Entzückens Stunde
Er in den Rachen, darf durch's Tonmeer ziehen,
Ausjubelnd seines innern Glückes Kunde,
Eh' noch der Flammenstrom der Wonn' ihn tödtet.
Und so mit jenem Geist in schönem Bunde,
Der hier der holden Rose Wange röthet,
Wenn sie des Frühlings ersten Kuß genossen,
Der dort als Nachtigall sehnsüchtig flötet,
Schwebt er dahin gleichwie von Traum umflossen,
Von seiner Töne Fittigen getragen,
In eine Welt, die ihm allein erschlossen.

Nur ihm? Wie, darf's nicht auch der Dichter wagen,
Ans Instrument der Seele sich zu setzen
Und seiner Stimmung Grundton anzuschlagen,
In freier Phantasie ihn zu umnetzen?
Ich rüstete bereits, ein kühner Rheder,
Und oftmals zu des Krämergeist's Entsetzen,
So manch Ideeenschiff; denn was ein Jeder
Vermag, erfreut mich nicht; so setzt' ich eben
Zu meinem Instrumente mich, zur Feder;
Will absichtslos der Stimmung Worte geben,
Ganz frei die Phantasie mir walten lassen
Und über mir, vom Geist getragen, schweben.
Den Zauber fühl' ich leise mich erfassen,
Melodisch wallt er durch des Verses Schranken;
So zieht der Mond entlang die Sternenstraßen;
Es wehen um die Schläfe mir Gedanken
Als niegeseh'ne Blumen; eine Biene
Schwärmt honigsuchend durch die bunten Ranken
Die emsige, sanft schwebende Terzine.

O Lust, die nicht mit Worten zu ermessen,
Zu träumen so, entbunden fast der Sinne,
In holdem Wahnsinn seiner zu vergessen!
Hinschwimmend auf des Wohlklangs klaren Wellen,
Die mir die heiße Brust erquickend näffen,
Schau' ich den Himmel nur, den reinen, hellen,
Und denke nicht ans Land der falschen Töne,
Nur Aether laß ich meine Pulse schwellen.
O dolce far niente der Kamöne!
Sich zwecklos so zu schaukeln auf der Skale,
Der sonnigen, gestützt allein aufs Schöne;
Zu schweben also über'm Erdenthale,
Aus Zeitlichem ins Ewige zu gleiten,
Aus Wirklichkeit ins Reich der Ideale,
Ins endlose Gesetz aus dem der Zeiten!

Nur Harmonie ist menschenwürd'ges Leben,
Der Töne Lösung, die sich hier bestreiten,
Und sie mit Melodieen zu durchweben,
Erblüht die Kunst. Ich folge deinen Schritten,
Du Geist des Einklangs! Meines Daseins Streben
Sei, schön zu künden, was ich trüb erlitten.
Erlitten? Nein, nur träumerisch erfahren,
Dem Widerspruche wachend abgestritten.
Wahr ist, mein junges Herz kam früh zu Jahren,
Dem Schmerz hat manche Freude wohl geglichen;
Ich könnte düstre Wahrheit offenbaren,
Im Buche der Empfindung schon gestrichen;
Ich könnte ew'ge Augenblicke nennen,
Und Ewigkeiten, augenblicks verblichen;
Ich könnte wie der Phönix mich verbrennen
In meinen kostbaren Erinnerungen,
Vom Leben wär' ich dennoch nicht zu trennen,
Es spräche selbst für mich mit tausend Zungen;
Doch nennen will ich alles dies nicht Leiden,
Nur Lieder, die mein Lebensgeist gesungen,
Daran des Mannes Herz sich möge weiden.

So lausch' ich jetzt, Erinn'rung, deiner Lieder
Und scheine mir, so sinnend, zu beneiden;
Denn Veilchen duften rings und süßer Flieder,
Im neuergrünten Dornenstrauch voll Rosen
Ertönt des Sprossers Sang von Liebe wieder,
Daß selbst auf Thränenweiden Vöglein kosen
Und Fischchen lüstern blicken aus den Wellen,
Den blumenküssenden und fesselllosen;
Die Sonne von der ersten Liebe hellen,
Nur allzu schnellen Paradiesesstunden
Geht wieder auf, den Busen fühl' ich schwellen,
Wie in der ersten Mondnacht ich empfunden,

Da ich von Liebe sprach zum ersten Male,
Entzückensperlen sich dem Aug' entwunden;
Am Erlenbache seh' ich mich im Thale
Einsam mit ihr hinwallend durch die Bäume,
Verkläret von des Himmelsauges Strahle,
Ich träume neu den ersten meiner Träume,
Worin noch Geist und Herz, die Fitt'ge paarend,
Die Zeit kühn überflügeln und die Räume,
Das Leben anpocht, hold sich offenbarend,
Am glüh'nden Busen, drin es wonnig zittert,
In sich die Welt und um sich nichts gewahrend.
O süßer Traum von Glück, durch nichts verbittert!
Durch nichts? Durch nichts. Was will der Jammer sagen,
Als bald darauf im Thal' es ungewittert,
Die Erde stürzte hin, vom Blitz erschlagen,
Der Sprosser schwieg, anhielt erschreckt die Welle,
Und in die Sterne flogen meine Klagen!
Es fließt kein ew'ges Glück aus ird'scher Quelle,
Die Erde ist die Heimat nicht der Dauer,
Der Schmerz liegt an der Freude Blütenschwelle,
Und mit der Wonne schlürft sich ein die Trauer."

Dem Vortrage Ernst's folgte eine kurze Pause, während welcher er flüchtige Rundschau über die Mienen seines kleinen Auditoriums hielt und die lohnende Wahrnehmung machte, daß Jedes nach eigener Art die Wirkung des Vorgetragenen im Gesichte abspiegelte.

Der Ausdruck in dem seines Schwagers, dessen Bildung, wie früher schon gesagt worden, weit über seinen Beruf hinausreichte, war der einer soliden Befriedigung, eines männlichen Wohlgefallens, das er

dann auch ausſprach; das Antlitz ſeiner Schweſter ver=
klärte eine milde, elegiſche Seelenausſtrahlung; Minna,
das verſtändige Mädchen, blickte wie ſtolz um ſich, wahr=
ſcheinlich, weil man ſie wie eine Große behandelt, näm=
lich gewürdigt hatte, der Vorleſung beiwohnen zu dürfen.
Und Claudine?

Es wäre ſchwer, die Abſpiegelung der Vorgänge
in ihrem Innern auf dem ſchönen blaſſen Antlitze mit
Worten zu bezeichnen, denn dieſes Spiegelbild, das ſich
während des Leſens bei jeder Wendung des Gedanken=
zugs verändert hatte, zeigte ſich nun nach dem Schluſſe
verſchleiert, das Auge geſenkt, die Nachwirkung durch
die Kraft des Willens, der Selbſtbeherrſchung undeut=
lich, wie in einem nachgedunkelten Portraitgemälde.

„Dein poetiſcher Freund", ſagte Herr Schmid, „hat
ſich da gut aus der Affaire gezogen; es wechſeln in
dieſer Rhapſodie wirklich wie in einer muſikaliſchen
Improviſation oder Phantaſie Gedanken und Empfin=
bungen, ohne alle gewaltſame Fügung, ſo recht eins
aus dem andern ſich entwickelnd."

„Ich bin", entgegnete Ernſt, „wie Du weißt, nicht
gerade ſehr romantiſcher Complexion oder poetiſcher
Natur; dieſes Stück freier Poeſie aber iſt mir, auch
abgeſehen davon, daß es mein Freund hervorgebracht,
überaus lieb und werth."

„Und mir", sagte seine Schwester, ihm die Hand reichend, „würdest Du große Freude machen, wenn ich eine Abschrift bekäme."

„Ich empfehle hierzu Onkelchen meine Handschrift", erklärte Minna.

„Hier hast Du das Original", sagte Ernst, ihr das Manuscript reichend.

„Und, Mademoiselle", fragte er dann, an Claudine sich wendend, „wie finden Sie diese freie Dichtung?"

Die junge Dame hatte im Gefühle der Nothwendigkeit, auch darüber sprechen zu müssen, sich mittlerweile wenigstens so weit gesammelt, daß sie den Blick erheben und scheinbar ruhig antworten konnte.

„Was ich davon verstand", sprach sie zögernd, „hat mich nur bedauern lassen, daß meine oberflächliche Kenntniß der deutschen Sprache mich verhindert, das Ganze zu verstehen und seinem Werthe nach zu würdigen."

„Wenn Sie", entgegnete Ernst, „mir gestatten, dieses Stück deutscher Poesie in französische Prosa zu übertragen, denn Verse kann ich nicht machen, so verbinden Sie mich dadurch sehr angenehm."

„Ich bitte Sie darum", sagte Claudine sich verneigend.

„Ist der Verfasser dieses Gedichts", fragte Herr Schmid, „außerdem daß er Poet ist, auch noch etwas Anderes?"

„Ein braver, herzensguter Mensch, sonst nichts", versetzte Ernst.

„Besitzt vielleicht Privatvermögen?" fragte jener weiter.

Ernst lachte.

„Einen Rock und einen Gott", sagte er.

„Aber, lieber Schwager, wenn so ein armer Teufel krank wird —"

„So bringt man ihn ins Spital."

„Das ist eine sehr traurige Existenz —"

„Von der sich unsere geschäftsmännische Philosophie freilich nichts träumen läßt, die ich aber trotzdem nicht als traurig bezeichnen möchte."

„Nicht traurig? Von Nektar und Ambrosia kann man nicht vierundzwanzig Stunden leben, nicht eine Minute lang."

„O er ißt und trinkt wie wir, nur nicht so gut!"

„Wie alt ist er?"

„Etwa in meinen Jahren."

„Natürlich unverheirathet?"

„Zufällig weiß ich es nicht einmal, wohl aber, daß er schon verehelicht gewesen."

„Wo hält er sich jetzt auf?"

„Seinem letzten Briefe nach, den ich noch in Paris erhielt, war er in Dresden."

„Ich möchte den Mann wohl persönlich kennen lernen", sagte Frau Schmid.

„Das kann geschehen", erwiderte Ernst, „denn er reist gern, und für sein Instrument wie für sein Gepäck braucht er nicht Ueberfracht zu zahlen; möglich, daß er mich besucht; meinen jetzigen Aufenthalt weiß er, und ich sehe bald einem Schreiben von ihm entgegen. Kommt er, so dürfte dies in Begleitung meines zweiten Freundes, der auch der seinige, eines deutschen Malers sein, von dem Ihr, meine Lieben, Euch porträtiren lassen könnt."

„Deine Freunde", sagte Herr Schmid, „werden auch die unserigen sein; mein Haus steht ihnen offen, besonders dem Poeten; ich bringe den armen Teufel gar nicht aus dem Kopfe."

„Mach' ihn zu Deinem Spinnmeister!" lachte Ernst heraus.

„Das würde ein schönes Gespinnst geben", versetzte sein Schwager gleichfalls lachend; „der brächte mir durch seine lyrischen Sprünge alle Rädchen und Spindeln zum Tanzen! Nein", fügte der biedere Mann ruhig hinzu, „er soll sein und bleiben, wie und was er ist, frei oder unfrei phantasiren in meinem Garten oder am Meeresstrande, und kann bleiben mein Hausfreund, so lange es ihm gefällt."

Frau Schmid drückte dem also Sprechenden gerührt die Hand.

Ernst küßte ihn dafür.

Minna aber rief strahlenden Blicks aus: „Onkelchen, sieh zu, daß der Herr so bald wie möglich kommt, denn ich möchte gar zu gern einmal einen Dichter sehen! Wie sieht denn eigentlich ein Dichter aus?"

„Ganz so wie andere Menschen, nur ganz anders, liebe Minna", versetzte Ernst lachend.

„Da, bestes Onkelchen, weiß ich so viel wie zuvor; ganz so wie Andere und doch ganz anders! Was soll denn das heißen?" schmollte sie.

„Was das heißen soll? Mein Nichtchen würde mich nicht verstehen, da ich es kaum verstehe. Aber versuchen will ich die Erklärung. Stelle Dir also einen Menschen vor, der zunächst aussieht wie fast alle Menschen, aber nicht zu aller Zeit. Jetzt zum Beispiel schreitet er einher wie einer, der die Welt erobern zu können glaubt, oder gar wie einer, der sie schon erobert hat, und im Handumdrehen geht er gebückt, als trage er eine gewaltige Last, heftet den Blick an den Boden, als zähle er die Steine, und richtet ihn im nächsten Momente wieder himmelwärts, als müßte er mit dem Blicke zugleich durch alle Wolken in Sonne, Mond oder Sterne fahren. Er lacht oft, wo Andere weinen, zum

Beispiel bei Leichenbegängnissen, und er weint nicht selten, wenn Andere voll Jubel sind, zum Beispiel bei Hochzeiten."

„Aber, Onkelchen", unterbrach ihn Minna halb außer sich, „da ist ja ein Dichter ein verrückter Mensch!"
Alle lachten, mit Ausnahme der Gouvernante.

„Nicht sowohl verrückt als entrückt", entgegnete Ernst und setzte nach kurzem Schweigen hinzu: „Der Dichter, liebes Kind, ist, wie ich schon sagte, allen Menschen in Allem gleich und doch wieder in Allem entgegen; er erwirbt sich wie andere Geld, hat aber keinen Sinn dafür, der Gedanke an Geld fällt ihm erst ein, wenn es ihm daran fehlt; er blickt gern auf Sammt und Seide und kostbares Geschmeide, kleidet sich aber selbst sehr einfach, auch wenn er sich reich kleiden könnte; er liebt die Menschen, selbst diejenigen, welche ihm weh=thun, und sucht sie zu belehren durch den Ausdruck seines Geistes, zu veredeln durch sein an den Him=mel mahnendes Gefühl und strebt ihnen Freude zu be=reiten durch seine schönen Lieder, diese Gottesgabe, die er verschwenderisch mit ihnen theilt."

Minna sprang hier auf und fiel ihrem Onkel um den Hals.

„Danke", stammelte sie; „jetzt weiß ich, was ein Dichter ist!"

Herr Schmid reichte ihm mit thränenfeuchten Augen die Hand.

„Und Sie, mein Herr", sagte Claudine, „Sie nannten sich einen Prosaiker!"

Ernst küßte seine Nichte und entgegnete, sich zu letzterer wendend:

„Eigentlich prosaisch war und bin ich nicht, prosaisch ist selbst mein Beruf, meine Wissenschaft, die Chemie nicht; denn in der Chemie ruht, als in einem noch bei weitem nicht erforschten Grunde, eine unermeßliche Fülle von Poesie, obgleich die Männer der exacten Wissenschaft diesen Schatz nicht so nennen wollen; und ich sage Ihnen, wie weit auch die Wege der Wissenschaft und der Poesie auseinander zu liegen scheinen, die darauf Wandelnden begegnen sich immer und überall."

Vierzehntes Kapitel.

Gewisse Verstimmung.

Innerhalb des kurzen Zeitraums von vierzehn Tagen, welche unser Freund Chemiker noch im Hause seines Schwagers zubrachte, trafen die beiden Herren alle nöthigen, auf ihr gemeinschaftliches Unternehmen bezüglichen Einleitungen und Einrichtungen, sodaß Ernst nach Ablauf der genannten Frist seine eigene Wohnung beziehen konnte.

Am Vorabende des Tages, an welchem dieses kleine Familienereigniß stattfinden sollte, hatte, wie bereits an manchem schönen Abende der letzten Tage, Frau Schmid den Thee in ihrem freundlichen Hausgarten angeordnet und hatten sich zu diesem Zwecke Minna und die Gouvernante schon vor einer Stunde hinabbegeben.

Man erwartete nur noch Ernst's Nachhausekunft.

Herr Schmid, der nie gern Müßige, saß noch am Schreibtisch.

„Ich denke, lieber August," sagte seine Frau, indem sie sich von ihrem Arbeitstischchen am Fenster erhob, „wir gehen nun auch in den Garten hinab, der Bruder wird wohl bald da sein."

Herr Schmid schob seine Papiere zurück, stand auf und schritt, die Arme über der Brust verschränkt, den Blick zu Boden gerichtet, ein paarmal im Zimmer auf und ab, ohne ein Wort zu sprechen.

Frau Schmid ließ ihn eine Weile gewähren; ihre Miene jedoch verrieth weit mehr Besorgniß als Neugierde, als sie ihn so betrachtete.

Uebrigens war ihr schon mehrmals in den letzten Tagen dieses zerstreute oder nachdenkliche Wesen an ihrem Manne aufgefallen und sie hatte sich vorgenommen, gelegentlich darüber eine Frage an ihn zu richten.

Diese Gelegenheit war nun da, sie befanden sich allein.

Sie näherte sich ihm mit beinahe mädchenhafter Schüchternheit, legte sanft ihre Rechte auf seine Schulter und sprach in dem ihr eigenen milden Tone echter Weiblichkeit:

„August, Du machst mich besorgt um Dich."

Herr Schmid blieb stehen.

„Besorgt? Warum, Jettchen?" fragte er, sie liebevoll anblickend, wenngleich nicht ohne eine gewisse Unruhe in seiner ganzen Haltung.

„Du scheinst mir schon einige Tage verstimmt."

„Geschäftssachen sind es nicht, die mich verstimmten."

„Neugierde — Du kennst mich — ist mir fremd, und doch bitte ich Dich, wenn es sein kann, mir den Grund Deiner Verstimmung zu nennen."

„Du solltest diesen Grund wissen, meinte ich."

„Ich weiß ihn nicht, August."

„Dann fehlt der Grund, und ich habe mich einfach getäuscht."

„Worin getäuscht?"

„In — in Deinem Bruder."

„In meinem Bruder?"

„Ja, Kind. Ist Dir in letzter Zeit an Ernst nichts aufgefallen?"

Diese Frage, von einem durchbringenden Blicke, machte die gute Frau stutzen.

„Du meinst doch nicht", entgegnete sie zögernd, „daß Ernst —"

„Daß Ernst", unterbrach er sie schwer athmend, „allen Ernstes sich in die Gouvernante verliebt hat; ja, Frau, das meine ich."

„Und dies verstimmt Dich?"

„Wie sollte es nicht!"

„Freilich — allerdings —"

„Es ist Dir also diese Veränderung in seinem Wesen auch nicht entgangen, und doch schwiegst Du darüber."

„Konnte ich mich nicht getäuscht haben? Können wir beide uns nicht hierin täuschen?"

„Weder Du noch ich. Es verhält sich so. Daran zu zweifeln wäre Thorheit, sowie es seinerseits die größte Thorheit ist, in die er verfallen konnte."

„Wenn es sich so verhält, August, so bin ich doch fest überzeugt, daß mein Bruder noch keine Silbe von seiner Neigung zu ihr gesprochen."

„Du nimmst dies an — warum?"

„Eben weil er sich im Benehmen, im Wesen verändert hat und sie nicht; Ernst ist nur das geworden, was Claudine immer schon war, träumerisch."

„Ich hätte nicht übel Lust, ihm den Kopf zurecht zu setzen, trotzdem oder vielmehr, weil er mein Schwager ist."

„Nur ist er auch Mann, lieber August —"

„Man kann, man soll auch einem Manne die Wahrheit sagen, wenn man sein Freund und wenn er nahe daran ist, einen dummen Streich zu begehen. Du blickst mich erstaunt fragend an. Nun, wäre das nicht ein dummer Streich, wenn er — wenn — ach, ich mag es gar nicht sagen!"

„Wenn er ihr seine Hand anböte, meinst Du?"

„Ja, das meine ich. Wenn er sich so seine ganze Carrière verschlüge."

„Was hätte diese Heirath mit seiner Carrière zu thun?"

„Wenn Ernst heirathet, und er kann es und soll es, und ich selbst bin dafür, wie Du weißt, wenn er also heirathet, so soll er eine gute Partie machen und nicht in den Ehestand hineinspringen aus freier Phantasie."

Frau Schmid entgegnete nichts hierauf, denn sie kannte ihren Mann, der wie sie wußte, bei aller Herzensgüte, Uneigennützigkeit und Selbstverleugnung doch in gewissen Dingen, besonders solchen, die ins Geschäftliche hineinragten, unerschütterlich feste Grundsätze hatte, und sie achtete, wie jede brave und wahrhaft gebildete Frau soll, den Stand, das Geschäft, den Beruf ihres Gatten.

Dieser Achtung von seiten seiner Frau gewiß, um deren willen er sie aufs innigste liebte, fuhr er denn nach kurzem Schweigen im selben Tone herzlichsten Verdrusses, freundschaftlichsten Aergers fort, indem er, einmal über diesen Gegenstand zum Sprechen gebracht, sich mit einer Art Leidenschaft in denselben hineinredete. "Mademoiselle Claudine", sagte er, "ist nicht nur keine passende Partie für meinen Schwager, sie paßt auch für keinen andern Mann, das fühlst Du, Jettchen, so gut wie ich; denn wie vortreffliche Eigenschaften sie auch hat als Erzieherin, zur Frau ist sie nicht geschaffen, mich wenigstens könnte ein Wesen wie das ihrige nur stören und unglücklich machen. Du siehst, daß ich auch sein Herzensglück dabei in Anschlag bringe, nicht blos den Geldpunkt, der übrigens heutzutage gar sehr ins Auge gefaßt sein will. Ernst, ein ebenso stattlicher als gebildeter und geschäftstüchtiger Mann, würde unter den Töchtern des Landes, selbst aus den angesehensten Familien, so zu sagen nur wählen dürfen; und nun — es ist mir ein Räthsel, es ist, als wäre ein Liebestrank dabei im Spiele — nun verliebt er sich, er, der scheinbar geborene Hagestolz, im Handumdrehen in eine zwar sehr achtenswerthe und, wenn man will, schöne, aber wildfremde, geheimnißumhüllte und mehr zu einer barmherzigen Schwester als zu einer Ehefrau sich eignende Person; das — das — nimm mir's nicht übel, Jettchen, das ärgert mich von Deinem Bruder ganz gewaltig. Und sprechen mit ihm darüber?

Das wäre, wie immer bei Liebenden, Oel ins Feuer. Bei ihm mehr als bei andern jungen Männern, eben weil er schon über das Jünglingswesen hinaus ist. Ich kenne mein Geschlecht. Ein Mann von Deines Bruders Wesen und seinen Jahren, faßt er endlich Neigung zum Weibe, so liebt er bis zur Schwäche oder bis zur Raserei; will sagen, im erstern Falle heirathet er die Geliebte, wer sie auch immer sei, wenn sie nur einstimmt, im entgegengesetzten Falle, wenn sie seine Gattin nicht werden will, zündet er womöglich eine Stadt an allen vier Ecken an oder spedirt sich eigenhändig ins Jenseits."

„Doch, lieber August", wagte Frau Schmid hier zu bemerken, „doch dürfte ein Wort von Dir zu Ernst hierüber gerathen sein; es ist vielleicht noch Zeit, ihn andern Sinnes zu machen."

„Und wenn er auf mein Wort nicht hört?"

„Er achtet Dich hoch."

„Ein Verliebter hochachten ben, der ihm sagt, daß er ein Narr ist!"

„Das wirst Du ihm nicht sagen."

„So gerade heraus freilich nicht, das Resultat aber wird dasselbe sein. Doch genug für jetzt, ich höre ihn kommen."

Es war in der That Ernst, der im nächsten Augenblick eintrat.

Herr und Frau Schmid sahen ihn und sofort sich selbst erstaunt an.

War das noch der Träumer von wenigen Stunden zuvor?

Sein Antlitz zeigte sich geklärt, aus seinen Augen strahlte Freude, der Ton seiner Stimme, indem er guten Abend bot, war frei und wohlklingend wie am Tage seiner Ankunft.

Frau Schmid hatte sich, um ihren Mann mit ihm allein zu lassen, sogleich in den Garten hinabbegeben wollen, blieb jedoch, durch diese so plötzliche wie erfreuliche Veränderung im Wesen ihres geliebten Bruders überrascht und gebannt.

"Denkt Euch", rief dieser leuchtenden Blicks aus, "mein Freund trifft schon in wenigen Tagen hier ein und wird einige Wochen da zubringen."

"Der Schriftsteller?" fragte Herr Schmid, ihn noch immer ganz verwundert betrachtend.

"Ja, Karl", entgegnete 'ersterer. "Ich fand diesen seinen Brief an mich poste restante vor. Wie mich das glücklich macht!"

"Nun, er soll auch mir willkommen sein", sagte sein Schwager; "er kann bei mir oder bei Dir wohnen."

"Das nicht, lieber Schwager, obgleich er uns besuchen wird."

„Und warum nicht?"

„Er reist in Gesellschaft eines Barons Paul von Stromfeld und dessen Gattin nicht unmittelbar hierher, sondern nach dem allerdings ganz nahen Dobberan, wo letztere das Seebad gebrauchen wollen. Seinem Briefe nach können sie schon übermorgen daselbst eintreffen."

„Und der Maler, wie ist's mit dem?"

„Der bleibt noch einige Zeit in Dresden."

„Deines poetischen Freundes Ankunft freut Dich also sehr?"

„Innigst."

„Auch mich", sagte Frau Schmid, ihrem Bruder die Hand reichend. „Kommt bald hinab zum Thee", fügte sie, mit ihrem Manne einen Blick der Verständigung wechselnd, sanft hinzu und entfernte sich.

Ein flüchtiges Roth zog bei diesen Worten über Ernst's Antlitz.

Herrn Schmid entging dies nicht.

„Bleiben wir noch einen Augenblick", sagte er.

Ernst schien nun auch seinerseits zu bemerken, daß sein Schwager etwas auf dem Herzen habe.

„Wie es Dir genehm ist", antwortete er ziemlich befangen.

„Was Du uns von diesem Deinem Freunde mit=

getheilt", nahm Herr Schmid nach kurzem beiderseitigen Schweigen das Wort, indem er mit Ernst im Zimmer auf und ab ging, "hat mein Interesse für ihn erregt, und ich freue mich in der That, ihn persönlich kennen zu lernen; noch mehr aber freut mich sein Kommen um Deinetwillen, lieber Schwager."

Die scharfe Betonung der Worte "um Deinetwillen" machte Ernst stutzig, besser gesagt verlegen.

"Ja, Deinetwegen", fuhr ersterer nicht eben strengen, doch eindringlichen Tons fort, "denn der Umstand, daß schon die Nachricht seiner Ankunft Dich so erfrischte, wie ich mit Vergnügen gewahre, läßt mich hoffen, daß infolge seines Aufenthalts und Verkehrs mit Dir Deine frühere so offene Stimmung wieder Platz greifen werde."

Ernst fühlte sich getroffen.

Den Blick senkend, erwiderte er kaum vernehmlich: "Ich habe mich also sehr verändert?"

"So sehr, daß Du kaum mehr zu erkennen bist."

"Nach so wenigen Tagen?"

"Ja, nach so wenigen Tagen. In solcher Stimmung ein großes Geschäft zu beginnen, ins eigentliche Leben zu treten, mit praktischen Leuten zu verkehren, Geld, Natur- und Kunstprodukte zweckmäßig zu behandeln, ist eine Unmöglichkeit. Nun, diese Stimmung, eigentlich Verstimmung, scheint, Gott sei Dank, oberflächlicher, als ich gefürchtet."

Bei letzterer Bemerkung hielt Herr Schmid im Gehen an, ergriff Ernst's Hand und fügte mit Wärme hinzu:

„Wie sehr wir Dich achten und lieben, weißt Du, Schwager; Dein Glück wird das unserige nur erhöhen, wie wir zu Deinem Glücke beitragen wollen, was wir vermögen; alles Andere überlassen Deine gute Schwester und ich Dir selbst, Deinem gesunden Menschenverstande, Deinem gebildeten Geiste, Deiner Weltkenntniß. Damit für heute, ich hoffe sogar für immer, über diese momentane Verstimmung genug! Und nun wollen wir zum Thee."

Ernst umarmte seinen Schwager und hielt ihn eine Weile schweigend umschlungen.

„Du sollst mit mir zufrieden sein!" sprach er dann halblaut und folgte ihm hinab in den Garten.

Fünfzehntes Kapitel.

Gefühlsstudien.

Ein Gemüthszustand wie der, in welchem Ernst die letztere Zeit über sich befunden hatte, gleicht dem Somnambulismus. Ob nun durch den Magnetiseur oder durch die Natur selbst in Wachschlaf versetzt, spricht oder wandelt der Somnambule in diesem sogenannten Schlafe, der eigentlich erhöhtes, nach innen wirkendes Wachen ist, mit erstaunenerregender Klarheit und Sicherheit über vorgelegte Fragen wie über Dächer, ohne zu irren, ohne schwindlig zu werden, aber nur so lange klar und sicher, als ihn kein scharfer Gegenstrich trifft und aufrüttelt oder er nicht den Zuruf seines Namens vernimmt; bei ersterem schrickt er empor, bei letzterem bricht er zusammen und stürzt in die Tiefe.

Ernst erfuhr das Erstere an sich; der scharfe Gegenstrich — denn seines Schwagers Wort an ihn war ein solcher — hatte ihn mit einem Male dem Wachschlaf entrissen und zur Besinnung gebracht.

Die letzte Nacht in Schmid's Hause wurde für Ernst eine schlaflose.

Er hatte noch vor dem Thee, bei welchem man sich mit Ausnahme der muntern Minna ziemlich schweigsam verhielt, seinem Schwager zugesagt, daß dieser Ursache haben solle, mit ihm zufrieden zu sein, und nun war ihm, hingestreckt auf sein vom Schlummer geflohenes Lager, genügende Muße geboten, über sich, über die Möglichkeit der zugesicherten Zufriedenstellung nachzudenken.

"Du hast dich also verändert", sagte er sich, "und deine Verwandten haben diese Veränderung bemerkt. Mußte diese Wandlung deines Wesens" — fuhr er in solcher Selbstschau sich und Alles um ihn her prüfend fort — "nicht auch ihr auffallen? Es ist wahr, du hast an Claudine nicht ein Wort gerichtet, das ihr dein Seelengeheimniß hätte enthüllen können, aber bedarf es denn hierbei immer nur des Wortes? Reicht nicht ein Blick, ein plötzliches Stocken des Athems hin, einem so fein fühlenden weiblichen Wesen ein solches Geheimniß zu verrathen? Und dies, dies ist geschehen, und es unterliegt keinem Zweifel, daß Claubine dein Innerstes durchschaut. Und gleich sie nicht in solchen Momenten des plötzlichen Verstummens von deiner Seite oder der Wirkung, die ihr herrliches Klavierspiel auf dich hervorbrachte, glich dieses räthselhafte junge Weib nicht der Sinnpflanze, die sich bei der leisesten Berührung schließt? Kein Blick, kein Athemzug ihrerseits hat dir Hoffnung auf Gegenliebe gegeben. Gegenliebe! Du liebst also? Ja, du liebst! Du kennst nun dieses dir so lange unbekannt gebliebene Gefühl und es wird aus deiner Brust niemals schwinden, nie! Aber du wirst Mann sein, du wirst deinen Verwandten, was sie an dir gethan und noch thun, nicht mit Undank lohnen dadurch, daß du dich diesem Gefühle hingibst bis zur Schwäche, dich ihm widerstandslos überläßt bis zu vernichtender Leidenschaft, oder gar bis du gegenüber der ganzen Geschäftswelt hier, deren Blicke dich fixiren, zum Spotte wirst. Arbeit, Arbeit allein kann und wird dich aufrichten und erhalten! Hinweg darum von der Betrachtung dieses zauberhaften Bildes! Die Stimme deines Freundes war vielleicht die deines guten Engels. Wer sagt dir, daß Claubine jemals deine Neigung, deine Leidenschaft theilen wird? Noch mehr, bist du denn gewiß, daß Claubinens seltsames Insichversinken, ihr träumerisches

Wesen nicht die Wirkung unglücklicher Liebe ist, daß sie mit ganzer Seele liebt, einen Andern liebt? O dieser Vorstellung! Selbst wenn dieser von ihr geliebte Mann fern oder todt wäre! Genug, daß sie den Fernen oder selbst den Todten so, so innig, so sich selbst verzehrend liebt! Dieser Gedanke — und er ist wohl der einzig richtige — muß dich zum Rücktritt, zwingen, auch wenn ihn weder Dankbarkeit gegen deine Familie noch Scheu vor der argusäugigen Welt geböte. Arbeit! Arbeit! Zur Arbeit! Wie dein Freund Karl — o daß er schon hier wäre! — der sonst doch in Allem ideale Poet so wahr gesungen:

> Auf, auf, mein Geist, sei frisch und stark
> Und schüttle ab den Traum!
> Zur Arbeit gab Natur das Mark.
> Erwäge Zeit und Raum
> Und schwärme nicht und halte dich
> Ans Körperliche festiglich
> Und bänd'g' es in den Schranken
> Der rüstigen Gedanken!
>
> Es ist die Welt kein Hospital
> Fürs kranke Herz, darum
> Erhalte dich gesund zumal
> Und thu' dich wacker um,
> Und rühre dich und übe dich
> Zum Kampf auf Hiebe und auf Stich;
> Den Fleiß nimm zum Geleite
> Als Knappen in dem Streite!"

Die Sonne stand schon ziemlich hoch, als Ernst, der gegen Tagesanbruch erst entschlummert war, sein Lager und nach rasch besorgter Toilette, wobei ihn das frische Wasser weit mehr erquickte, als es durch den kurzen, unruhigen Schlaf geschehen, sein ihm bis gestern noch so liebes, jetzt aber verleidetes, ihm fast unheimlich scheinendes Zimmer verließ, um sich zur Familie zum Frühstück und zum Abschiede zu begeben, da er noch diesen Morgen in seine neue Behausung übersiedeln wollte, mußte.

Die Familie befand sich im Garten.

Ernst's Morgengruß entsprach seinem in dieser Nacht gefaßten mannhaften Vorsatze; Haltung, Miene und Worte ließen, wie Herr und Frau Schmid nicht ohne innerste Genugthuung bemerkten, kaum etwas zu wünschen übrig. Heiter erschien er allerdings nicht, denn einer Verstellung war er unfähig, auch lag ja in dem Momente dieses zeitweiligen Scheidens nichts Erheiterndes; ruhig aber zeigte er sich und so männlich selbstbewußt, daß er nach eingenommenem Frühstück, indem er mit seinem Schwager zum Fortgehen sich anschickte, Schwester und Nichte umarmte, auch an Claubine ein paar freundliche, doch dem Sinne nach ganz indifferente Worte des Abschieds richtete.

Und Claubine?

War auch in diesem Momente ein undurchdringliches Geheimniß. Sie erhob sich ruhig von ihrem Sitze und erwiderte den Gruß des Scheidenden als eine Dame von Bildung einfach, in Blick und Ton weder Wärme noch Kälte.

Als die beiden Männer Garten und Haus hinter sich hatten, drückte Herr Schmid seinem Schwager die Hand.

Das war Alles, was über diesen Punkt zwischen ihnen gewechselt wurde.

Nun ging es an Geschäftliches.

Darüber schwanden die Stunden des Vormittags hin.

Der frühere Beschluß, daß Ernst noch durch einige Zeit, wenn nicht für immer, den Mittag und Abend bei den Verwandten zubringen solle, fand selbstverständlich unter schweigendem Uebereinkommen die Abänderung, daß er nur komme, wenn es ihm gut dünke, und daß sein Erscheinen im Hause des Schwagers kein auffallend seltenes werde.

Dies war Sache des Taktes.

Besprechen ließ sich dieser Umstand übrigens täglich, da beide in täglichem Geschäftsverkehr blieben, ja in der ersten Zeit immer gemeinschaftlich zu arbeiten hatten.

Die neue, wohl eingerichtete Wohnung Ernst's, in unmittelbarer Verbindung mit dem chemischen Labora=

torium und der Schönfärberei wie mit seines Schwagers Seidenzeugfabrik, befand sich in beträchtlicher Entfernung vom Blücherplatze, sodaß Herr Schmid sich meist seiner Equipage, aber mehr der Zeitersparniß wegen als aus Bequemlichkeit bediente.

Als letzterer zum Mittagstische nach Hause kam, besprach er sich noch vor demselben mit seiner Frau.

„Dein Bruder ist ein Mann, wie er sein soll", sagte er; „mein einfaches Wort an ihn hat gefruchtet. Wie benahm sich Mademoiselle?"

„Gut, lieber August."

„Du willst sagen, schweigsam, verschlossen, wie immer."

„Nein, im Gegentheile, sie war diesen Morgen gesprächiger."

„Dich, Jettchen, ausgenommen, mag aus den Weibern der Kukuk klug werden! Daß sie eben heute mehr sprach als gewöhnlich, will mir nicht gefallen."

„Ich verstehe Dich; Du meinst, daß sie verbergen will, was in ihr vorgeht."

„Ja, das meine ich, wie ich auch meine, daß ihr Ernst nicht gleichgültig ist."

„Nun, das wäre auch ebenso verzeihlich als begreiflich; mein Bruder ist ein interessanter Mann."

„Habe auch im Grunde nichts dagegen, jetzt um so

weniger, als ich, menschlich zu sprechen, mich auf die Charakterstärke meines Schwagers verlassen darf. Wenn nur der Freiphantasirende, sein poetischer Freund, mir nicht einen Strich durch meine Rechnung macht, obgleich mir derselbe ein verständiger Mensch zu sein scheint. Uebrigens kann ich diesen Herrn, da er zuerst bei uns erscheinen wird, wenn Ernst nicht zufällig eben hier wäre, ins Mitleid ziehen, will sagen, ihn ein wenig vorbereiten und seinen freundschaftlichen Einfluß in Anspruch nehmen; bei einem Patienten von meines guten Schwagers Art, wenn er auch bereits ein Reconvalescent ist, kann man nicht vorsichtig genug sein."

Frau Schmid lächelte mild, um nicht zu sagen wehmüthig, zu letzterer Bemerkung. Sie schmiegte sich an ihren Gatten an und flüsterte:

„August, Du wirst gegen meinen Bruder nicht strenger sein, als es eben nothwendig ist, nicht wahr?"

„Ich werde", entgegnete Herr Schmid, seine Frau zärtlich umarmend, „meiner selbst eingedenk bleiben, werde mich erinnern, wie mir zu Muthe gewesen wäre, wenn Jemand gegen meine erste Liebe zu Dir angekämpft hätte; noch mehr, liebes Weib, ich gebe Dir die Versicherung, daß wenn Deines Bruders Neigung sich als unaustilgbar erweist, ich sofort von meiner Ansicht abgehen, ihm nichts weiter in den Weg legen, ja daß ich selbst diese Angelegenheit, die Verbindung nämlich, möglichst gut ordnen werde. Bist Du nun beruhigt, zufrieden mit mir?"

„O ich wußte es wohl", sagte Frau Schmid, indem Thränen der Rührung, der Freude in ihre noch immer schönen, sanftblickenden Augen traten; „ich kenne ja Dein Herz, dieses Herz in seiner unerschöpflichen Menschenfreundlichkeit!"

Nach Beendigung des Mittagsmahls, das man auch heute, wie bei guter Witterung immer, in dem freundlichen Kiosk des Hausgartens eingenommen hatte, machte Herr Schmid seiner Gewohnheit gemäß eine kleine Promenade zwischen den Rabatten und Sträuchern, seine Cigarre schmauchend, dies und jenes bedenkend, überlegend oder vorbereitend.

Seine Frau war noch im Kiosk, wo sie mit Minna sich unterhielt, die ihr eine eben beendete schöne Stickerei zeigte, um sich dafür das mütterliche Lob zu holen.

Claudine schien den Garten verlassen zu wollen.

Nahe dem Gitterthore kam ihr Herr Schmid in den Weg.

„Mademoiselle wollen auf Ihr Zimmer?" fragte er freundlich.

„Um Minna bei Mama allein zu lassen", entgegnete sie sanft.

„Gönnen Sie mir das Vergnügen Ihrer Gesellschaft

auf einige Augenblicke, zur Besichtigung unserer Blumen, die sich Ihrer eigenhändigen Pflege, Mademoiselle, zu erfreuen haben, sage, zu erfreuen, weil man so zu sagen pflegt, obgleich die Blumen selbst von der Freude nichts verspüren, die sie uns Menschen bereiten."

So sprechend, hatte Herr Schmid schon einige Schritte vom Gitterthore weg nach den Rabatten zurückgemacht, und Claudine war, auf seine Einladung hin sich artig verneigend, gefolgt.

Ihre Miene war ruhig.

Sie schritten langsam dahin, stets in möglichster Entfernung vom Kiosk, aus welchem ihnen die Blicke der Hausfrau zeitweise folgten, obgleich sie mit ihrem Töchterchen sich angelegentlichst zu beschäftigen schien.

Unsere Promenirenden hielten da und dort bei besonders gut entwickelten Blumen und sonstigen Pflanzen an.

Auf Herrn Schmid's letztere Bemerkung aber entgegnete Claudine:

„Ich, mein Herr, kann mir die Blumen nicht unempfindlich denken, denn es kommt mir bisweilen vor, besonders wenn ich sie etwas später als gewöhnlich begieße und ordne, als blickten sie mich verlangend oder dankend oder sogar ein wenig schmollend an."

„Nun, Mademoiselle, da spielt Ihnen eben Ihre Phantasie einen kleinen Streich."

„Weiß nicht, mein Herr. Warum schließen sich viele Blumen des Abends und öffnen sich des Morgens, gleichsam die Augen aufschlagend?"

„Das dürfte wohl nur die Wirkung von Licht und Dunkelheit, von Wärme und Kälte, also nur ein Proceß der Elektricität, ihrer Verminderung oder Vermehrung sein."

„Die Wissenschaft verfährt manchmal recht grausam mit dem menschlichen Gefühle."

„Ja, sie untersucht eben, um die Gesetze aufzufinden, und selbst derjenige Mann der Wissenschaft dürfte Beachtung verdienen, welcher sogar das Gefühl der Liebe als einen elektrischen Proceß bezeichnet; pflegen die Menschen doch zu sagen: sein oder ihr Blick traf wie ein Blitz. Da haben Sie gleich die Entladung überhäufter Elektricität."

Claudine schwieg zu dieser Bemerkung, nach welcher Herr Schmid also fortfuhr:

„Sehen Sie, Mademoiselle, ich, kein Philosoph von Profession, kein studirter Mann, vor allem durchaus kein Anhänger gewisser moderner Lehren, will sagen, der materialistischen Weltanschauung, welcher zufolge, wie Ihnen bekannt, das ganze liebe Sein nichts weiter als eine stete Wechselwirkung von Stoff und Kraft, der bisher so genannte Geist auch nichts Anderes als Materie, demnach vergänglich, und Gott ebenso wenig wirklich ist als eine Seele und ihre Unsterblichkeit; ich, ein fürs praktische Leben erzogener, leiblich unterrichteter Mensch, der seinen mit der Muttermilch eingesogenen Glauben an eine ewige Vorsehung, an eine persönliche Fortdauer, an eine vom Körper unabhängig wirkende Geisteskraft nie verleugnet hat, nie aufgeben wird: ich nun, gläubig und religiös, wie ich bin, muß doch selbst Manches im Menschenleben, das man idealistischer Weltanschauung nach für rein geistig halten sollte, als realistisch anerkennen, das eben nur auf Gesetzen der Physik beruht und sich diesen zufolge als eine unabänderliche Nothwendigkeit herausstellt, anstatt als ein Act der Freithätigkeit, wie zum Beispiel eben das Gefühl der Liebe, und ich denke, man liebt das, was man lieben muß, wie auch schon das Volkswort besagt: Zum Lieben und Beten läßt sich nicht nöthen, nämlich nicht moralisch."

„Aber dann, mein Herr", erwiderte Claudine nach kurzem Schweigen zögernd und mit unsicherer Stimme, „dann sollte das Recht — ich meine das Gesetz — mit dem Menschen in manchen Fällen nicht so streng verfahren, wie es geschieht; denn wie kann man ihm imputiren, was er in Aufrichtigkeit gethan, was er dem Naturgesetze nach hat thun müssen?"

„Das freilich", sagte Herr Schmid, „spielt auf ein Gebiet hinüber, das früher oder später von der Gesetzgebung zu betreten sein wird, will sie der Menschlichkeit gerecht werden; die gerichtliche Medicin wird da viel zu thun bekommen."

„Vor der Hand, mein Herr, bleibt dem armen sündigen Menschen nur jener Trost, welcher in des Erlösers Ausspruche liegt: Gott wird Jeden nach dem Gesetze richten, das er ihm ins Herz geschrieben hat."

„Gewiß, Mademoiselle, ist das ein erhabenes Wort, ein erhebender Trost; nur kann dasselbe, wie eben alles an sich Gute und Wahre, in der Anwendung mißbraucht werden; keinesfalls kann auf jenes große Wort die Gesellschaft, der Staat Rücksicht nehmen; da heißt es einfach: bei Gott ist Gnade, bei Menschen herrscht der Buchstabe oder doch der Geist des Gesetzes. Aber um wieder auf das schöne Blumenleben und das nicht minder schöne der Liebe zu kommen, ich denke, ersteres verliert nicht an Reiz durch die Annahme seiner absolut physischen Existenz, und auch letzteres nicht, wenn man es als einen elektrischen Proceß betrachtet, oder, wie vielleicht mein Schwager, der Chemiker, als einen chemischen; hat dieses doch der große deutsche Dichter Goethe in seinem Roman „Wahlverwandtschaften" gethan."

„Es fehlt auch in der französischen Literatur nicht an Schriften ähnlicher Tendenz."

„Und Ihre Ansicht davon, Mademoiselle?"

„Ich — ich neige — natürlich nur für mich, nicht als Gouvernante — zum Principe der Nothwendigkeit; wie Alles muß, so muß auch der Mensch."

„Der idealste deutsche Dichter, Schiller, sagt: „Der Mensch ist frei geschaffen, ist frei, und wär' er in Ketten geboren.""

„Ich denke, mein Herr, man könnte diesen Satz umkehren und sagen: Der Mensch schleppt sich in Ketten dahin, selbst wo er zu springen oder zu schweben wähnt."

„Mademoiselle sind also Materialistin."

„Als Erzieherin — nein, als Weib — ja, selbst auf die Gefahr hin gesagt, daß ich dadurch Ihr Mißfallen errege."

„Mein Mißfallen? Wohin denken Sie! Ich achte den Menschen, der das Rechte thut, ohne seine Beweggründe zu untersuchen; man hat vielleicht einen Menschen, der ohne Glauben an einen jenseitigen Lohn diesseits am Rechtthun festhält, noch höher zu achten als den gläubigen Ausüber des Rechts; und ich danke Ihnen, Mademoiselle, für die Unumwundenheit, womit Sie sich hierüber aussprachen, obgleich ich selbstverständlich nur wünschen kann, daß meine Tochter niemals durch Studien oder schmerzliche Erlebnisse dahin gelangt, dieser materialistischen Weltanschauung sich hinzugeben. Verzeihen Sie mir übrigens", fügte Herr Schmid nach kurzer Pause hinzu, "wenn ich da eine Saite berührte, die —"

"Die verstimmt ist", unterbrach ihn Claudine wehmüthig lächelnd.

"Ja, Mademoiselle, die aber ein gütiges Geschick, jedenfalls die Alles ausgleichende Hand der Zeit in normale Stimmung bringen kann."

"Nie, mein Herr, wird dies geschehen."

"Sie können noch sehr glücklich werden."

"Ich?"

"An der Seite eines würdigen Mannes, eines edlen, liebevollen Gatten."

"Ich — ich werde mich nie verehelichen."

"Sie hassen also die Männer?"

"Nein; ich kann sie nur nicht lieben."

In diesem Augenblicke kam Minna herbei, und das seltsame Gespräch wurde abgebrochen.

Ende des vierten Bandes.

Druck von Bär & Hermann in Leipzig.

Album.

Bibliothek deutscher Original-Romane.

Mit Beiträgen
von

Armand, Braun von Braunthal (Jean Charles), Franz Carion, Jacob Corvinus (W. Raabe), Ernst Fritze, Friedrich Gerstäcker, Graf St. Grabowski, Bernd von Guseck, F. W. Hackländer, Lucian Herbert, Edmund Hoefer, Karl von Holtei, Moritz Horn, Siegfried Kapper, Baron Karl von Kessel, Alfred Meißner, Louise Mühlbach, Adolf Mützelburg, Ferdinand Pflug, F. Isidor Proschko, Robert Prutz, Josef Rank, Max Ring, Johannes Scherr, Adolf Schirmer, August Schrader, Levin Schücking, Gustav vom See, Ferdinand Stolle, Ludwig Storch, J. D. H. Temme, Ernst Willkomm, A. von Winterfeld, Adolf Zeising u. A.

1867. — Zweiundzwanzigster Jahrgang. - 1867.

Dreizehnter Band.

Realisten und Idealisten.

Fünfter Band.

Leipzig,
Ernst Julius Günther.
1867.

Realisten und Idealisten.

Socialer Roman

von

Jean Charles,
Verfasser von „Die Erbsünde", „Der Verschwender" ꝛc.

Fünfter Band.

Leipzig,
Ernst Julius Günther.
1867.

Erstes Kapitel.

Die Freunde.

Der Schriftsteller Karl traf am nächstfolgenden Tage in Rostock ein.

Herr Schmidt empfing ihn aufs freundlichste und fuhr nach einem Stündchen ruhiger Conversation, an welcher auch seine Frau und Claudine, letztere mit einer gewissen Spannung, Theil nahmen, mit ihm zu Ernst, ohne — er hatte sich eines Andern besonnen — den veränderten Gemüthszustand seines Schwagers auch nur leise zu berühren.

Das Wiedersehen unserer zwei Freunde war das herzlichste, besonders nachdem Herr Schmid sich wieder entfernt hatte, was seinem richtigen Takte zufolge sehr bald geschah.

„Nun, mein guter Alter", rief Karl jetzt, da sie

allein waren, seinen Freund nochmals umarmend aus, „nun wollen wir ein paar Wochen wie die Götter leben! Du kommst, so oft Du kannst, nach Dobberan, wo sich meine vom Pegasus müde gerüttelten Gliedmaßen am hochwogenden Busen der See restauriren werden, und ich komme dazwischen zu Dir herein, und bevor ich scheide, kommt auch Max aus Dresden, und wir werden herrliche Stunden verleben."

Ernst fühlte sich in seines Freundes Nähe so erfrischt, daß er für den Augenblick alles Andere vergaß.

Das Geschäftsverhältniß zu seinem Schwager war bald besprochen.

„Und habt Ihr", fragte er dann, „nichts weiter von Robert gehört?"

„Einer letzten, möglicherweise sichern Angabe zufolge", sagte Karl, „befindet er sich in Amerika."

„Und die unglückliche Pauline Picard?"

„Ist verschwunden, wahrscheinlich nicht mehr unter den Lebenden."

„Jenes unselige Räthsel ist also zur Stunde noch ungelöst?"

„Ja."

„Wieder einer jener wenngleich seltenen Fälle, die beweisen, daß doch manches Ereigniß, manches grauenerregende Verbrechen unerklärt, unentdeckt, ungesühnt gegenüber der verletzten Menschlichkeit, der Gerechtigkeit fordernden Gesellschaft bleibt."

„Du nimmst also noch immer an, daß der Kaufmann Picard ermordet worden?"

„Und daß diesen Mord seine Frau an ihm verübte."

„Nun, Freund, verhält es sich, wie Du annimmst und auch ich anzunehmen mich leider gezwungen sehe, und hat sich die Unglückliche selbst getöbtet, so hat sie auch gebüßt, und wir wollen nicht strenger richten, als es von seiten einer höhern Fügung geschehen."

„Du hast Recht, denn es heißt: Richtet nicht! Aber Pauline hat dieses Verbrechen durch Selbstentleibung nur gebüßt, nicht gesühnt, das Rechtsgefühl der Gesellschaft nicht befriedigt."

„Nicht befriedigt! Du wirst doch nicht der Todesstrafe das Wort reden wollen, die heute, nach meiner Ansicht mit Grund, von seiten der Rechtsphilosophie perhorrescirt, als menschenunwürdig und auch als ganz zwecklos, da sie selten oder gar nicht abschreckt, zurückgewiesen wird?"

„Ich rede der Todesstrafe nicht das Wort, ich bin dagegen; solange sie aber besteht, steht sie auch auf ein so furchtbares Verbrechen wie Gattenmord. Doch genug davon. Du sprachst von einer Angabe, der zufolge Robert sich in Amerika befinden dürfte; worin besteht diese Angabe?"

„Das, Freund, ist eine ganze Geschichte, die ich Dir in Dobberan gelegentlich mittheilen will. Für den Augenblick genüge Dir, was ich aus Dresden Dir geschrieben und jetzt noch zu sagen habe. Baron von Stromfeld, dessen Bekanntschaft ich im schönen Elbflorenz machte, lud mich ein, ihn und seine Gattin, welcher die Aerzte das Seebad bringend gerathen, nach Dobberan zu begleiten, und ich, eben ein wenig arbeitsmüde, stimmte bei, um so mehr, als dieser junge Cavalier ein vortrefflicher Mensch ist, gar nicht zu sprechen von dem für einen fahrenden Poeten, wie ich, durchaus nicht unmaßgeblichen Umstande, daß ich Reise und Seebad umsonst genießen konnte und kann. Dieser mein augenblicklicher Mäcen nun, der, nebenher bemerkt, hier im Mecklenburgischen, wo ihm Verwandte leben, sich niederlassen will, hat nach Erlebnissen der seltsamsten Art in Paris seinerseits, ich weiß nicht wo, die Bekanntschaft eines andern jungen deutschen Edelmanns gemacht, der frischweg aus Amerika und zwar aus Oregon, dem Gebiete der Shoshonen, dem sogenannten Schlangenindianerlande, kommt und der sich gleichfalls hier ansiedeln will. Letzterer, noch ein Jüngling — sein Name ist Karl von Bergen — stammt auch aus Deutschland und hat für seine Jugend mehr erlebt als tausend gereifte Männer zusammengenommen, an das Wunderbare Grenzendes, soweit es mir durch ihn selbst bekannt geworden. Dieser nun hat, wie er mir selbst erzählte, auf seinem Heimwege nach Europa vor einigen Monaten erst in Cadix einen nach Südamerika auswandernden Deutschen kennen gelernt, der ihm zwar nicht seinen Namen genannt, dessen Schilderung aber in Bezug auf Person und Charakter mich glauben läßt, daß es unser unglücklicher Freund Robert sein dürfte. Uebrigens wirst Du ja in diesen Tagen Herrn von Bergen selbst in Dobberan sprechen und Dich vergewissern, ob ich Recht habe oder nicht. Jetzt aber eine Frage an Dich, lieber Ernst. Noch immer Hagestolz?"

„Noch immer!" entgegnete der durch diese so plötzlich abspringende Frage Ueberraschte gesenkten Blicks und mit halberstickem Seufzer.

„Aber Du wirst Dich bei so großartigem Geschäft auf die Länge kaum ohne Hausfrau behelfen können."

„Vor der Hand geht es wohl noch."

„Und Dein Herz? Ist es noch immer so unzugänglich für zartere Regungen wie in Paris?"

„Wie kommst Du zu solcher Frage, Freund?"

„Eben als Freund; doch breche ich ab davon, da es Dich —"

„Zu verletzen scheint? Nein! Hier meine Hand darauf!"

„Höre, Ernst, Du hast Dich verändert."

„Die Zeit ändert Alles."

„Darf ich sagen, was ich denke?"

„Sage es immerhin!"

„Ernst, Du liebst! Du liebst nicht glücklich!"

Statt aller Antwort reichte Ernst seinem Freunde die Hand. Diese zuckte leise, während seine Augen feucht wurden und eine Art Fieberröthe sich über sein Antlitz ergoß.

„In Wahrheit", sagte Karl nach kurzer Pause wie zu sich selbst, „das Menschenleben ist unerschöpflich an Wandlungen, unergründlich in seinem innersten Wesen und vor allem die Liebe, wie Shakspeare sagt, so voll von Phantasie, daß sie allein nur hoch phantastisch ist."

Dann Ernst's Rechte mit beiden Händen umschließend und ihn mit innigster Theilnahme betrachtend, fügte er hinzu:

„Mein Ernst, der sonst so unzugängliche Mann der exacten Wissenschaft, der Liebe unterthan! Und ich sage Dir, das entzückt mich, obgleich Du augenblicklich durch dieses Himmelsgefühl zu leiden scheinst; dieser Seelenproceß in Dir ist, nach meinem Gefühle, mehr werth als alle Deine chemischen Processe um Dich her; das ist, sage ich Dir, Deine Menschwerdung, denn bis zum Eintritte dieses göttlichen Moments warst Du nur ein Buch mit einem weißen Blatte als Anhang zu allen voran befindlichen gedruckten oder beschriebenen, und jetzt, jetzt erst ist dieses letzte, das Buch vollendende, würdig abschließende leere Blatt vom Finger des Ewigen berührt und ausgefüllt; diese letzte Buchseite gibt dem Werke Verständniß, Werth, rein menschlichen Werth, und ich gratulire Dir von ganzem Herzen."

„Und ich danke Dir", entgegnete Ernst, „daß Du mich nicht belächelst. Hast Du", fragte er dann, „im Hause meines Schwagers die Gouvernante seiner Tochter gesehen?"

„Er stellte uns einander vor. Diese junge schöne Dame also —"

„Sie erscheint Dir als schön?"

„In der That ist sie es auch, obgleich sie äußerst blaß und ihre Schönheit mehr interessant — die Franzosen würden sagen pikant — als vom Typus künstlerischer Idealität ist."

„Mein Schwager, ein vortrefflicher, doch durchaus praktischer Mann, wünscht mich verehelicht zu sehen."

„Um so besser."

„Nein, Freund, um so schlimmer, denn er wünscht, daß ich eine sogenannte gute Partie treffe."

„Das heißt, Du sollst nicht eine antike Früchteträgerin, sondern eine moderne Geldsackträgerin in Hymen's Tempel führen."

„Ja, das heißt es."

„Das heißt nichts. Du liebst also Mademoiselle — wie heißt sie?"

„Claudine Arnaud. Ja, ich liebe sie."

„Und Claudine?"

„Ahnt vielleicht, was ich für sie fühle."

„Ahnt? Ich meinerseits hätte es ihr längst gesagt."

„Habe es wohl selbst gestanden, nur nicht eben mit Worten."

„Und warum nicht mit Worten?"

„Weil ich fürchtete, daß ihr leidendes Wesen, ihre Zurückhaltung, ihre seltsame Scheu die Folge sein könne einer unglücklichen Liebe, einer sie verzehrenden Leidenschaft für einen Andern, ob dieser Andere nun lebe oder schon todt sei."

„So also steht's?"

„Dazu kommt noch, daß Schmid mein Gefühl für Claubine entdeckt, mit mir besprochen und von mir die Zusicherung erhalten hat —"

„Doch nicht, daß Du ihr Bild aus Deinem Herzen verdrängen willst?"

„Du sagst es."

„Wie kann man etwas zusichern, dessen man nicht gewiß ist!"

„Du hast Recht; aber es ist nun geschehen, und ich habe einfach mein Manneswort einzuhalten —"

„Und zu leiden. Schöne Geschichte das! Aber wie wenig praktisch ich auch bin, ich sage Dir doch, es kann sich das Alles noch günstig gestalten; Zeit gewonnen, Alles gewonnen, das klingt altklug, bewährt sich aber sehr oft. Die Zustimmung Deines Schwagers wird sich finden, wenn er findet, daß Du mannhaft gegen die Neigung angekämpft, aber nicht den Sieg über sie errungen hast."

„Und was ich Dir von Claubine sagte?"

„Glaube ich vor der Hand nicht. Wahrscheinlich theilt sie Deine Neigung und zieht sich in Anbetracht ihrer Armuth und ihrer Stellung zu der reichen Familie in die starke Verschanzung des Schweigens zurück."

„Aber sie war, wie meine Schwester mir sagte, schon lange vor meiner Ankunft so schweigsam und

seelenleidend wie zur Stunde, und meine Annahme
dürfte die allein richtige sein; sie liebt unglücklich."

„Auch dies — nur zugegeben, nicht angenommen
— kann sich zu Deinen Gunsten wenden. Treten nicht
selbst edle Mädchen, nachdem sie sich bereits verlobt,
mit einem andern Manne später in die Ehe? Ver=
ehelichen sich nicht junge trostlose Wittwen aufs neue?"

„Du kannst noch scherzen!"

„Weil ich Dich heiter sehen, weil ich Dich glücklich
wissen will, weil ich gern, wie der erste Napoleon,
das Wort Unmöglichkeit aus dem großen Wörterbuche
des Lebens gestrichen haben möchte. Wie wäre es,
wenn ich gelegentlich — und Gelegenheit wird sich fin=
den — die junge Dame spräche? In Deiner Sache
nämlich."

„Das magst Du immerhin versuchen, wenn auch
nur, um die Ueberzeugung zu gewinnen, daß ich Recht
hatte."

„Wir werden sehen. Ich habe, und nicht ganz aus
eigener Machtvollkommenheit, sondern auch im Sinne
der Herren Stromfeld und Bergen, Deinen Schwager
und Deine liebe Schwester sammt Tochter und Gou=
vernante eingeladen, uns recht bald in Dobberan zu
besuchen, und man hat zugesagt; machen doch die Ro=
stocker gewiß häufig Ausflüge nach diesem schönen See=

habe. Von der Partie wirst auch Du sein, und was mich betrifft, so werde ich sehen, hören und rechtzeitig sprechen, und zwar auf gut Deutsch in schlechtem Französisch."

„Mein lieber Karl, Du bist so heiter, so geistig gesund, daß ich in Deiner Nähe jetzt mich selbst freier, frischer fühle."

„Da geht es Dir wie dem Dichter Lenau, der mir einmal schrieb: „Seit ich Deinen Brief gelesen, ist mir leichter ums Herz; Gesundheit ist auch ansteckend." Laß mich nur gewähren, Ernst, und sorge dafür, daß Ihr bald zu uns hinauskommt. Heute haben wir Donnerstag; etwa Sonntag?"

„Will sehen. Wann wird wohl Max hier eintreffen?"

„Kaum vor zwei, drei Wochen. Wir werden deren vier, vielleicht sechs in Dobberan zubringen."

Hier erhob sich Karl und nahm für diesmal Abschied von seinem Freunde mit den Worten:

„Diese Revanche, daß Du, der Mann der Wissenschaft, der materialistische Philosoph, der Skeptiker, der — der Atheist, unter der Botmäßigkeit Cupido's stehst, diese moralische Satisfaction war mir der Weltgeist schuldig, denn ich hatte in Paris mit Dir und Robert viel zu kämpfen über Dinge des Spiritualismuß; jetzt habe ich Dich da, wohin ich Dich haben wollte, denn jetzt, da es Dir in der Werkstätte der Seele, im Herzen, so gewaltig hämmert, jetzt wirst Du kaum mehr das arme — reiche, das gute — schlimme Menschenherz für nichts weiter als einen Fleisch= und Muskelklumpen halten. Muth denn, mein Freund, und komme bald!"

Damit schieden die Beiden für heute.

Zweites Kapitel.

Eine Auswanderungsgeschichte.

Am nächstfolgenden Tage trat Regenwetter ein, das über dreimal vierundzwanzig Stunden anhielt und den von der Familie Schmid beschlossenen Ausflug nach Dobberan vereitelte, bis wieder zum Sonntage hinaus= schob, da die Wochentage der Arbeit gehörten.

Dafür kam an einem dieser Werkeltage Karl nach Rostock und brachte denselben bei Ernst und mit ihm auch großentheils bei Schmid zu, der ihn zum Mittags= brode und zum Thee geladen hatte. Man verweilte bei wieder ganz herrlichem Wetter fast die ganze Zeit über im Garten. Die Unterhaltung, an welcher auch Claudine ab und zu Theil nahm, wurde mit Gefühl und Geist geführt, besonders da man auf das Thema vom Materialismus und Rationalismus kam.

„Ich habe da", sagte Karl, „einen merkwürdigen Beleg zu den oft furchtbaren Wirkungen dieser Geistesrichtung auf allen Gebieten, selbst auf dem der Politik zur Hand, die von mir in jüngster Zeit zusammengestellte Geschichte des ehemaligen Staatsmanns Freiherrn von Bergen, dessen Sohn nun in Dobberan weilt; eine Auswanderungsgeschichte der ergreifendsten, erschütterndsten Art —"

„Durch deren Mittheilung", bemerkte Herr Schmid, „Sie uns sehr verbinden würden."

Karl verneigte sich, zog ein Manuscript aus der Tasche und las, oftmals durch Ausrufe des Staunens, der Rührung oder des Entsetzens unterbrochen, was wir nachstehend im Zusammenhange mitzutheilen nothwendigen Anlaß nehmen.

Die Ankömmlinge.

Das gewaltige Felsengebirge, das unter dem Namen der Rocky-Mountains bekannt und eine bis jetzt noch unermessene Ausläuferkette der gigantischen Cordilleren ist, trennt Oregon, das äußerste, an den großen Ocean grenzende Gebiet der nordamerikanischen Freistaaten, die weite Heimat der noch größtentheils im Urzustande lebenden Shoshonen oder Schlangenindianer, von dem dreimal größern und im gleichen Verhältnisse fruchtbarern des Missouri, das in seiner ganzen Ausdehnung vom westlichen Binnenlande der Briten einerseits bis an den Missisippi und andererseits bis Mexico mindestens den dritten Theil des Flächeninhalts von Europa einnimmt.

Der majestätische Missouri, der von seinen, den Rocky-Mountains östlich entspringenden Quellen an bis zu seiner Mündung in den erstgenannten Strom bei St.-Louis einen Weg von beinahe sechshundert Meilen zurücklegt, durchfließt, unfern seines Ursprungs bereits schiffbar, mächtig gehoben durch die drei Arme Jefferson, Madison und Galatin, nachdem er die unermeßlichen Hochebenen im Norden der schwarzen Berge bewässert, in allmäligen Krümmungen und dann in scharf südlicher, wie zuletzt in südöstlicher Richtung ein fast gänzlich unbewohntes Paradies, einen Raum, der ausreichte für viele Millionen nur halbwegs betriebsamer Menschen, ein Land, gesegnet von der Hand der Natur, reich ergiebig, mild besonnt, schön und gesund; weithin gedehnte Prairien, bekränzt von lachenden Auen und nie berührten Wäldern, sanfte Thalgründe zwischen anmuthigen Hügeln, einladend hier zur Erbauung von Hütten, dort, mächtige freie Buchten bildend, zur Gründung von Städten.

Es war an einem schönen Sommermorgen, als

am Saume eines unübersehbaren Waldes, der sich, etwa eine Stunde nur von den Rocky-Mountains entfernt, von Süd nach Nord hinzieht, drei Männer erschienen und überrascht anhielten; freudestrahlenden Blicks reichten sie sich die Hände und blieben, in Anschauung der herrlichen Landschaft vor ihnen versunken, einige Minuten lang schweigend stehen.

Die Sonne, kaum am Horizonte aufgetaucht, warf über die weite Waldstrecke, aus deren äußerstem Vorsprunge sie eben getreten, an die großentheils senkrecht himmelanstrebenden Felsmassen, deren höchste Kuppen wohl eine Höhe von acht- bis zehntausend Fuß erreichen, eine solche Flut von Strahlen, daß die ganze gewaltige Gebirgskette sich einem Meere flüssigen Goldes zu entringen schien, in dessen himmlischem Abglanze die Wasser des Missouri schimmerten, der, hier kaum der Kindheit entsprungen, wie ein schöner, frischer Knabe den weiten grünenden und blühenden Thalgrund nach allen Seiten durcheilte, holdseliges Lächeln im noch ungetrübten Antlitze, zahllose Inselchen voll malerischer Baumgruppen mit jugendlichem Ungestüm umarmend.

„Hier laßt uns Hütten bauen!" rief der Aelteste in deutscher Sprache aus, ein hochgebauter, stattlicher Mann von etwa fünfundvierzig Jahren, eblen germanischen Zügen und kräftiger Haltung, gegen welche übrigens ein Ausdruck tiefen Seelenleidens seltsam abstach.

Er war, gleich den zwei Andern, nach europäischer Art und sehr einfach gekleidet: sie trugen kurze Röcke von grauem Tuche über Pantalons von leichtem Sommerstoffe, schwarze Halsbinden, breitkrämpige Strohhüte; auf den Schultern viereckige Tornister und darüber den zusammengerollten Mantel; breite, mit Geld gefüllte Ledergürtel, von denen Hirschfänger niederhingen, sowie schön geformte Büchsen, auf welche gestützt sie jetzt betrachtend dastanden.

„Mein Sohn", nahm der erstgeschilderte Mann nach einer kurzen Pause wieder und mit bewegter Stimme das Wort, indem er sich auf ein Knie niederließ, „mein Sohn und Du, treubewährter Freund, fortan nicht mehr Diener, folgt meinem Beispiele, beugt Euch vor dem Unendlichen und erhebt gleich mir das Herz zu ihm!"

Der Sohn und der Diener, ersterer ein hoher blühender Jüngling von kaum zwanzig Jahren und an Gestalt und Haltung dem Vater gleichend, letzterer ein kleiner, rüstiger Mann noch im kräftigsten Alter, von sehr biederem, muthigem Aussehen, folgten schweigend der Weisung und sanken in die Kniee.

„Herr des Alls! Ewiger! Unergründlicher Lenker der Geschicke!" ließ sich jetzt der Vater feierlichen Tons vernehmen, indem er, sich mit der Linken auf sein Rohr stützend, die Rechte zum strahlenden Himmel emporhob: „es ist gut der Menschenseele, jedes Werk im Gedanken an Dich zu beginnen, fortzuführen und zu vollenden. Fern liegt mir und den beiden Lieben, die mir gefolgt, die theure Heimat, mir theuer bis zum letzten Athemzuge, so viel schweres Leid ich darin auch erfahren! Eine neue Heimat laß mich finden hier in dieser großen heiligen Einsamkeit! Der Born der Thränen ist in meiner Brust versiegt, die glühende Sonne des Hasses hat ihn ausgetrocknet; aber der Quell des Glaubens an Dich, des Vertrauens auf Dein ewig gerechtes Walten strömt noch in meinem Herzen ein und aus und darauf schwebt mein Geist in anbetender, dankbarer Liebe zu Dir empor! Ja, Herr über Leben und Tod, ich danke Dir für die erduldeten Leiden, sie waren und sind mir die Stufen zu Deinem ewigen Throne."

Einige Minuten andächtigen Schweigens folgten diesem Gebete des ernsten Mannes; dann erhob er sich langsam und sprach seinen Sohn und Diener, die sich gleich ihm aufgerichtet hatten, festen Tons also an:

„Das Ziel unserer langen Wanderung ist erreicht;

an die Quellen des Missouri wollte ich Euch führen, sie glänzen vor uns in diesem fruchtbaren reizenden Thale; wir bleiben hier. Mit Hülfe der Beileisen, die wir mit uns nahmen, ist in wenigen Tagen das zur Zimmerung eines Blockhauses nöthige Holz gefällt, innerhalb einiger Wochen muß unsere Wohnung fertig sein. Laßt uns nun den Platz dafür wählen; eine dieser kleinen Inseln da vor uns wird sich am besten dazu eignen. Wir stehen jetzt auf dem Gebiete der Shoshonen und dürfen eines alsbaldigen Besuchs von ihnen gewärtig sein. Aber fern ist uns die Furcht. Fast ein Jahr nun schon hat uns die Vorsehung geleitet und beschützt, durch zahllose, schreckliche Gefahren sicher geführt, wir leben auch hier unter ihrem allmächtigen Schutze. Auch sind wir nicht als Bettler in diesen Bereich der Schlangenindianer gekommen; ich werde diesen Wilden, die übrigens nach Allem, was ich über ihr Leben erfahren, ebenso großmüthig als tapfer, ebenso bildungsfähig als kriegerisch sind, ein Stück Land abkaufen; sie kennen durch ihren Verkehr mit den Amerikanern in Astoria den Werth des Goldes und werden das meinige nicht mit Verachtung zurückweisen. Der Urwald hier ist, wie Ihr gesehen, überreich an Wild; dort auf dem Wasser, auf den Inseln erblickt Ihr zahlreiches, mannichfaltiges Geflügel; wir sind auf lange Zeit mit Pulver und Blei versehen, und so wird es uns nicht an Nahrung fehlen; verschaffen uns die Indianer aus Astoria Korn zur Aussaat, und ich hoffe dies, so sind wir völlig geborgen. Nun kommt, wir wollen ohne Zeitverlust ans Werk und es im Vertrauen auf den Allgegenwärtigen mit Muth beginnen; folgt mir!"

So sprechend schritt der Vater dahin, gefolgt von Sohn und Diener, den sanften Abhang vom Waldsaume hinunter dem Strome zu, dessen äußerste Ausbiegung zur Rechten kaum einige Hundert Schritte entfernt war.

Ringsum üppiger Wiesengrund, dessen blumenreiches Gras den Wanderern bis an die Kniee reichte; gefällige Baumgruppen hier und da, aus deren dichten Kronen ihnen der Gesang unzähliger Vögel entgegentönte; die Luft, von köstlicher Frische und von balsamischen Düften durchflossen, sog nur allmälig die Sonnenstrahlen ein und blieb selbst in der Niederung noch erquickend; soweit das Auge reichte, nicht ein Wölkchen zu erschauen, nur daß um die höchsten Spitzen der Felsenwand im Hintergrunde dieser zauberischen Ebene breite milchweiße Streifen schwebten, die, je höher die Sonne stieg, sich mehr und mehr verdünnten und bald wie schöne Reste goldburchwirkter Schleier im Spiele des frischen Morgenwindes umherflatterten.

Drittes Kapitel.

Die Insel.

Die Wanderer standen nun am Missouri. Das Ufer war flach und die ganze weite Schlangenwindung entlang mit Schilf und niederem Gesträuch eingefaßt. Dieser Arm des jugendlichen Stroms umschlang mehrere Inseln; die der Stelle, wo sie anhielten, zunächst gelegene und vom Ufer durch eine seichte, krystallhelle Furt von kaum fünfzig Schritten Breite getrennte war ungefähr tausend Schritte lang und bildete ein von der Mitte nach allen Seiten sanft abgedachtes, hügliges Oval, aus dessen weichem Sammtgrunde sich von der Hand der Natur höchst malerisch geordnete Bosquets und kleine dichte Haine von schön vermischtem Laub- und Nadelholz erhoben.

„Eine entzückende Stelle!" rief hier der schöne

Jüngling aus, indem seine an sich sanften, beinahe elegischen blauen Augen rührende Begeisterung ausstrahlten. „Theurer Vater, wir können keinen anziehendern Wohnort finden als diese Insel."

„Und keinen zweckmäßigern, mein lieber Karl", entgegnete der Vater, „denn er bietet uns Bequemlichkeit und Sicherheit zugleich, das nöthige Bauholz selbst, ohne daß wir das freundliche Eiland seines ganzen natürlichen Schmucks zu berauben haben; die Verbindung mit dem Walde ist bequem durch diese Furt, die, allen Anzeichen am Ufer nach, niemals bedeutend angeschwellt sein mag; bist Du nicht auch dieser Meinung, Konrad?"

„Ganz und gar, Herr Baron", versetzte klugen Blicks der Diener; „auch glaube ich, läßt sich diese Insel mit geringer Mühe durch natürliche Verzäunung recht gut befestigen, und sie ist, wie vom Ufer, so auch von den nächsten Inseln weit genug entfernt, um mittels unserer Feuerrohre die Indianer in gehörigem Respect zu erhalten."

„Mein wackerer Freund", sagte lächelnd der Baron, „wenn uns mein bischen Gold nicht sicherer stellte als unsere Munition und Dein sehr lobenswerther Muth, so viele Proben Du mir auch davon gegeben, stände es doch immer mißlich um unsern Frieden, um unser Da=

sein, denn zur Vertheidigung eines um die ganze In=
sel gezogenen Hags wären mindestens ein halb Hun=
dert Schützen nöthig; wir wollen hoffen, daß wir unser
Pulver und Blei wie unsere Hirschfänger nur zum
Erlegen des Wildes nöthig haben werden. Uebri=
gens", fuhr er nach einigem Schweigen, einen Seufzer
unterdrückend und seinem Sohne wie dem Diener die
Hand reichend, ernsten Tons fort, „was auch kommen
möge, wir haben dem Tode wiederholt ins Auge ge=
blickt und werden als Männer zu sterben wissen."

„Gewiß! Bei Gott!" riefen beide aus; „in jedem
Augenblick, wann und wie es sei!"

Nach dieser Betheuerung traten sie, neben einander
schreitend, den Weg durch die sanft gekräuselte, brillan=
tenschimmernde Furt an, deren Wasser, dahinquellend
über Kiessand und leichtes Geröll, selbst an den tief=
sten Stellen ihnen nicht bis an die Kniee reichte. Bald
war sie durchmessen und das bebuschte Ufer der Insel
erstiegen. Diese glich, wohin die Ankömmlinge blickten,
einer geschmackvollen englischen Anlage, deren ganze
Schönheit ihnen erst von ihrem höchsten Punkte, dem
sie schweigend zueilten, anschaulich wurde.

Es war dies ein etwa hundert Schritte im Ge=
vierte messendes Plateau, nicht mehr als zehn Klafter
über dem Wasserspiegel des glänzenden Missouri, aus

welchem zwischen anmuthig gruppirten Eichen, Fichten und Birken hier und da seltsam gestaltete Felsblöcke hervorragten, welche eine Lichtung umfriedigten, groß genug, um ein weitläufigeres Wohngebäude zu fassen, als die Ansiedler zu erbauen im Sinne hatten.

Der Ausblick von dieser Anhöhe über das weite Flußgebiet war bezaubernd. Der strahlende Wasserspiegel, von unzählbaren größern und kleinern Eilanden durchbrochen, glich in seiner nach Norden hin unübersehbaren Ausdehnung einem riesigen Geschmeide von in Brillanten gefaßten Smaragden; der dunkle, meilenweit ostwärts sich hinziehende Urwald stand zu dem leuchtenden Felsgebirge im Westen, das seine gewaltigen Massen parallel mit ihm in das reine Aetherblau emporhob, in einem Contraste, den kein Maler sich imposanter, darstellungswürdiger denken könnte; das ganze herrliche Naturbild von einer zauberischen Ruhe durchflossen, wie sie nur ein Homer und Claude Lorrain in Wort und Farbe wiederzugeben vermochten; ein Hauch seligen Friedens wehte über diese sanften Gewässer dahin, Alles lebte und webte in ursprünglicher Schöne, mild bewegt vom Geiste der Natur.

Unsere Wanderer hatten sich auf einem ganz freistehenden Felsblocke niedergelassen und von da aus das entzückende Gemälde betrachtet; sie saßen einige Minuten, ohne ihren Gefühlen Worte zu geben, versunken in Anschauung und in schmerzliche Erinnerungen zugleich; denn die schöne Natur liebt zur Gesellschaft die Wehmuth mehr als jeden andern Gefährten; Wehmuth aber ist der Himmelsthau auf der Rose der irdischen Liebe.

Der Baron erhob sich zuerst und sprach, sich gewaltsam ermannend:

"Hier also bleiben wir, solange es Gott gefällt. Ich nehme Besitz von diesem kleinen Paradiese, nachdem ich die Hölle und das Fegefeuer durchwandert, Besitz im Namen des Weltgeistes, der meinen Willen, meine Kraft dazu bevollmächtigt; ich nenne dieses Eiland die Insel der Erkenntniß. Nun kommt und laßt sie uns besichtigen."

Sohn und Diener folgten ihm nachsinnend. Sie stiegen den nördlichen Abhang hinunter durch liebliches Strauchwerk, stellenweise überragt von hohen Bäumen, der wellenförmigen Niederung zu, deren Boden, nur selten noch durch kahlen Steppengrund unterbrochen, immer milder sich zeigte und zuletzt in eine weite, vom üppigsten Rasensammt bedeckte Fläche auslief, die in ihrem Halbkreise nördlich ein mannshoher Hag frischgrünender und köstlich duftender Stauden umgab. Die nächste Insel, einen Büchsenschuß weit von dieser, war halb so groß, felsiger und dünner bewachsen; die fernerliegenden glichen den beiden an Gestalt und Ausdehnung; im Westen aber erstreckte sich vom äußersten Uferarme des Stroms bis an die Rocky-Mountains eine Prairie, sodaß man zur Linken wie zur Rechten freien Ausblick hatte und jede Annäherung von Menschen gegen die nächsten Inseln leicht beobachten konnte. Auf dem Rückwege zum felsigen Plateau, dem Mittelpunkte dieses parkähnlichen Eilandes, wohin sie sich längs des niedern, sanft gewundenen und dicht bebuschten westlichen Ufers begaben, standen sie, einige Hundert Schritte noch von der Anhöhe entfernt, in einem Bosquet plötzlich freudig überrascht vor einem Bächlein, dessen klares, behendes Wasser sich hier durch das Randgebüsche schlängelte. Sie tranken daraus, fanden es von köstlicher Frische und beeilten sich, die Natur ihres Fundes genauer zu untersuchen. Diese nicht sehr tiefe und nur drei bis vier Schuh breite, aber raschfließende Quelle, die sich unweit vom Punkte der Entdeckung in den Strom ergoß und die von da aus abgedämmt und durch die Wiesenfläche hinabgeleitet werden konnte, war für die Ansiedler nicht nur in dieser Beziehung eine Wohlthat, sondern weit mehr noch dadurch, daß sie ihnen zur Zeit, wenn das Wasser des Missouri durch anhaltenden Regen oder Schneefall im

Gebirge ungenießbar würde, ein ungetrübtes Labsahl blieb. Alsbald ihren Lauf zum Ursprunge hin verfolgend, fanden sie diesen zwischen einer grottenartigen, von Fichten beschatteten Felsenmasse am westlichen Abhange des Hügels; eine durch Gestaltung des Gesteins wie der Pflanzen an sich schon sehr anmuthige, durch die freie Aussicht aber nach dem Hochgebirge überaus reizende Stelle, die Karl, der die Quelle bei ihrer Ausmündung und hier den Ursprung derselben zuerst erblickt hatte, sogleich für seinen fernern Lieblingsplatz erklärte und mit Zustimmung seines wehmüthig lächelnden Vaters Karlstein nannte.

An diesem lieblichen Orte ließen sie sich auf dem bemoosten, von hohem Farrenkraut und Schlinggewächsen umrankten Gesteine nieder, um auszuruhen und sich durch einige Nahrung zu erquicken. Konrad öffnete den ledernen Proviantsack, den er quer unter seinem Tornister befestigt hatte, und langte daraus den zu einer Mahlzeit für drei Männer völlig genügenden Rest einer gebratenen Hirschkeule hervor, die er sogleich mit vieler Gewandtheit zerschnitt und auf einem silbernen Teller, dem einzigen, den der treue Diener heimlich aufbewahrt hatte, mit einer Büchse Salz seiner geliebten Herrschaft sehr geschäftig präsentirte; dann füllte er den gemeinschaftlichen ledernen Trinkbecher an der Quelle und überreichte ihn dem Sohne mit den Worten: „Ungetrübt, wie dieses Wasser, sei Ihre Zukunft!"

Nachdem sie sich sattsam gelabt, brachen sie auf und verließen die Grotte, um nun auch die Südseite der Insel zu untersuchen. Diesem Zwecke zufolge stiegen sie, statt über das Plateau den Weg einzuschlagen, die vorspringenden Felsblöcke hinunter zum Ufer und bogen von da links in ein dichtes Gehölz ein, das von der Mitte des Hügels fast der ganzen Breite der Insel nach sich bis zum südlichen Strande erstreckte und beinahe nur aus schönen hohen Fichten bestand, theilweise durchwachsen von dichtem Gesträuche und niederem Laubholze; ein Hain, der selbst nach Ausschlagung der zum Baue des Blockhauses nöthigen Stämme für seine Bewohner immer noch, besonders zur Sommerszeit, ein durch seinen kühlen Schatten und würzigen Duft sehr anziehender Aufenthalt bleiben mußte.

Vor einer Lichtung desselben, ungefähr fünfzig Schritte im Kreise und bedeckt von hohem Grase, hielten die Wanderer stutzend an und erhoben instinktmäßig ihre Büchsen, zum Schusse bereit; ein Geräusch aus dem nahen dichten Unterwuchse des Gehölzes war der Grund dieser Ueberraschung. Im nächsten Augenblicke — sie standen noch hinter einigen Fichtenstämmen — flog ein Rudel Hirsche aus dem Gebüsche über die Lichtung der Anhöhe zu, quer an ihnen, nur wenige Schritte entfernt, in Gedankenschnelle vorbei, aber nicht schnell genug, um in solcher Nähe den wohlgerichteten Schüssen aus trefflichen Büchsen ganz ohne Verlust entrinnen zu können. Der Baron hatte nicht geschossen, Konrad einen mächtigen Zehnender gestreift, den sich Karl zufällig auch zum Ziel ersehen und von dessen Kugel tödtlich getroffen der Hirsch auch zusammenbrach und augenblicklich verendete. Der Diener stieß einen Freudenschrei aus; sein Herr aber gebot ihm Schweigen und seinem Sohne, der vorspringen wollte, Halt, indem er rasch und strengen Tons sprach:

„Ihr Unvorsichtigen! Ist es denn schon so lange her, daß wir der Parforcejagd der Indianer entronnen? Augenblicklich ladet Eure Büchsen und gebt keinen Laut von Euch!"

Beide gehorchten schweigend und folgten ihm, nachdem sie schleunigst geladen hatten, geradehin über den offenen Platz durch das Gehölz dem östlichen Ufer zu, von wo aus man eine weite Strecke des großen Waldes überblicken konnte. Die Besorgniß des Barons erwies sich als eine nur zu wohl begründete. Gedeckt von starken Baumstämmen und hohem Strauchwerk, erblickten sie genau an der Stelle des Waldsaums, von wo sie kaum vor zwei Stunden das schöne Stromgebiet überschaut und bewundert hatten, einen starken Trupp Indianer, bewaffnet mit Büchsen, Bogen und Tomahawks, und in nördlicher Richtung am Ufer hin eine Abtheilung derselben in beflügeltem Lauf hinter dem Rudel Hirsche drein, das zwischen Wasser und Wald über die Fläche dahinflog.

„Hatte ich nicht Recht?" sprach der Baron leise und jetzt mit einer Ruhe, die er, seinem Sohne und Diener zur Seite, wirklicher Gefahr stets entgegensetzte.

„Die Indianer hatten unsere Spur im Walde gefunden und verfolgt; sie haben nun auch Eure Schüsse gehört und warten jetzt nur noch die Rückkunft der Ihrigen ab, um uns aufzusuchen. Es sind deren, wie Ihr seht, an hundert; jeder Widerstand wäre hier lächerlich, uns zu verbergen oder zu entfliehen ist unmöglich; nichts bleibt übrig, als ihnen frei und mit dem Zeichen des Friedens ruhig entgegenzutreten; wahrscheinlich sind es Shoshonen, die nach einem Kriegszuge gegen die nicht minder tapfern Sioux oder Ojagen in ihre Wigwams heimkehren; ist dies der Fall, so dürfen wir unbesorgt sein, immerhin aber folgt jetzt in Ruhe meinem Beispiele."

Nach diesen Worten, während deren sie wiederholte

Schüsse aus der Ferne vernnahmen, eilte er, von ihnen gefolgt, der Anhöhe zu.

Bald hatten sie das Plateau erreicht. Hier legten sie ihre Waffen auf ein Felsstück, brachen drei große starkbelaubte Zweige von einem Strauche und traten, diese hoch emporhaltend, auf den äußersten gelichteten Punkt, von wo aus die Indianer sie erblicken mußten, und schwangen da, die linke Hand ans Herz gelegt, ihre Friedenszeichen.

Nach wenigen Sekunden schon hatte sie der scharfe Blick der Wilden entdeckt; ein gellender Aufschrei des Trupps am Walde wie der übrigen, die, mit Beute beladen, bereits zurückeilten, gab ihnen Gewißheit. Diesem entsetzlichen Schrei folgte alsbald ein dumpfes Gemurmel, und es formte sich, nachdem alle zusammengetreten waren, ein weiter Kreis wie zur Berathung. Während derselben, die einige Minuten anhielt, blieben unsere Wanderer in unveränderter Stellung, die Zweige über ihren Häuptern schwingend, still gewärtig des da Kommenden.

Jetzt öffnete sich der Kreis, und ein Indianer, um welchen er sich gebildet hatte, vor allen übrigen ausgezeichnet durch hohen Wuchs und Schmuck, kam in Begleitung zweier andern festen und nicht sehr hastigen Schrittes die sanfte Abdachung gegen das Ufer zu gegangen, während die Zurückgebliebenen regungslos am Walde hielten.

Angelangt an der Furt, blieben die Indianer stehen, und ihr Führer gab den auf dem Plateau Harrenden durch eine dreimal wiederholte edle Handbewegung ein Zeichen, von der Insel herab zu ihnen zu kommen, ein Act der Vorsicht, die selbst den tapfersten Wilden eigen ist.

Des Barons Winke zufolge gaben sie durch dreimaliges Senken des Hauptes auf die Brust und der Zweige zur Erde ihre Willfährigkeit zu erkennen und traten hiernach, mit Zurücklassung ihrer Waffen, den Weg auf Leben und Tod zu den Indianern an.

Viertes Kapitel.

Die Shoshonen.

In ruhiger, zugleich fester und bescheidener Haltung schritten sie neben einander den Hügel hinab und gelangten so durch das Flußbett zum jenseitigen Ufer, an dessen Rande die drei Abgeordneten der wilden Krieger ihrer regungslos harrten.

Einer von diesen, derselbe, um welchen sich früher am Walde der Berathungskreis gebildet hatte, that nun einen Schritt auf die Ankömmlinge zu und gab dem Baron, der ihm zunächst stand, ein Zeichen, er möge sprechen.

Es war dies ein schöner, stark gebauter Mann von etwa dreißig Jahren, über sechs Fuß hoch und so vollkommen ebenmäßig gegliedert, daß er jedem Bildhauer hätte zum Modelle eines antiken Kriegers dienen kön=

nen, eine Gestalt, deren Kraft und Schönheit noch durch eine Haltung gehoben ward, aus welcher mächtiges Selbstbewußtsein in weit mehr ebler als wild stolzer Weise sprach, sobaß sein Anblick die Gekommenen, die ihn mit Ueberraschung und Bewunderung betrachteten, mit Vertrauen erfüllte.

Die Züge seines nicht tätowirten Antlitzes von dunklem Oliventon, ebenso rein und edel geformt wie seine Glieder, belebten sich durch einen Blick aus großen, starkbeschatteten schwarzen Augen, der bei aller Gewalt, womit er den Gegenstand erfaßte, doch etwas Weiches, Elegisches an sich hatte, das zur Mittheilung einlud.

Seine Bekleidung war malerisch ohne Bizarrerie. Um die Stirn, von der sein schwarzes glänzendes Haar in dichten, sanften Wellen auf den starken Nacken gleich getheilt niederfloß, schlang sich ein zollbreiter Reif von gelbem, hellpolirtem Metalle, woraus sich ein hoher, kronenförmiger Federschmuck erhob, dessen bunte Farben von dem dunklen Teint des Gesichts scharf abstachen. Hals und Brust trug er nackt, ohne allen Schmuck; die muskulösen Arme, gleichfalls entblößt, waren dagegen mit Korallenschnüren und goldenschimmernden Metallspangen umwunden, von denen eine über dem Gelenke der rechten Hand die Gestalt einer Schlange hatte. Von den schlanken Hüften herab bis zu den Knieen fiel in reichen Falten ein Rock von purpurnem Wollstoffe, durch einen handbreiten Ledergürtel befestigt, von dem mehrere Scalps niederhingen. Die nackten Beine waren oberhalb der Knöchel mit einem gelben Ringe verziert und die Füße mit künstlich gearbeiteten Sandalen bekleidet. Als einzige Waffe trug er einen ungeheuren Tomahawk, ganz aus blankem Stahl, auf den er stehend sich ungebückt stützen konnte und welchen er in dem Augenblicke, da er den Fremdlingen entgegentrat, wie einen Rohrstab erhob und wieder senkte.

Seine zwei Gefährten, gleich ihm und dem Trupp am Walde nur um die Lenden bekleidet, waren vorgerückten Alters, von kräftigem, aber weit wilderem Aussehen; auch die Gürtel dieser trugen die entsetzlichen Trophäen der Indianer, und kurze Tomahawks, während sie sich auf langrohrige Flinten stützten; Gesicht und Brust, theilweise tätowirt, ließen als Hauptsymbol eine Schlange in schönem hellem Blau erblicken.

Der Baron, mehrerer europäischer Sprachen mächtig, wollte jetzt, da er sich mit den Indianern zu verständigen hatte, es zuerst mit der englischen versuchen, da ihm diese nächst der deutschen die geläufigste und dann auch anzunehmen war, daß in diesem zahlreichen Trupp Krieger wenigstens einer der ältern ihn verstehen werde, der ihm sonach als Dolmetscher bei den Seinen dienen konnte.

„Ist einer unter Euch" — begann er sanften, ruhigen Tons die wichtige Unterredung — „der englisch oder eine andere Sprache des weißen Mannes spricht?"

Auf diese Anrede, hauptsächlich an den schönen großen Indianer gerichtet, entgegnete derselbe in englischer Sprache, worin er sich zu freudigem Erstaunen der Ankömmlinge sehr deutlich und geläufig auszudrücken verstand:

„Ich und mehrere der Meinigen verstehen und sprechen die Sprache der Bleichgesichter; unser Ohr hat sich im mexicanischen Gebiete an das Spanische, in Oregon und am Mississippi an das Englische gewöhnt, wenngleich nicht unser Herz; aber bangt darum nicht, Ihr Fremdlinge, und folgt mir getrost in die Mitte meiner Krieger, auf daß sie durch meinen Mund vernehmen, was Ihr mir anvertrauen werdet; kommt!"

Nach diesen Worten schwang der Indianer seinen gewaltigen Tomahawk über die Schulter, wandte sich rasch und schritt mit hohem Anstande dem Walde zu, gefolgt von den überraschten Fremdlingen, denen die beiden andern Indianer dicht zur Seite blieben, sodaß der Zug, der sich ziemlich rasch gegen die Anhöhe bewegte, mehr einer Escorte von Gefangenen als einer Begleitung von Freunden glich.

In wenigen Minuten war der Waldsaum erreicht, vor welchem sich der Trupp Rothhäute in noch unveränderter Haltung befand.

Es waren fast durchgängig junge, starke und wohlgebaute Männer von mehr kriegerisch trotzigem als wildem Aussehen, nicht unedler Gesichtsbildung, wenig tätowirt, bis auf den Lendenrock nackt, die Haare lang, von einem Stirnbande um die Schläfe gefesselt, die scharfbraune Hautfarbe durch mehr oder minder schimmernden Schmuck von bunten Federn, Ringen und Glasperlen gehoben, theils mit Flinten, theils mit Bogen und Köcher versehen, keiner jedoch ohne Beil und Scalpmesser im Gürtel.

Jetzt begrüßte in nicht sehr aufmunternder Weise die Ankömmlinge ein seltsames, dem dumpfen Brausen der hohlgehenden See nicht unähnliches Getön, und letztere sahen sich plötzlich inmitten eines weiten, von den Kriegern gebildeten Kreises und aller Blicke, die indeß mehr Neugierde als Zorn aussprachen, auf sich gerichtet.

Der Baron betrachtete sie ruhig und wollte eben das Wort ergreifen, als er sich mit seinem Sohne und Diener von einem zweiten, engern Kreise umringt sah, den der schöne Indianer mit seinen zwei Begleitern und neun aus den Aeltesten der Schaar ebenso rasch als geräuschlos geformt hatte. Ersterer schwang seinen Stahltomahawk, senkte ihn, stützte sich darauf und sprach englisch die Fremden an, indem er sagte:

„Bevor wir Euch die Friedenspfeife reichen und Euch dadurch, solange Ihr dessen würdig bleiben werdet, unsern Schutz, den der Gastfreundschaft anbieten, entdeckt uns, wer Ihr seid, was Ihr wollt, wie Ihr in dieses unser angestammtes freies Gebiet gekommen. Redet die Wahrheit, denn der große Geist hört Euch, er haßt die Lüge; aber auch wir vernehmen Euer Wort und der Menschengeist ist zu täuschen. Sprecht wahr zu mir, dem Häuptlinge eines mächtigen Zweigs vom Stamme der Shoshonen, den der Wille des Ewigen in dieses herrliche Land gepflanzt und bisher noch ungeschwächt, in voller Blüte und Frucht erhalten hat. An fünfhundert Krieger, deren Tapferkeit tausend Stellen zwischen den zwei großen Strömen bestätigen, gehorchen mir; dennoch spreche ich friedlich zu Euch, denn Eure Zweige haben die Zornesglut ermäßigt, die an den Schläfen des rothen Mannes beim Anblicke des weißen als Schlange emporzüngelt und das Gehirn entflammt zu Gedanken der Gewalt. Noch einmal, sprecht frei und wahr; drei

dieser bejahrten Helden mir zur Seite verstehen gleich
mir Eure Sprache und, was noch mehr, ihr Blick ist,
wie der meinige, nicht zu täuschen, er findet den Weg
durchs Auge zum Herzen. Redet nun, ich habe ge=
sprochen."

Die Greise neigten mehrmals, wie zum Zeichen des
Beifalls für die Worte ihres Häuptlings, die von lan=
gen grauen Haaren umwallten Häupter und gaben
dem Baron durch eine sanfte Handbewegung zu erken=
nen, daß sie nunmehr seiner Rede gewärtig seien. Und
dieser, während sein Sohn, der des Englischen gleich=
falls mächtig und von den Worten wie von dem gan=
zen heroischen Wesen des Häuptlings sichtlich ergriffen
war, denselben mit immer steigender Bewunderung
offen ins Auge faßte, nahm jetzt, seinen Zweig wie
zum Gruße senkend, mit vollkommener Ruhe in Miene
und Stimme das Wort und sprach:

"Das Reich des großen Geistes ist ohne Grenzen
und allüberall ist Leben durch ihn und in ihm. Er
kennt keinen Unterschied der Farben, keinen der Spra=
chen; die Farben sind für ihn nur Strahlenbrechung
seines ewigen Lichts, die Sprachen nur das wechselnde
Lallen seiner Kinder; es lebt nur ein Gott und wir
alle sind durch ihn, den Einzigen!"

Die Greise blickten den Sprechenden mit Verwun=

berung an, der Häuptling aber gab ihm einen flüchtigen Wink, inne zu halten, richtete sich empor und theilte mit erhobener Stimme seinen Kriegern den Inhalt der eben vernommenen Anrede in ihrer Sprache wörtlich mit, worauf ein beifälliges Gemurmel durch den weiten Kreis hin erfolgte. Dann begann der Baron von neuem und sprach also weiter:

„Die Erde ist groß und schön, aber ungleich vertheilt sind ihre Güter, und es ist die Nothwendigkeit, die auszugleichen strebt. Fern im Osten von Euch, Ihr freien tapfern Söhne dieses fruchtbaren Landes, leben Millionen auf einem Gebiete, das für Hunderte von Euch zu klein, zu beschränkt erschiene', denn Euer Schritt ist rasch wie der des Edelwildes, das Ihr jagt, und Eure Brust ist gewöhnt an den ungetrübten, reinen Hauch Eurer unermeßlichen Ebenen und Wälder. Ihr kennt nicht die Noth, Ihr habt nie Thränen gesehen, wie sie Armuth und Kummer den schlaflosen Augen einer Mutter, eines Vaters erpressen; aber Ihr habt davon gehört und ich bin nicht gekommen, Euch belehren zu wollen. Auch kam ich nicht hierher, vom Nahrungstriebe fortgestoßen; ich hätte mir, meinem Sohne und Diener, die Ihr an meiner Seite seht, durch das Gold, welches ich bei mir führe, in meiner Heimat fern im Osten über dem Meere, sowie unter den Amerikanern in den sogenannten freien Staaten guten Unterhalt verschaffen können; aber es zog mich eine andere, tief in der Brust begründete Nothwendigkeit aus den Städten und Dörfern der weißen Männer fort und zu Euch, von deren edlem Sinne, wie er meist mit wahrer Tapferkeit vereint, ich gehört habe, um mit den Meinigen unter Eurem Schutze zu leben und zu sterben."

Hier hielt er inne, und der Häuptling, dessen dunkelblickendes Auge bei des Redners letzten Worten seltsam, jedoch nicht beunruhigend aufleuchtete von heftiger Gemüthsbewegung, sah jetzt wieder im Kreise umher und trug das Gehörte mit lauter, wohltönender, gegen den Schluß hin gerührt erbebender Stimme vor.

Karl und sein Vater bemerkten den höchst günstigen Eindruck, den diese Mittheilung auf die Indianer hervorbrachte, hüteten sich aber wohl, einen Blick der Zuversicht zu wechseln; sie blieben regungslos stehen und vernahmen hoffnungbeseelt das laute Beifallsmurmeln der Schaar, welches erst auf ein Zeichen des Führers in ehrerbietiges Schweigen überging, wonach derselbe den Baron mit wenigen, sehr freundlich betonten Worten einlud, das noch zu Sagende vorzutragen. Dieser verneigte sich und schloß seine Rede also:

„Ich war in meiner Heimat kein Krieger, sondern ein Mann des Friedens, aber ich war ein Streiter für die Wahrheit und meine Waffe war das Wort der Ueberzeugung. Der Schein besiegte mich, ich unterlag und zog mich zurück, verfolgt von Hohn, erfüllt von Gram. Meine Feinde machten mir die geliebte Heimat zur Wüste, und ich floh durch sie dahin, halb verschmachtend. Meine Gattin brach in Kummer zusammen und starb; dieser Jüngling, mein einziger Sohn, und dieser treue Diener folgten mir in die Fremde. Ich beschloß, mit ihnen zu Euch zu fliehen. So überschifften wir den Ocean und gelangten nach vielem Ungemach bis zur Mündung des Mississippi. Hier bestiegen wir ein nach St.-Louis bestimmtes Fahrzeug und erreichten auch wohlbehalten diesen Ort. Die Fahrt von dort den Missouri aufwärts, unser ferneres einsames Wandern durch Prairien und Wälder bis hierher in Euer Gebiet war ein fast ununterbrochenes Ringen mit Mangel und Gefahren jeder Art; aber der große Geist hat uns beschützt, und nunmehr haben wir das Ziel unserer Wanderung erreicht, sofern Ihr uns hier dulden werdet. Die kleine Insel dort, wo Ihr uns gefunden, mit einem von Euch zu bestimmenden kleinen Jagdgebiete, das hinreichend für die Bedürfnisse dreier an Mäßigkeit gewöhnten Menschen, und ein

Stückchen Land, um Getreide darauf zu bauen, dies ist's, um was ich bitte und was ich Euch abkaufen will; berathet, beschließt."

Auch diesen Schluß der Rede theilte der Häuptling der Menge mit und wandte sich dann dem Baron mit den Worten zu:

„Wir werden berathen, beschließen; tretet indeß beiseite und lagert Euch dort im Schatten der Bäume; bald vernehmt Ihr unsern Willen."

Die Kreise öffneten sich und ließen die Fremdlinge anscheinend unbewacht unter eine vorspringende Baumgruppe treten, wo sie sich auch der empfangenen Weisung nach im Grase lagerten. Hier reichte der Baron seinem Sohne die Hand, welche dieser ans Herz drückte, indem er ihm tief ergriffen zuflüsterte: „Hoffe, mein theurer Vater!"

Konrad wechselte nur mit beiden einen flüchtigen Blick der Zuversicht und des Muthes.

Jetzt veränderte sich die Scene vor ihnen.

Die Aeltesten der Indianer hatten sich auf einer mäßigen Erderhöhung niedergelassen und die übrigen setzten sich, einen dichten Halbkreis um sie bildend.

Der Häuptling, der allein inmitten desselben stehen geblieben war, redete nun die Versammlung in der weichklingenden Sprache der Shoshonen an und schien während seines Vortrags sehr bewegt. Diesem folgte beifällige Zustimmung. Nachdem er sich zwischen den Greisen gelagert, erhob sich einer der Indianer, die ihm zur Insel gefolgt waren, ein Mann von harten, kalten Gesichtszügen, der alsbald seine Rede in strengem Tone begann und beinahe eine Viertelstunde ununterbrochen sprach, wobei er wiederholt ziemlich heftig gestikulirend auf die Fremdlinge hinwies und die er damit schloß, daß er, einige Worte mehr schreiend als sprechend, mit der Linken seine Stirnhäute am Gürtel berührte, indeß seine starke Rechte rasch nach dem Scalpmesser griff.

Das Antlitz des Häuptlings verrieth während der Rede dieses starren, unbeugsam feindseligen Kriegers, was in seiner Seele vorging; es erschien dies als ein Gemisch tiefen Schmerzes und Zorns, klugen Nachsinnens und verletzten Stolzes; mehrmals maß er den Redner mit einem furchtbaren Blicke, senkte aber dann sogleich das flammende Auge wieder und drückte den Tomahawk krampfhaft in den Boden.

Als der wilde Sprecher geendet und seinen frühern Platz eingenommen hatte, erhob sich der älteste der Indianer, ein Greis von ehrwürdigem und zugleich noch sehr rüstigem Aussehen.

Dieser sprach nur wenig, aber die Wirkung seiner

Worte war eine entſcheidende, denn ein allgemeiner Ausruf beifälliger Zuſtimmung drang aus dem Kreiſe und der Häuptling ſprang auf und drückte ihm ſtrah= lenden Blicks die Hand. Hierauf redete der ſchöne junge Führer ſeinen Trupp noch einmal an und rief ſodann den drei Harrenden engliſch zu, in den Kreis zu treten.

Fünftes Kapitel.

Der Häuptling.

―――

Diese thaten, wie ihnen geheißen worden, und wieder bildete sich ein Kreis um sie. Als sich alle gelagert hatten, ward die Friedenspfeife angebrannt und dem Greise gereicht, der zu Gunsten der Ansiedler gesprochen. Er that einen leisen Zug daraus; die Aeltesten folgten seinem Beispiele. Der letzte von ihnen übergab sie dem Häuptlinge, und dieser, nachdem er sie mit den Lippen berührt, reichte sie dem Baron, der vor ihm saß, mit den Worten:

„Nimm die Friedenspfeife und führe sie zum Munde; ein Gleiches mögen Dein Sohn und Diener thun."

Es geschah und hierauf ging die Pfeife im ganzen Kreise umher. Und der Häuptling nahm wieder das Wort und sprach:

„Nun bist Du uns kein Fremdling mehr, sondern ein Gastfreund und als solcher mit den Deinen unseres treuen Schutzes versichert. Du hast offen gesprochen und die ehrwürdigen Väter hier haben in Deinem Herzen Güte, in Deinem Geiste Weisheit gefunden. Wir haben berathen und beschlossen; Deine Bitte ist Dir gewährt: jene Insel mit einem Stück Land den Strom entlang und einer Strecke Wald, die wir noch bezeichnen werden, ist Dein; was Du dafür, nicht an mich, sondern an die Aeltesten meines Stamms, von Deinem Golde hingibst, bleibt Dir anheimgestellt. Unsere Wigwams stehen in den grünen, lachenden Thälern der Rocky-Mountains; nur uns bekannte Engpässe führen dahin. Meine Krieger kehren zu ihren Squaws, Kindern und Geschwistern zurück, um auszuruhen von einem mondenlangen Zuge voll Ruhm und Beute. Ich werde mit einigen von ihnen kurze Zeit noch hier verweilen und Euch Eure Wohnung bauen helfen. Was Ihr an Korn zur Aussaat, wie an Pulver und Blei bedürfen werdet, sollt Ihr durch uns erhalten. Und nun erhebt Euch und sagt Euren neuen Freunden Lebewohl!"

Alle erhoben sich hier auf seinen Wink, und der Baron, nachdem er einige Worte des Dankes an den Häuptling und die Greise gerichtet hatte, nahm aus seinem Gürtel eine Rolle von hundert Guineen, öffnete diese und legte die funkelnden Goldstücke vor den Aeltesten auf den Rasen mit der herzlich ausgedrückten Bitte nieder, seiner kleinen Ansiedelung den Schutz des mächtigen Stamms nie entziehen zu wollen.

Mehr noch als die blanken Goldstücke auf dem grünen Sammt blitzten die Augen der meisten Indianer bei diesem Anblicke, vor allen die desjenigen, der so heftig gegen die Aufnahme der weißen Männer gesprochen hatte und der, wie sich noch zeigen wird, seinen Beinamen „die Klapperschlange" mit vollem Rechte führte; sein Blick aus tiefliegenden kleinen, widerlich stechenden grünen Augen schoß giftig umher und sein scharfgezeichnetes Gesicht nahm einen Ausdruck von schaubererregendem Ingrimm an, in den sich ein häßlicher Zug von Hohn und tiefbrütender Rache mischte.

Das Geld wurde von den Aeltesten in Empfang genommen und dann vom Häuptlinge, dessen scharfem Blicke das Benehmen seiner Leute, besonders der Klapperschlange, nicht entgangen war, der sich übrigens anscheinend ganz gleichgültig bei dieser kurzen Scene verhalten hatte, der Befehl zum Aufbruche des Trupps nach den Bergen ertheilt, dem man auch sogleich Folge leistete. Alsbald hatten sich die Indianer mit der ihnen eigenen geräuschlosen Schnelligkeit zum Zuge an=

geschickt und folgten jetzt, nach einer letzten kurzen und leise
geführten Unterredung zwischen dem Häuptlinge und
den Aeltesten, diesen hinab zum Ufer, die Furt schief
entlang zur Insel, hinter deren südlichem Waldsaume
endlich der ganze Trupp verschwand.

Der Häuptling, zubenannt „die Riesenschlange", war
mit fünf der jüngsten und kräftigsten Indianer, die er
selbst ausgewählt hatte, zurückgeblieben. Er schien in
sehr ernstes Nachsinnen versunken und tiefes Schweigen
herrschte, bis der Zug seiner Krieger hinter der Insel
verschwunden war. Da fuhr er sich mit der linken
Hand über Stirn und Augen, holte tief Athem und
sprach den Baron abermals englisch also an:

„Meine Leute hier verstehen diese Sprache nicht, in
der ich fortan mit Euch reden werde. Sie lieben mich
und werden Euch darum ehren. Mit ihrer Hülfe erbaut
Ihr Eure Wohnung. Die Landstrecke längs des Ufers,
sechsmal so groß als diese Eure Insel, und ein Stück
Wald, dessen Umkreis Ihr in einem Tage beschreiten
könnt, gehören Euch; bedürft Ihr in Zukunft mehr, soll
es Euch gleichfalls werden. In wenigen Tagen wird
man Euch Getreide, Werkzeug und Schießbedarf bringen;
mittlerweile wollen wir ungesäumt auf der Insel den
Bau beginnen. Kommt nun!"

Und die Ansiedler folgten ihm und den jungen

Kriegern, noch wie betäubt von all diesen Vorgängen und von Staunen erfüllt über das außerordentliche Wesen des edlen Häuptlings.

Angelangt auf dem Plateau der Insel, nahmen sie ihre Büchsen und Hirschfänger an sich und folgten dem Beispiele ihres Beschützers, der sich auf einem Felsstück niederließ, während die andern Indianer, wie seines Befehls gewärtig, stehen blieben. Alsbald auch ertheilte ihn derselbe und er lautete dahin, das zu einer Hütte nöthige Holz zu fällen, welche den Ankömmlingen bis zur Vollendung eines Blockhauses genügte, sodann im nahen Walde ein Stück Wild zur Bereitung eines gemeinschaftlichen Mahls aufzusuchen.

„Für letzteres", sagte Karl lächelnd, „habe ich schon vor Eurer Ankunft, obgleich ein wenig vorlaut, wie mein guter Vater meinte, gesorgt."

„Wie so das?" fragte der Häuptling, den offenen, blühenden Jüngling mit sichtlichem Wohlgefallen, ja mit einem Ausdrucke von Rührung betrachtend. „Die Feuerwaffe kleidet meinen jungen Bruder gut, aber weiß er sie auch schon sicher zu führen?"

„Das will ich meinen!" rief der Gefragte mit Wärme aus und setzte dann, den Ton bescheiden herabstimmend, gemüthlich hinzu: „Ihr habt wohl, als Ihr diesen Morgen aus dem Walde tratet, die zwei rasch auf einander gefallenen Schüsse gehört, nicht wahr? Nun gut. Als wir da unten im Gehölze an eine Lichtung kamen, flog ein Rudel schöner Hirsche an uns vorüber. Mein besonnener Vater schoß nicht, ich aber drückte ab und erschoß den Anführer dieser flüchtigen Gesellschaft, den Freund Konrad hier nur gestreift hatte, einen tüchtigen Zehnender, der noch unten im Gehölze liegen und uns für mehrere Tage köstlichen Braten geben wird, falls Ihr nämlich damit einverstanden."

„Ohne Zweifel", entgegnete der Häuptling freundlich, indem er Karl's Hand ergriff und herzlich drückte, „vollkommen einverstanden, wackerer Schütze."

Dann wandte er sich den Indianern zu und befahl ihnen, das erlegte Wild an der bezeichneten Stelle der Insel aufzusuchen und zu zerlegen, um nach gethaner Arbeit einen Theil davon zum Mahle bereit zu halten.

Die Indianer entfernten sich, seinem Befehle nachzukommen, und er nahm nach einer kurzen Pause das Wort wieder, indem er sagte:

„Laßt uns nun bis zur Rückkehr meiner jungen Krieger von dem sprechen, was Euch angenehm sein mag. Die Hütte soll noch vor Sonnenuntergang fertig und inzwischen das Stück Hirsch gebraten sein; für heute mögt Ihr ausruhen und Euch erlaben, mit dem kommenden Morgen beginnt dann Euer neues Dasein, getheilt in Arbeit und gedankenvolle Einsamkeit. Wie aber nenne ich Euch fernerhin, meine weißen Brüder?" setzte er, die hohen Lider senkend, hinzu.

„Nennt mich", sprach der Baron bewegt, „fortan einfach Gotthold, denn so heiße ich; wollt Ihr mich Vater Gotthold nennen, um so besser, mir um so wohltönender; denn Ihr, mein großherziger Beschützer, habt bereits mein ganzes Herz gewonnen und ich werde mich glücklich fühlen, Euch als meinen zweiten Sohn betrachten zu dürfen."

Bei diesen Worten streckte er dem Häuptling seine Rechte entgegen; letzterer aber, statt sie zu erfassen, sprang auf, warf seinen Tomahawk von sich und stürzte in die Arme des Barons, der sich ebenso rasch erhoben hatte, mit dem bebenden Ausrufe: „Vater! O ja, mein Vater!"

„Vergiß Deines weißen Bruders nicht", rief der Sohn des Ueberraschten, wonnig Bestürzten, indem er um beide seinen Arm schlang, „Deines Bruders Karl, der Dich nicht minder lieben wird als Vater Gotthold!"

„Mein lieber Bruder Karl!" stammelte der Häuptling, in dessen schönem Auge eine Thräne glänzte, Vater und Sohn umarmend. „Es ist das ein schöner Tag für mich; Dank und Preis dafür dem großen Geiste!"

„Und was bin denn ich?" stotterte Konrad in ge=
brochenem Englisch, das er um Vieles besser verstand
als sprach, indem er zu der innig verschlungenen Gruppe
trat. Darf ich denn nicht auch den edlen rothen Mann
lieben?"

„Wer Du bist?" rief Herr Gotthold, ihm rasch zu=
gekehrt, mit liebevollem Eifer sich aus der Umarmung
halb losmachend. „Der treue Diener seines Herrn, der
hingebendste Freund bist Du, und dieser edle Mann
wird Deine Liebe nicht geringer schätzen als ich."

„Treue", sagte der Häuptling wie zu sich selbst,
indem er melancholisch lächelnd zu Boden blickte, „ist
ein schönes, aber seltenes Gut."

Dann richtete er, gleichsam aus einem Traume auf=
geschreckt, das Haupt rasch empor und wandte sich dem
Diener mit den Worten zu: „Bleibe treu; der große
Geist belohnt treue Liebe, die Blitze seines Zorns
treffen früher oder später den Verrath."

Vater und Sohn wechselten einen fragenden Blick;
beide fühlten, daß hier eine Saite in des Indianers
Brust berührt worden, die eine für ihn schmerzliche
Erinnerung anklang; sie schwiegen und überließen es
ihm, die Stimmung des Augenblicks festzuhalten oder
zu verändern. Er aber bat sie, sich ihm zur Seite zu
setzen, und sprach, nachdem dies geschehen:

„Vater, kannst und darfst Du Deinem angenommenen Sohne aus Deiner Vergangenheit erzählen, so thue es jetzt; Zeit und Ort sind günstig und mein Herz ist offen."

„Ich will es", entgegnete Herr Gottholb mit einem Blicke zum Himmel; „mein Sohn und Konrad kennen bereits zum Theile die Geschichte meines Lebens und dürfen das ihnen noch Unbekannte hören."

Nach diesen Worten legten sie Gepäck und Waffen ab, und er theilte dem Häuptlinge mit, was folgt.

Sechstes Kapitel.

Herr von Bergen.

„Mein Name" — begann er nach einigem Schweigen ruhigen, würdevollen Tons — „ist Gottholb von Bergen, und ich stamme aus einer alten freiherrlichen Familie Deutschlands. Aber hat mein edler Sohn jemals von diesem Lande gehört?"

„Nicht allein von Deinem Vaterlande", lautete die Antwort, „sondern von allen Ländern Europas und der übrigen Erdtheile; ich habe mir, schon vor Jahren, wie jetzt Deine Freundschaft, die eines edlen Spaniers im mexikanischen Gebiete und durch ihn viele Kenntnisse erworben; ich weiß um die Verhältnisse der Staaten zu einander, kenne, wie die Natur und Gestalt, so auch die Geschichte der ganzen Erde. Darum fahre fort in Deiner Erzählung, mein Geist ist wie mein Herz empfänglich für Alles, was Du sagen wirst."

Bei dieser Aeußerung des Häuptlings konnte sich Herr von Bergen nicht länger enthalten, seinem Staunen Worte zu geben, und er sprach tiefbewegt:

„Vom ersten bis zu diesem Augenblicke hat mich Dein Wesen und Thun, wie mit Dankbarkeit, so mit Bewunderung erfüllt; das Glück, einen Freund Deiner Art gefunden zu haben, erscheint mir als ein vom Geschick endlich gegönnter Ersatz für das namenlose Leid, so ich durch einen Feind in meiner Heimat erlitten."

„Das Menschenherz" — unterbrach ihn der Shoshone ernsten Tons — „ist geneigter zum Hasse als zur Liebe. Auch ich habe gehaßt, töbtlich! Da sandte der große Geist einen Strahl aus der Sonne seiner Allweisheit in meine finstere Brust und meine Seele erwachte im schönen Morgenlichte der Bildung. Ich war böse und bin gut geworden, mein Geist war krank und genas an der Quelle des Wissens; ohne Bildung steht der Mensch dem Thiere gleich, oft unter ihm. Nun aber sprich weiter, ich höre."

Und Herr von Bergen fuhr also zu erzählen fort:

„Meine Familie war reich und ich der einzige Erbe meines Vaters, eines ausgezeichneten Staatsmanns, den ich leider zu früh verlor, denn ich zählte bei seinem Tode kaum neunzehn Jahre. Meine Mutter folgte ihm schon nach wenigen Monden ins Grab, und ich stand allein zu einer Zeit, da ich eines Führers zumeist bedurfte, um die Frühlings-Tag- und Nachtgleiche des Herzens, da die heftigsten Stürme der Leidenschaften zu rasen pflegen. Ich studirte, aber den günstigen Erfolg meiner Studien dankte ich mehr meiner Fassungskraft als dem Fleiße, denn ich erlernte Alles nur so in flüchtigem Raube, alte und neue Sprachen, Geschichte und mehrere Wissenschaften, von denen mich die des Rechts im ganzen weiten Sinne des Worts am meisten anzog. Aus dem durchstürmten Meere der ersten Jugend lief ich, noch nicht vierundzwanzig Jahre alt, in den Hafen stiller Häuslichkeit ein; ich war gerettet durch ein edles Weib.

Mein Vater hatte den Wunsch gehegt, daß ich mich gleich ihm dem Staatsdienste widmen sollte; ich aber zog es vor, meinen eigenen Acker zu bestellen, und blieb Landmann, glücklich, selig an der Seite meiner ebenso trefflichen als schönen Gattin, die mich noch im ersten Jahre mit einer holden Tochter beschenkte und mir im folgenden diesen meinen Sohn gebar. Aber was unterliegt nicht dem wandelbaren Geschicke! Ich sollte seine Launen kennen lernen. Nach fünf wonnevoll durchlebten Jahren starb meine Gattin. Ich litt unaussprechlich, und nur die Liebe zu meinen beiden Kindern erhielt mich aufrecht. Die Einförmigkeit des

Landlebens, mir bis dahin so süß, gab meinem Grame um die theure Hingeschiedene zu viel Nahrung, auch erheischte bereits die Erziehung meiner Kinder zu große Sorgfalt, als daß ich mich noch länger hätte von der Stadt fern halten können; ich kehrte mit den Meinen in die Residenz zurück. Hier nahm ich meine Lieblings= studien wieder auf und theilte meine Zeit und Kraft in geistige Arbeit und die Pflege meiner Kinder, die beide gesund an Leib und Seele emporblühten, mir zur Freude. Mit der Wiederaufnahme der Studien kam mir auch der Wille meines Vaters wieder zu Sinne und ich beschäftigte mich mehr und mehr seinem Plane gemäß, mich dem Staatsdienste zu widmen. Name, Vermögen, Sprachkenntnisse und innigste Vertrautheit mit den politischen Verhältnissen machten mich zumeist für die umfassendste, aber auch zugleich gefahrvollste Thätigkeit, für die Diplomatie geschickt.

Es sind nun zehn Jahre her, daß ich in den Staats= dienst trat. Um jene Zeit, kurz nach der neuen Ge= staltung der Dinge in Frankreich, durchdrang der Geist der Julirevolution fast alle Länder Europas. Auch der Fürst meines Landes sah sich in die Nothwendig= keit versetzt, eine freiere Verfassung einzuführen; es bildete sich alsbald, und anscheinend zur Befriedigung der Gesammtheit, eine klare, redliche Constitution aus, mit deren Entwurfe ich und ein Staatsdiener bürgerlicher Abkunft, Namens Müller, ein Mann von außerordentlichem Wissen, durchbringendem Scharfblicke, aber höchst ehrsüchtig und intriguant, beauftragt worden waren.

Beide fast in gleichem Alter — ich zählte damals fünfunddreißig Jahre — waren wir und blieben in allem Uebrigen so entschiedene Gegner, daß an ein harmonisches Zusammenwirken unserer Kräfte nicht zu denken war. Sein Streben ging dahin, Minister zu werden, und er setzte alle ihm zu Gebote stehenden Hebel in Bewegung, sich auf diesen Posten zu schwingen. Er war Advocat, gehörte zur äußersten liberalen Partei und wurde von dieser als Kammermitglied gewählt, während ich als Vertreter des conservativen Princips dem Throne fest zur Seite blieb und die Regierung stützte.

Ein neues Ministerium mußte geschaffen werden. Es geschah und zwar im Sinne der Freunde gemäßigten Fortschritts, loyaler Staatsentwicklung. Advocat Müller fiel bei jener Wahl durch, indeß mir der Fürst eins der bedeutendsten Aemter nach dem Wunsche der Majorität anvertraute. Dies entflammte den Haß meines Gegners bis zu verzehrender Glut; er trat in der Kammer als mein entschiedener Feind auf und schwur mir ohne Rückhalt den Untergang. Ich nahm den Kampf an und bot alle meine Kräfte auf zur Erhaltung dessen, was mir aus gereifter Ueberzeugung als unantastbar und aus angeborener Liebe als heilig erschien. Dieser Kampf der Ideen, mit wechselndem Glücke geführt, währte fünf Jahre hindurch und endete mit meinem Sturze; die Opposition hatte gesiegt, Advocat Müller kam auf meinen Posten. Ich reichte tief verletzt meine Entlassung ein; sie ward angenommen, und ich zog mich abermals in die Einsamkeit des Landlebens zurück, an schmerzlichen Erfahrungen reicher, die ich um den Preis von fünf Jahren unermüdlicher Thätigkeit erkauft hatte. Mir folgte das Hohngelächter der Sieger, dem ich unverbrüchliches Schweigen entgegensetzte; mit ihrem Triumphe nicht zufrieden, ergossen sie sich, durch meine ruhige Haltung gereizt, in Schmähungen, zuletzt sogar in Verleumdungen über mich; diesen schenkte man keinen Glauben und gegen jene war ich gewappnet mit dem guten Stahle des Selbstbewußtseins; ich ließ die Elenden gewähren und gab mich, wenngleich leidend, an die treue Natur und an meine geliebten Kinder hin, deren Erziehung ich durch eine sehr gebildete Genferin und einen trefflichen jungen Mann aus meiner Vaterstadt leiten ließ und die ich, da beide ihren Aufenthalt in meinem Hause hatten, selbst zu überwachen Gelegenheit hatte. Meine Tochter —"

Hier bebte die Stimme des Erzählers und er drückte sich beide Hände krampfhaft ans Gesicht.

„Vater, lieber Vater", rief Karl aus, indem er sich ihm anschmiegte, während Konrad's Augen sich mit Thränen füllten, „warum diesen ungeheuren Schmerz in Deinem Herzen wachrufen? Genügt es nicht, unserm edlen Freunde hier zu sagen, daß Du Dein Kind durch das Walten eines unbegreiflichen Geschicks verloren und nur noch Deinen Sohn hast, der freudig in den Tod ginge, könnte er Dir dadurch die Verlorene ersetzen?"

Der Häuptling, der bisher mit ungetheilter Aufmerksamkeit zugehört hatte, betrachtete bei den liebevollen Worten des Jünglings diesen und den Vater mit dem Ausdrucke innigster Theilnahme; dann legte er auf des letztern Schulter seine Rechte und sprach:

„Folge dem Rathe Deines Sohnes und verschließe Deinen Schmerz in der Brust, wenigstens für heute der große Geist gönnt uns für Alles Zeit."

„Nein", versetzte Herr von Bergen, indem er die Hände in den Schooß sinken ließ und seinen Sohn wie seine Freunde gerührt anblickte, „nein; der erwachte Schmerz will sich frei ergehen gleich der erweckten Lust.

Mein Sohn, erst hier, jetzt erst, geschieden und wahrscheinlich für immer von der sogenannten civilisirten Welt, sollst Du erfahren, auf welche Weise ich meine Tochter, Du Deine gute Schwester verloren; ein Geheimniß, um welches bis jetzt nur ich und Konrad wußten und das ich nunmehr Dir und Deinem edlen Bruder mittheilen will, entdecken muß, soll es mir nicht die Brust zersprengen. Vernehmt mich denn und erwägt, was ich gelitten und noch leide!"

Nach einer Pause bangen Schweigens, während welcher sich die Gemüther auf das Kommende vorzubereiten schienen, erzählte er weiter:

„Meine Tochter hatte noch nicht ihr sechzehntes Jahr vollendet, als sie schon in allen Familien der mir benachbarten und theilweise sehr freundschaftlich zugethanen Gutsbesitzer durch ihre fast ideale Schönheit, engelgleiche Milde und echt weibliche Bildung ein Gegenstand allgemeiner Verehrung war; sanft strahlend wie der Stern der Liebe ging sie auf und unter, immer der Sonne der Wahrheit nahe, in stets gleicher friedlicher Schöne das ewige Licht abstrahlend zu stillem Entzücken aller, die sie sahen.

Eines Tages machte mich ihre Erzieherin aufmerksam, daß sie die bis dahin so ruhige Gemüthsstimmung ihres Zöglings seit kurzem seltsam verändert finde, und drang in mich, meine Tochter zu beobachten, denn sie gebe sich, sobald sie unbemerkt zu sein glaube, schwärmerischem Nachsinnen hin, sei zerstreut und betrachte das Bildniß ihrer Mutter mit bethränten Augen, gleich als wollte sie sagen: Ach, warum lebst Du nicht mehr? Dir hätte ich mich ohne Scheu vertraut. So sprach die Gouvernante und fügte hinzu, daß sie keimende Liebe für den Grund dieser auffallenden Umwandlung im Wesen meiner Tochter halte.

Ich war bei dieser Mittheilung bestürzt, dankte übrigens der jungen Dame mit der Versicherung, ihren Rath befolgen zu wollen, und überlegte dann ernstlich, was in dieser wichtigen Angelegenheit zu thun sei. Offenes Entgegenkommen schien mir das Beste; nur galt es, das Mädchen selbst in dieser Stimmung zu finden.

Die Gelegenheit hierzu ließ nicht lange auf sich warten. Noch denselben Tag bei Sonnenuntergang — es war ein herrlicher Sommerabend — sah ich meine Tochter in den Garten gehen und folgte ihr von weitem. Sie erging sich darin träumerisch, das Köpfchen gesenkt, pflückte einige Blumen, die sie allmälig wieder, was sie sonst nie gethan, zerpflückte und vor sich hin streute, und blieb bisweilen mit gefalteten Händen wie betend stehen. In dieser Stellung überraschte ich sie, indem ich, aus einem Bosquet ihr zur

Seite tretend, plötzlich vor ihr stand und sie schmerz=
lichen Blicks betrachtete.

Sie sah mich, bebte in sich zusammen und sank mir
mit dem von Thränen halberstickten Ausrufe: „Mein
theurer Vater!" in die ihr entgegengebreiteten Arme.
Ich führte die halb Ohnmächtige in eine nahe Laube, ließ
mich da mit ihr nieder, hielt sie umschlungen und sprach:

„Meine gute Tochter leidet und kränkt ihren be=
kümmerten Vater durch Schweigen, durch Mangel an
Vertrauen."

„O nein, nein!" stammelte sie, ihr glühendes Ant=
litz an meine Brust drückend und leise erzitternd; „nicht
Mangel an Vertrauen ist es —"

„Also Scheu vor mir, mein Kind?" fragte ich sanft.

Sie verstummte, am ganzen Leibe bebend.

„Und wenn ich die Quelle Deines Leidens kennte,
ohne daß Du mir sie gezeigt?" sprach ich nach einigem
Schweigen noch milder und die Beklommene inniger
umschlingend.

„Mein Vater", flüsterte sie kaum hörbar, sich wie
zum Schutze vor sich selbst an mein Herz pressend,
„Verzeihung —"

„Nur die Schuld bedarf des Verzeihens, und meine
Tochter kann nicht schuldig sein, außer darin, daß sie
schwieg und noch immer schweigt."

„Vater, ich — ich liebe."

„Ich wußte es, mein Kind, sowie ich auch überzeugt bin, daß der Mann Deines Herzens meiner wie Deiner Achtung würdig sein wird. Ich kenne ihn nicht; darum richte Dich auf und sprich zu mir, da Deine Mutter nicht mehr ist, sage mir Alles; Dein wahres Glück im Auge, werde ich nichts übersehen und nach dem Gebote meiner Liebe wie meiner Pflicht urtheilen und danach handeln."

Und sie erhob das liebe, von goldigen Locken umwallte Haupt, trocknete sich die schönen, sanftblauen Augen, in denen noch ein Himmel von Unschuld lag, und sprach halblaut also zu mir:

„Ich brachte vor drei Wochen mit Deiner Erlaubniß einige Tage bei meiner Freundin Hermine auf der schönen Villa ihrer Aeltern zu. Es wurde, wie Du weißt, am ersten jener Tage das Geburtsfest der Frau vom Hause gefeiert und sie sah dabei, wie immer, zahlreiche Gesellschaft um sich. Darunter befanden sich mehrere Cavaliere aus der Nachbarschaft, selbst aus der Residenz. Einer von diesen, ein junger venetianischer Conte, erwies mir sehr viel Aufmerksamkeit, aber in so anstandsvoller, bescheidener Weise, daß ich, so verlegen es mich auch machte, ihm doch nicht abstoßend begegnen konnte. Als er mit den übrigen

Herren spät am Abend sich empfahl, sagte er leise zu mir: ‚Sie bleiben mir unvergeßlich; im Hause Ihres Vaters sehe ich Sie wieder.'"

„Aber", unterbrach ich die bang Erzählende in unwillkürlich strengerem Tone, als ich eigentlich wollte, „dieser junge Mann hat Dich doch nicht innerhalb dieser drei Wochen in meinem Hause gesehen, wenigstens nicht gesprochen?"

„Nein, mein Vater", entgegnete die Aermste unter Thränen mit rührender Unschuld; „er ist nicht gekommen und darum eben weine, darüber gräme ich mich."

„Du liebst ihn also, mein Kind?"

„Ja, mein Vater!"

„Und wenn er Dich bereits vergessen hätte?"

„Das ist unmöglich, denn er betheuerte das Gegentheil und ich halte ihn für einen Mann von Ehre."

„Wenn es aber dennoch der Fall wäre?"

„So würde ich ihn doch nie vergessen, wenn Du mich auch nie mehr um ihn weinen sehen würdest."

Diese Wahrheit, Kindlichkeit und Offenheit rührten mich zu Thränen und in tiefster Seele bewegt sprach ich zu ihr:

„Ich werde nie Deinem Herzen Gewalt anthun, aber nie auch wirst Du außer Acht lassen, was Du Dir selbst, der Würde der Frauen und mir schuldig bist. Waren seine Worte nur die Sprache übel angebrachter Artigkeit, siehst Du ihn nicht wieder, so findest Du in Deinem Selbstgefühle Trost und Erhebung; besucht er uns, bewirbt er sich um Dich und ist er, wenn auch arm, wirklich der Mann von Ehre, wie Du glaubst und ich hoffen will, so vereinigt Euch mein Segen." Bei diesen Worten hauchte ich meiner selig lächelnden Angelika einen Kuß auf die Stirn und —"

"Angelika!" schrie der Häuptling auf, dessen sonst so edel ruhige Züge schon bei Erwähnung des venetianischen Conte sich seltsam entstellt und immer mehr einen Ausdruck furchtbaren Zorns angenommen hatten, indem er jetzt sein entsetzlich verändertes Antlitz dem bestürzten Erzähler in plötzlicher Wendung zukehrte und die Hand desselben fast zermalmend drückte. "Angelika hieß Deine Tochter und ein italienischer Edelmann hat sie Dir entführt?"

"Allmächtiger Gott!" rief der unglückliche Vater aus und sank bewußtlos in die Arme seines Sohnes.

Siebentes Kapitel.

Die Riesenschlange im Kampfe.

Konrad hatte beim Anblicke seines ohnmächtig hinsinkenden Herrn seinen Tornister aufgerissen, daraus eine mit geistiger Flüssigkeit gefüllte Feldflasche gezogen, einige Tropfen davon in die hohle Hand gegossen und rieb ihm damit Stirn und Schläfe ein, während Karl, selbst bis zum Erstarren betäubt, den Bewußtlosen krampfhaft umklammert hielt und der Häuptling noch unbeweglich, stieren Blicks auf die Gruppe, wie eine Statue des Schreckens dastand.

Die Obsorge des treuen Dieners belohnte sich schnell, denn noch war keine Minute verflossen, als sein geliebter Herr die Augen aufschlug und wie ängstlich fragend oder vielmehr suchend um sich blickte.

Im selben Momente fiel in der Richtung nach dem

Hochgebirge hin, aber in einer bei der Reinheit der Luft nicht genau zu bestimmenden Entfernung ein Schuß, dem unmittelbar darauf ein zweiter und dritter folgte. Dies wirkte elektrisch auf die Riesenschlange. Der gewaltige Shoshonenführer erbebte wie eine vom Blitz getroffene Eiche, aber dies war nur die Sache einer Sekunde; in der nächsten stieß er einen gellenden Schrei aus, dem ein ähnlicher der fünf unten im Gehölz beschäftigten Indianer antwortete; dann schwang er seinen Tomahawk und rief mit donnernder Stimme: „Meine Shoshonen sind in Gefahr, ein Hinterhalt unserer Feinde bedroht sie, ich muß fort zur Hülfe, zur Rache! Bleibt hier, verhaltet Euch ruhig, bald bin ich zurück!"

In diesem Augenblicke kamen die fünf jungen Indianer mit flammenden Augen und schrecklichem Geheul die Anhöhe heraufgestürmt und streckten mehr kampflustig als besorgt die starken Arme nach den Rocky-Mountains aus, in betäubendem Gemenge wüthender Ausrufungen.

„Mir nach!" rief der Häuptling, nahm mit einem bedeutsamen Blicke Abschied von Vater und Sohn und flog den Hügel hinab gegen die Quelle hin, gefolgt von den Seinigen unter demselben ununterbrochenen Kampfgeheul.

Dieser so plötzliche Umschwung der Dinge, die augenblicklich ihn und seine Lieben bedrohende Gefahr, da sich ja der Kampf bis zur Insel ziehen konnte, gab dem Baron sein volles Bewußtsein und der Gedanke, der Häuptling, wie nicht zu bezweifeln schien, wisse um das Geschick Angelika's, seine frühere Kraft zurück; er richtete sich rasch empor und rief: „Konrad, meine Waffen! Rüstet Euch mit mir, unsern Freunden beizustehen, wenn ihnen Gefahr droht; folgt mir zum Ufer, da man von dort nach Westen hin die Ebene frei überblicken kann."

Und sie eilten der Quelle zu. Ein großartiges Schauspiel bot sich hier ihren Blicken dar.

Das Feuern hatte seit dem zuerst vernommenen Schusse nicht nur angehalten, sondern war sogar noch weit lebhafter geworden und zugleich der Insel unserer Ansiedler bedeutend näher gerückt, jetzt aber, als diese die höchsten Felsblöcke, welche, wie schon bemerkt, um den Ursprung des Bächleins eine Art Grotte bildeten, die Büchsen zur Hand, bestiegen, erstarb das Feuern, und sie sahen, kaum fünfhundert Schritte vom jenseitigen Uferrande entfernt, einen Kampf von mehr als zweihundert Wilden vor sich worin Mann gegen Mann mit unbeschreiblicher Erbitterung, Kraft und Gewandtheit auf Leben und

Tod, hier mit furchtbaren Waffen, dort Brust an Brust mit nackten Armen, rang.

„Die Shoshonen", rief der Baron, „sind wahrscheinlich am Gebirge von Osagen oder Sioux, die ihnen den Rückweg abschnitten, überfallen und von dort bis an den Strom zurückgedrängt worden."

„Sieh, Vater!" fiel Karl glühend ein, „sieh dort unsern herrlichen Freund, den edlen Häuptling! Ein Blitz, zuckt er dahin! Nun hat er mit seinen fünf Gefährten die ersten Gruppen erreicht; ha, sein Tomahawk fliegt wie eine leichte Damescenerklinge im Kreise um sein Haupt und schmettert Alles vor ihm nieder! Welch ungeheure Kraft! Hört Ihr das Freudengeschrei der Seinigen? Ihr Häuptling ist ja unter ihnen, den Kampf zu wenden."

In der That verbreitete derselbe unter seinen Feinden Tod und Verderben; jeder Schlag seiner Stahlaxt traf vernichtend, und der Riesenkraft, womit er sie um sich schmetterte, entsprach die Gewandtheit, der Schwung seines Körpers so vollkommen, daß er inmitten dieser Mordscene mehr einem akademischen Darsteller antiken Kampfes als einem Führer wuthentbrannter Wilden glich. Uebrigens verhielt es sich genau so, wie Herr von Bergen bemerkt hatte. Die heimkehrenden Shoshonen waren an einer Ausmündung des Engpasses, durch welchen sie in das Felsgebirge ziehen wollten, von einer ihnen um mehr als die Hälfte überlegenen Anzahl Osagen und Sioux überfallen und in die Ebene zurückgedrängt worden. Der Kampf hatte sich in großer Hast bis in die Nähe des Stroms gezogen, wobei Angriff und Rückzug bald die Sache der einen, bald der andern Partei wurde; wohl an fünfzig Todte und Verwundete, beiden Parteien angehörig, bedeckten bereits die Prairie. Die Erscheinung des Häuptlings, der den Feinden wohlbekannten Riesenschlange, entschied rasch den Ausgang dieses blutigen Schauspiels; die Osagen flohen zuerst und ihnen folgten, ihre Flucht deckend, die tapfern Sioux unter unausgesetztem Kampfe und wüthendem Geheule. Aber die Schlangenindianer, jetzt neubeseelt, schienen sie nicht entrinnen lassen, sondern ganz vernichten zu wollen.

Sie theilten sich im Fluge in drei Schaaren; die der Mitte, an Zahl die kleinste, aber vom Häuptling geführt, drängte unaufhaltsam den Feind gegen das Ufer; die beiden andern flogen in weitem Halbkreise den fliehenden Osagen in den Strom nach, um ihnen die Besetzung der Insel, der sie zueilten und auf der sie einen starken Halt gewinnen konnten, unmöglich zu machen.

Dies war der Stand der Dinge, als Herr von Bergen, den, wie seinen Sohn und Diener, das zwischen den Felsblöcken aufstrebende Gebüsch den Blicken der Heraneilenden verbarg, der mittlerweile unter ihnen getroffenen Verabredung gemäß das Zeichen gab, daß der entscheidende Augenblick gekommen sei. Schon befanden sich nämlich sämmtliche Indianer im Strome und eilten fliehend und verfolgend, da kämpfend, dort in flüchtigen Sätzen, angeschossenen Hirschen gleich, der Insel zu, von deren bebuschtem Uferrande die vordersten der Flüchtlinge, etwa zwanzig Osagen, gedrängt zu beiden Seiten von ungefähr ebenso vielen Shoshonen, kaum fünfzig Schritte noch entfernt waren.

Nachdem das Zeichen gegeben, stießen die muthigen Ansiedler ein dem der Shoshonen bestmöglich nachgeahmtes Schlachtgeschrei aus. Die unmittelbare Folge dieser Kriegslist war eine plötzliche Erstarrung aller Indianer; im nächsten Augenblick schossen der Baron und Konrad ihre Büchsen ab, und zwei Osagen stürzten.

Nun ergriff deren Gefährten Verzweiflung und selbst die Sioux bebten zurück. Ein Schrei der Riesenschlange machte die Luft erdröhnen und diesem folgte jetzt eine grauenvolle Scene.

Die Shoshonen hatten ihre Feinde völlig eingeschlossen und stürzten sich auf sie mit rasendem Ge-

heule; da war nicht mehr an Flucht zu denken, es galt
das Leben in fürchterlichster Weise. Schon bildeten die
Massen einen unauflöslich scheinenden Knäuel, um den
die schäumende Flut weithin mit Blut sich färbte; nun
riß er wieder und das Morden ward deutlicher in ein=
zelnen Gruppen.

Der Stahl des Häuptlings blitzte im Sonnenglanze
bald da, bald dort, immer tödtend oder zu Tode verwun=
dend, sein Donnerruf verstummte nicht und immer gleich
gewaltig blieb der Schwung seines gigantischen Arms.

Jetzt drang, kaum fünfzig Schritte von der Insel,
ein riesig gebauter Siouxhäuptling mit hoch geschwun=
genem Steinbeile auf ihn ein; so stoßen zwei wüthende
Büffel zusammen. Beide Tomahawks treffen in un=
geheurem Schwunge an einander und der des Sioux
fällt zerschmettert in den Strom; ihm nach sinkt er
selbst, von einem mit Gedankenschnelle wiederholten
Schlage auf das Haupt getroffen, und schon sieht sich
die Riesenschlange nach einem neuen Opfer um. Aber
da hat einer der Sioux, den Fall ihres Führers
zu rächen, nur zehn Schritte entfernt, einen langen
Pfeil auf seinen Bogen gelegt und erhebt diesen jetzt,
um nach ihm zu zielen. Karl hat dies gesehen; seine
Büchse knallt und der Indianer stürzt im selben Augen=
blicke, durch die Brust geschossen, nieder.

„Brav, mein Sohn!" rief Herr von Bergen, der gleichwie Konrad inzwischen wieder geladen hatte, während der Shoshonenhäuptling, dessen scharfes Auge sogleich die Ursache dieses Schusses wahrgenommen hatte, nach einer grüßenden Handbewegung gegen die Grotte sich mit neuem Ungestüm in das noch immer wüthende Mordgewühl stürzte.

Unsere Freunde, obwohl sie auf ihrer langen Wanderung durch das Missourigebiet manchen Kampf zwischen den sich befehdenden Stämmen der Chippewäs und Sioux im Verborgenen mit anzuschauen genöthigt worden, blickten dennoch mit Entsetzen auf das Blutbad, das sich jetzt im buchstäblichen Sinne des Wortes vor ihnen grauenerregend gestaltete.

Die Shoshonen hatten bereits zwei Drittel ihrer Gegner vernichtet, aber auch von ihnen waren bereits viele gefallen; Todte und Verwundete lagen in schrecklichen Gruppen um die noch Kämpfenden her, und das Wasser, hier noch seichter als auf der Ostseite der Insel, war rings um sie wie um die Gefallenen zu dampfendem und schäumendem Blute geworden. Die Osagen waren nicht mehr und auch der Rest der Sioux erlag trotz der rasendsten Gegenwehr der Uebermacht.

Ein allgemeines, betäubendes Freudengeschrei der Shoshonen verkündete die Vollständigkeit des Siegs und es wurden, wo es nicht schon im unmittelbaren Kampfe geschehen, mit rasender Gier die Scalps genommen, ein Schauspiel, das eben beendete an Gräßlichkeit noch überbietend, wobei jedoch der Häuptling müßiger, ja sogar seiner Haltung nach trauernder Zuschauer blieb; er begnügte sich mit einer einzigen Trophäe, mit der Stirnhaut nämlich des Siouxhäuptlings, den er noch im Kampfgewühle selbst scalpirt hatte.

Dieser blutigen Handlung folgte eine Pause allgemeinen Stillstandes und Schweigens; dann, nachdem die Sieger ihre Todten und Verwundeten gezählt hatten — es waren deren an dreißig — stießen sie ein langanhaltendes Klagegeheul aus, das sich dreimal wiederholte — ein furchtbarer Chor am Schlusse dieser Tragödie.

Nun aber veränderte sich Alles rasch. Schon quoll das Wasser wieder rein durch sie und über die Gefallenen dahin, und man schickte sich an, aus diesen zuerst die verwundeten Shoshonen an das jenseitige Ufer zu schaffen. Nach diesen, denen einige der ältern Krieger sogleich Hülfe leisteten, wurden ihre Todten dahin getragen und in einiger Entfernung von jenen derart in eine Gruppe gebracht, daß sie mit dem Rücken an einander gelehnt in einer Reihe zu sitzen kamen, wobei diejenigen Todten, denen der Scalp nicht ge=

nommen war, wie zur Belohnung oder Auszeichnung mit dem Antlitze gegen das Felsgebirge ihrer Heimat gekehrt würden.

Nachdem dies geschehen, gab der Häuptling Befehl, auch alle die gefallenen Feinde nach der Prairie zu schaffen und den noch lebenden, deren nur wenige mehr sich vorfanden, beizustehen; gleichzeitig sandte er einen Trupp von zwanzig Mann mit dem Auftrage ab, die weiterhin bis zu den Rocky=Mountains Gefallenen zur allgemeinen Trauer = und Siegesfeier herbeizubringen. Unmittelbar hierauf schritt der Häuptling durch die Furt der Insel zu, reinigte sich am Ufer von den zahlreichen schrecklichen Blutspuren und stieg dann zur Grotte empor, von wo ihm die Ansiedler tiefbewegt entgegenkamen.

Achtes Kapitel.

Die Siegesfeier.

Der Mann, welcher innerhalb dieser kurzen Zwischenzeit von kaum einer Stunde so viele seiner Feinde mit eigener Hand getödtet und der während dieser Würgscene mehr einem Dämon als einem menschlichen Wesen geglichen hatte, wie wunderbar verändert stand er jetzt seinen neuen Freunden gegenüber! Sein Blick war verglüht und voll Schwermuth, seine Haltung bescheiden, fast gesenkt, und man hätte bei seiner Erscheinung das eben Erlebte für einen fieberhaften Traum halten können, wären nicht die schrecklichen Zeugen des Vorgefallenen, lebende und todte, noch im Strome gewesen und hätte nicht der blutige Scalp des Siouxhäuptlings an seinem Gürtel gehangen. Tiefernsten Tons, das umflorte Auge schüchtern aufschlagend, redete er Karl, indem er ihm die Hand reichte, welche dieser mit Zittern erfaßte, also an:

„Mein junger Bruder hat mir das Leben gerettet und ich danke ihm, obschon ich heute den Tod gesucht; dies nur zu Euch gesagt, denn die Meinen dürfen davon nichts hören. Ich bin Dein Schuldner, solange ich athme. Vielleicht kann ich Dir so dankbar sein, wie ich es wünsche; Du kannst auf mich zählen bis zum Tode."

Hierauf sprach er zu Karl's Vater, dessen schmerzbewegte Züge die ganze Unruhe seines Gemüths, dessen flehende Blicke vor allem die Sehnsucht oder vielmehr die bange Ungeduld, die Hoffnung und Angst, durch diesen räthselhaften Mann Kunde von dem Schicksale seiner verlorenen Tochter zu erhalten, deutlicher ausdrückten, als es alle Worte vermocht hätten:

„Vater meines Lebensretters, Deiner Kriegslist verdanken die Shoshonen die rasche Entscheidung des Kampfes, ja sogar nach meiner Ueberzeugung den Sieg; dieser wäre, hätten die Feinde diese Insel besetzt, zweifelhaft geworden. Du hast Dich zweifach unter uns eingebürgert, durch Gold und durch Geist; diesen Abend noch, wenn meine Krieger ruhen, werde ich einen Theil meines Dankes an Dich abtragen: Du wirst durch mich von Deiner Tochter hören."

Herr von Bergen, bei diesen Worten erbebend und erbleichend, vermochte nichts als die Frage zu stammeln: „Lebt meine Angelika?"

„Sie lebt", entgegnete der Häuptling mild; „noch mehr, sie lebt ein würdiges Dasein; der große Geist hat sie beschützt und sie lebt nur ihm fortan."

„O nur dies noch, soll ich nicht in schmerzlicher Ungeduld vergehen: wo lebt mein heißgeliebtes Kind und in welcher Lage?"

„Zu Mexico in einem Kloster."

Es folgte dieser Mittheilung eine kurze Pause, aber eine ganze Welt von Empfindungen lag in ihr. Dann nahm der Häuptling wieder das Wort, indem er sagte:

„Meine Freunde, begebt Euch nunmehr in die Lichtung des Gehölzes und bereitet Euch da, Ihr bedürft dessen, Euer Mahl. Ich muß zurück, das Ganze zu ordnen; auf zwei Scheiterhaufen, wozu man Stämme von einer andern Insel holen wird, verbrennen wir die Leichen der Unsern und der vernichteten Feinde; ihre Seelen schweben bereits versöhnt um ihre Hüllen. Die Nacht werde ich mit den ersten meiner Krieger hier bei Euch zubringen, die Uebrigen bleiben am jenseitigen Ufer. Lebt wohl für jetzt, bald sehen wir uns wieder."

Er entfernte sich und kehrte zu den rastlos arbeitenden Indianern zurück. Die Ansiedler aber thaten nach seinem Willen und begaben sich schweigend, jeder seinem Gefühle hingegeben, nach der Lichtung.

Hier fanden sie eine von den fünf jungen Shoshonen leichtgefügte zeltförmige Hütte vor, die nur noch einer kleinen Nachhülfe beburfte, um zu einer ziemlich bequemen Lagerstätte für kurze Zeit zu dienen.

In dieser Hütte legten sie nun Gepäck und Waffen ab, wonach Konrad das Wildpret aufzusuchen ging, das er auch alsbald, bereits geschickt zerlegt, in einem schattigen frischen Dickicht fand und wovon er gleich ein Stück auslas, um es ungesäumt zu braten.

Die Sonne hatte schon den Scheitelpunkt erreicht und ihre Strahlen, durch kein Wölkchen unterbrochen, glühten auf der Insel; nur in diesem Gehölze auf der Südseite war die Hitze durch die dichtverschlungenen Kronen der Bäume ermäßigt und die Luft in der Hütte sogar von erquickender Frische.

Dieser Umstand, verbunden mit der Anstrengung in den letzten Tagen der Reise, wie mit den erschütternden Gemüthsbewegungen an diesem Tage, hatte zur Folge, daß Herr von Bergen, kaum daß er seinen Mantel über den feuchten Rasen des Zeltes gebreitet und sich darauf hingestreckt, in einen ohnmachtähnlichen Schlummer versank, der jedoch keine beunruhigenden

Symptome zeigte und den auch demnach sein Sohn, der sich ihm zur Seite gelagert hatte, ungestört ließ.

Nach einer halbstündigen Ruhe erhob sich Karl leise, verließ geräuschlos die Hütte und ging zu Konrad, den er in voller Beschäftigung fand.

„Mein Vater schläft", sprach er, „und wir wollen ihn ja nicht wecken; ach, er hat so viel gelitten, und die Nachricht von meiner armen Schwester hat ihn mehr erschüttert, als er zeigte; ich fürchte sehr, daß ihn die weitere Mittheilung des Häuptlings noch schmerzlicher berühren wird."

„Auch ich besorge dies", antwortete Konrad mit ernster Miene; „wir sind hier von seltsamen Menschen und Ereignissen umgeben. Was halten Sie", fragte er nach einigem Schweigen, „von dem Shoshonen=häuptling?"

„Er ist mir ein Räthsel", entgegnete Karl, zerstreut vor sich hinblickend, „ein Geheimniß, vor dessen gänz= licher Enthüllung mir beinahe graut. Dieser wunder= bare Mensch, dessen Wesen mich bald anzieht, bald ab= stößt, wird, mir ahnt es, noch gewaltsam auf unser Leben einwirken; ob gut oder schlimm, müssen wir ab= warten. Seine Kraft ist entsetzlich, und dennoch scheue ich seine Ruhe fast noch mehr als den Ausbruch seiner

Leidenschaft, denn in jener erscheint er mir wie ein Vulkan, in dessen Innerem sich die Vernichtung vorbereitet, obwohl Cypressen und Oliven friedlich um ihn grünen und reines Himmelsblau sich über ihm ausspannt; noch ist die Höllenglut in ihm verschlossen, aber sie kann verheerend ausbrechen, ehe man sich's versieht."

„Auch mir", sagte Konrad, „bangt vor ihm, obgleich er uns bis jetzt nur Gutes erwiesen, besonders nachdem ich ihn im Kampfe gesehen; es ist das eine übermenschliche Gewalt, die ich nicht zu fassen vermag; Gott aber wird uns schützen!"

„Hoffen wir das", schloß Karl diese kurze bange Unterredung, tief aufathmend, „und bleiben wir männlich gefaßt. Mich dürstet, ich will zur Grotte; bald bin ich wieder hier."

Und er schritt langsam, in Nachsinnen verloren, den Hügel hinan. Er hatte sich an dem köstlichen Born erlabt und blickte nun, auf einem bemoosten Felsstücke gelagert, über den Strom nach dem Ufer hin.

Da war Alles in großer Thätigkeit, ein schweigsames, riesiges Ameisengewimmel. Hier schleppte man Bäume, da trug man Leichen herbei; die zwei Scheiterhaufen, in einiger Entfernung von einander, inmitten deren sich die Reihe der todten Shoshonen hinzog, schichteten sich allmälig auf; die Waffen der arbeitenden Indianer waren nach Art der europäischen Krieger pyramidalisch zusammengestellt und nur einige der ältesten gingen, Befehle ertheilend, bewaffnet hin und wieder, während die Riesenschlange unbeweglich stehen blieb und das ganze, mehr Grauen als Trauer erregende Werk nur mit dem Blicke zu beherrschen schien.

Dieses entfaltete sich rasch mit einer unheimlichen Geräuschlosigkeit. Aber Karl, dessen körperliche Kräfte, wiewohl für seine Jugend auffallend genug, doch denen seines regen Geistes nicht gleichkamen und diesen Morgen über auf so ergreifende Weise in Anspruch genommen worden, fühlte, wie sein Vater in der Hütte, hier an der kühlen Grotte bald die freundliche Gewalt der Natur und sank, während sich seine Phantasie noch mit dem Schauerbilde auf der Prairie abmühte, in die weichen Arme des Genius, der den Sterblichen täglich an den Tod, seinen ernstern Bruder, erinnert.

Der schöne Jüngling schlummerte süß; mächtiger als jedes Erlebniß ist Herzensreinheit, Frieden der Seele, und er war rein und mild wie der Hauch des Lenzes, der die Blumen erweckt.

Mehrere Stunden hatte er so in süßer Betäubung gelegen, als er, von einem gräßlichen Geheul erweckt, auffuhr und entsetzt um sich starrte.

Ihm zur Seite standen sein Vater und Konrad, und ersterer sprach, ihn sanft umschlingend:

„Beruhige Dich, mein Sohn, wir sind in Sicherheit. Die Indianer begehen die Todtenfeier und ihr Klagegeheul hat Dich aufgeschreckt. Fühlst Du Dich gestärkt?"

„Ja, vollkommen, lieber Vater", rief Karl, sich ganz aufrichtend, indem er nach der Ebene hinblickte.

Da loberten bereits beide Scheiterhaufen in gewaltigen Flammen, und die Shoshonen, mit Ausnahme des Häuptlings und zweier Greise, umtanzten den einen, jenen nämlich, dessen Glut die Leichen der Ihrigen verzehrte, unter unausgesetztem, dem von Wölfen nicht unähnlichen Geheule des sogenannten Trauergesangs.

„Alles an diesen Söhnen der Natur", sagte Herr von Bergen, „ist gewaltig, wie es jedes Ursprüngliche ist; erst innerhalb der Grenzen der Kunst, gezogen um Geist und Gefühl durch Sitte, moralische Nothwendigkeit und Geschmack, hört die menschliche Natur auf, entsetzenerregend zu sein; so wie die Wilden heulen die Säuglinge der civilisirten Menschen, und noch grauenvoller als ihr Schlachtgeschrei tönt die Stimme der die Schranken des Bestehenden, der Ordnung durchbrechenden Völker, die furchtbare Stimme der Revolution. So berühren sich die Extreme: sublimirteste Verfeinerung und roheste Kraft, Seelenmattigkeit und Alles vernichtende

Gewalt, Verderbniß und Wiedergeburt; was diese Menschen da sind und thun, das sind und thun, nur in noch schrecklicherer Weise, jene in den palastgeschmückten Städten; wir wollen fortan unter diesen bleiben, denn hier stehen wir der Wahrheit des Lebens, wie schrecklich sie auch ist, näher als dort, und wahr zu sein ist die Aufgabe des Menschen, dessen Geist sich gottdurchdrungen weiß und dessen Herz moralisch nothwendige Unsterblichkeit fühlt."

Neuntes Kapitel.

Fernandez Carvalho.

———

Nachdem Herr von Bergen also gesprochen, betrachteten sie das wilde Schauspiel noch einige Minuten schweigend und suchten dann die schattigste Stelle zwischen den Felsen auf, um sich daselbst zu ihrem Mahle niederzulassen.

Sie hatten sich erlabt und gingen nun an die Vollendung der Hütte. Darüber waren mehrere Stunden verflossen, ohne daß sich einer der Indianer zeigte; auch vernahmen sie nichts mehr von ihrem Trauer- und Siegesgesange. Schon neigte sich die Sonne dem Felsgebirge zu und ein frischer Luftzug brachte die Gipfel der Bäume in Schwingung, als sie, eben fertig geworden mit ihrem kleinen Baue, den Häuptling von der Grotte her auf sich zukommen sahen. Er trug seinen

Tomahawk über der Schulter, Gang und Miene zeigten von ernster Stimmung.

Herr von Bergen erbebte innerlich beim Anblicke dieses Mannes; durch ihn ja sollte ihm die so lange schmerzlich ersehnte Kunde von seiner unglücklichen Tochter werden und zwar an diesem Tage noch, vielleicht schon in wenigen Augenblicken.

So ergriffen er sich auch fühlte, trat er dem Kommenden doch festen Schritts entgegen und hieß ihn willkommen.

Der Häuptling legte zum Gruße die Hand ans Herz und sprach:

„Meine Krieger haben sich, nach Beendigung der großen Feier des Todes und Sieges, nunmehr am jenseitigen Ufer gelagert, um von Kampf und Leid sich zu erholen und diese Nacht über zu erkräftigen zur Rückkehr in die Berge. Ich werde sie zu ihren Wigwams führen und dann wieder zu Euch kommen. Inzwischen sollen die fünf jungen Krieger, die ich zu Eurem Dienste auserlesen, hier bleiben und Euch unterstützen. Mit dem frühesten Morgen werden sie auf dieser Insel und die Uebrigen bereits verschwunden sein. Nun aber folgt mir zur Anhöhe."

So sprechend schritt er langsam dahin und die Ansiedler schlossen sich ihm schweigend an. Sie betraten das Plateau und ließen sich auf dem Gestein nieder, diesmal so, daß der Häuptling ihnen gegenüber zu sitzen kam und sie die Aussicht nach den im Glanze des Abendroths herrlich prangenden Rocky-Mountains hatten.

Nach einer Pause von mehreren Minuten, während welcher der furchtbare Shoshonenführer gesenkten Blicks, gestützt auf seine Streitaxt, tief nachsinnend regungslos dagesessen, erhob er, einen Seufzer unterdrückend, das schwermuthumflossene Auge zu dem nicht minder düstern des Barons, das ängstlich fragend sich an seine Züge heftete, und begann mit milder Stimme, die bisweilen leise bebte, die bang erwartete Mittheilung, indem er sagte:

„Es ist der Augenblick günstig zum Austausche unserer Gedanken und Gefühle; Weisheit ist, die Zeit nicht unbenutzt entrinnen zu lassen; ich bin bereit, mein Herz zu erschließen, den Geist in mir frei walten zu lassen; will mich mein Vater vernehmen?"

„Ich flehe Dich an, o sprich!" stammelte Herr von Bergen, und der Häuptling fuhr also fort:

„Mann des Schmerzes, sei auf Schmerzliches gefaßt! Dein Sohn, wie jung und blühend auch, ist Mann, er darf, er soll sogar hören, was ich zu sagen habe; Deinen Diener nanntest Du Freund, so ist er es mir nicht minder. Oeffnet denn Eure Herzen und vernehmt.

Ich habe Euch bereits gesagt", begann er nach kurzem Schweigen seine Erzählung, „daß ich mich im mericanischen Gebiete aufgehalten. Ich war in der großen üppigen Hauptstadt selbst, in Mexico. Das erste Mal vor fünf Jahren; es war in der heißen Jahreszeit. Da lernte ich einen jungen Mann kennen, der mir an Alter, Gestalt und innerem Wesen so vollkommen glich, daß Ihr Alles, was Ihr durch mich von ihm hören werdet, füglich mit dem vergleichen und erklären könnt, was Euch an mir bemerkenswerth erschienen.

Es war ein Portugiese und sein Name Fernandez Carvalho. Kaum fünfundzwanzig Jahre alt, hatte er bereits die Erfahrung eines Greises. Eine leidenschaftlich verlebte Jugend hinter sich, aber ausgerüstet von der Natur mit außergewöhnlicher Kraft, den Geist mit schönen Kenntnissen geschmückt, unbeugsamen Willens und von einem an Tollkühnheit grenzenden Muthe, hatte er damals einen Plan für seine Zukunft entworfen, der, noch abenteuerlicher als seine Vergangenheit, mich selbst erstaunen machte; er wollte, denkt Euch, die Hülle der Civilisation von sich werfen, den freien wilden Söhnen der Natur sich zugesellen, und der tapfere Stamm der Schlangenindianer war es, den er sich auserlesen und dem er nicht, wie Ihr, als Gastfreund nur, sondern als verbindendes Glied der großen Kette angehören zu wollen den verwegenen Gedanken hatte. Er war der Sohn eines bemittelten Kaufmanns von Oporto, verlor jedoch fast gleichzeitig Aeltern und Vermögen. Noch ein Jüngling und schon sein eigener Herr, glühend für alles Schöne und Edle, zeigte er sich, nach seinem eigenen Bekenntnisse, ebenso unbändig leidenschaftlich gegen Alles und Jedes, das ihm lügnerisch oder häßlich erschien. So geartet, gerieth er natürlich in manche Verlegenheit. Noch nicht vierundzwanzig Jahre alt, hatte er zu Lissabon einen Cavalier aus einer ebenso reichen als mächtigen Familie Portugals im Duelle getödtet und war aus Europa entflohen. Auf einem Handelsschiffe die Dienste eines Schreibers verrichtend, gelangte er ohne Entgelt von Cadix nach Veracruz und Mexico. Von seinem seltsamen Plane habe ich gesprochen; ich billigte ihn und zeigte ihm den Weg zum Ziele. Bevor er jedoch diesen einschlug, hatte Fernandez eine schwere Prüfung von seiten seines Herzens zu bestehen, denn er lernte, zum ersten Male in seinem vielbewegten Leben, die unwiderstehliche Macht wahrer Liebe kennen. Das unvergleichliche Wesen, zu dem er in Liebe entbrannte, war Eure Tochter Angelika."

„Ewige Vorsicht! Zu meinem Kinde!" schrie Herr von Bergen auf.

„Zu Eurem Kinde Vater", entgegnete der Häuptling ernst und erzählte weiter:

„Eines Abends sah ich sie, schön, wie Ihr sie geschildert, aber traurig, niedergedrückt von innerem Leide, am Arme eines jungen schönen Mannes, von dem mir Fernandez sagte, daß er ein venetianischer Conte und wahrscheinlich der Verführer der jungen Dame sei, die er für seine Gattin ausgab und mit der er, vor kurzem erst in Mexico angekommen, in einer Villa nahe bei der Stadt lebte, ohne daß irgend Jemand ergründen konnte, durch welche Mittel und zu welchem Ende. Bezähme Deine Ungeduld, Vater, und höre weiter Das Auge der Liebe blickt scharf, und Fernandez liebte Eure Tochter — zweifelt nicht, daß sie es war und ist — mit der ganzen Hingebung erster Liebe und in der vollen Glut seines Vaterlandes, mit all der ihm eigenen verzehrenden Leidenschaft, und dies — solche Wunder wirkt der große Geist — vom ersten Momente an, da er Angelika erblickte. Alles Ungestüm seines Wesens aber war beherrscht von Rechtsgefühl; man hielt sie für des Italieners Gattin, und er litt schweigend, kaum mir sich vertrauend, mehrere Wochen lang. Eines Tages jedoch war er zornentbrannt, halb rasend. Er hatte Gelegenheit gesucht und gefunden, die vertraute Dienerin der Dame, eine Creolin, für sich zu gewinnen, und durch diese das wahre Verhältniß ihrer schönen Gebieterin zu dem Conte erfahren, nämlich, daß sie dieser unter der Zusicherung, sich mit ihr in seiner Vaterstadt Venedig trauen zu lassen, aus dem älterlichen Hause gelockt und bis nach Mexico, wo ihm ein reicher Verwandter lebte, geführt habe; ferner, daß sie die einzige Tochter eines deutschen Barons sei, dessen Namen sie aus kindlicher Schonung verschwieg und von dem sie nur sagte, daß er, obgleich der beste, liebevollste aller Väter, sich gegen ihre Verbindung mit dem Conte entschieden erklärt und sie, damals vom Wahne, diesen Menschen wirklich zu lieben und ihn achten zu müssen, zur Verzweiflung getrieben, dahin gebracht habe, mit demselben die Flucht zu ergreifen. Die Creolin hing mit ganzer Seele an ihrer Herrin, die den ganzen Umfang ihres Unglücks zu ermessen und alle Qualen der Scham und Reue, der bittersten Selbsterkenntniß wie der verzehrenden Sehnsucht nach der Heimat mit jedem Tage um so schrecklicher zu fühlen begann, als ihr schändlicher Entführer nicht mit einem Worte mehr der ehelichen Verbindung gedachte und die Arme, die ungeachtet jenes ersten Schrittes und trotz der verwegensten Annäherung seinerseits während der ganzen langen Reise bis zur Stunde noch ihre Unschuld bewahrt hatte, nunmehr auf die empörendste Weise behandelte und sich sonach in seiner wahren Gestalt zeigte.

Dies Alles hatte Fernandez durch die treue Dienerin Eurer unglücklichen Tochter erfahren, und es war mehr als genug, seinen Zorn gegen jenen Elenden zu entflammen, wie auch seiner Liebe zu Angelika einen noch höhern Schwung zu geben. Er faßte den Entschluß, sich ihr durch Vermittelung der Dienerin zu entdecken. Seine Leidenschaft ließ ihn hoffen, daß sie Gegenliebe fühlen, seine Hand annehmen und mit ihm in das Land der Shoshonen ziehen werde. Ach, was hofft der Jüngling nicht, zumal der von Liebe begeisterte!

Der Conte gab sich dem großen, wollüstigen Leben der Hauptstadt hin und brachte fast jede Nacht außerhalb seiner Villa zu, in die er gewöhnlich des Morgens erschöpft zurückkehrte, um den Tag darin zu verschlafen und durch Trägheit sich zu neuen Ausschweifungen vorzubereiten. Welchen Plan er mit Angelika hatte, ließ sich halb errathen; wahrscheinlich hoffte er von der Zeit die Krönung seiner frevelhaften Wünsche, in der Annahme, daß Eure edle Tochter ermüden und demnach zuletzt seinem Verlangen willfahren werde. Mittlerweile lebte er, wie sich nun Fernandez überzeugte, auf die leichtsinnigste Weise hin, zum Theil von den Geldzuflüssen seines reichen Verwandten, größtentheils aber vom Spiele.

So standen die Sachen, als Fernandez eines Abends, von der Creolin zugelassen, in den Garten der Villa trat, worin sich ihre Gebieterin trauernd erging. Er näherte sich ihr bescheiden, dennoch schrak sie heftig zusammen; sein Benehmen aber und die Anwesenheit ihrer verlaßlichen Dienerin beruhigten sie. Er sprach offen und heiß, nicht von seiner Liebe sowohl als von ihrem Unglücke; sie sah, daß er Alles wußte, und vernahm nicht ohne Rührung den von ihm gefaßten seltsamen Plan zu ihrer Befreiung aus den Banden des Erbärmlichen.

„Gestatteten es meine Verhältnisse", fügte er seinem geäußerten Entschlusse mit hoher Wärme bei, „Euch in Eure Heimat, in die Arme Eures Vaters zurückzuführen, ich würde es mit Entzücken thun; dort wollte ich mir seine Achtung und Eure Neigung erwerben und Euch mein ganzes Dasein weihen; allein ich bin arm und gelangte selbst hierher als ein vom Geschicke Verfolgter."

So sprach er, und Eure Tochter entgegnete unter Thränen:

„Ich fühle innig das Edle Eurer Absicht, aber auch

ich habe meinen Plan für die Zukunft entworfen und hoffe ihn mit der Hülfe des Allmächtigen ausführen zu können. Wäre mir auch die Verzeihung meines so tief gekränkten Vaters gewiß, ich selbst könnte mir das Geschehene nie vergeben und ich würde mich in Gram verzehren, ohne etwas gut gemacht zu haben. Mein Entschluß ist gefaßt; ich verberge mich mit meiner Schmach in den Mauern eines Klosters, und von da aus erst will ich meinem Vater Kunde geben; könnt Ihr mir bei diesem Unternehmen behülflich sein, so werde ich Euch zeitlebens als meinen Wohlthäter ehren und für Euch beten in heiliger Einsamkeit."'

„O meine gute, liebe Tochter!" rief hier mit bebender Stimme Herr von Bergen aus, indem er seine gefalteten Hände an den Mund preßte und zugleich das Haupt gegen die Brust senkte, während Karl's sonst so ruhiges, mildes Auge mit durchbringendem Blicke an dem offen aufgeschlagenen und fast schwärmerisch blickenden des Erzählers haftete, der seinerseits den Ausruf des Vaters und das scharfe Forschen des Jünglings ebenso wenig wie die Thränen auf Konrad's durchfurchten Wangen zu beachten schien und in seiner Mittheilung also fortfuhr:

„Fernandez liebte die himmlische Angelika, und die Liebe hofft. Er schwieg und bat nur bei jenem ersten

Abschiede, sie noch einmal in Gegenwart der Creolin sehen und sprechen zu dürfen. Dies wurde ihm zugesagt und er entfernte sich, unnennbare Qual in der Brust. Ein solches Wesen sich lebendig eingemauert zu denken, eine so holde Frühlingsblume von Eis umstarrt, ein Bild zum Entzücken inmitten von Gestalten des Todes! Ich weiß nicht, was er litt. Keines Sterblichen Herz vermag mehr zu leiden. Nach acht Tagen erst fand sich Carvalho wieder bei seiner angebeteten Angelika ein.

Es war an einem jener herrlichen Abende, wie die Natur sie eben in den Tropenländern nur hervorzaubert, da er, durch die Vertraute der Abwesenheit des Conte versichert und eingeführt, in den Garten trat. Was sagt das Wort Garten! Ich habe ihn gesehen, diesen kleinen Hain, angelegt und gepflegt nicht von einem Künstler, sondern unmittelbar vom Gotte der Liebe, und durchflossen, gleich einer Insel der Seligen, von paradiesischen Düften voll eines unaussprechlich süßen Etwas, das selbst die Seelen der Verklärten mit namenlosem Entzücken, mit auflösend träumerischer Wollust durchdrungen hätte. Der Sonnenball lag auf dem Horizonte, und von Westen her ergoß sich die unermeßliche Strahlenflut über die von Zephyren gewiegten Wipfel und Kronen der Cypressen, Orangen,

Palmen und babylonischen Weiden; über wunderbar gestaltete Blumen hin schwebten und flatterten Hunderte von Vögeln und Schmetterlingen, mit Liedern voll Wonne und in allen Farben des Regenbogens; die Quellen murmelten in geheimnißvoller Lust und aus einer Granitfelsengrotte rauschte ein mächtiger Wasserstrahl mit dem ganzen Ungestüm jugendlichen Freiheitstriebes durch das moosige Geröllhin, aufschäumend vor unwiderstehlichem Verlangen.

Und an dieser Grotte fand Fernandez die überirdisch schöne Angelika. Sie saß an einer Cypresse, das Haupt auf den zarten Arm geneigt, den sie auf das Gestein stützte; ein feines weißes Kleid umfloß sie ebenso keusch als reizend, sie schien aus Aether gebildet und auf den Strahlen der scheidenden Sonne, die durch das Gehölz drangen und ihre unbeschreibliche Gestalt mit einer Glorie umgaben, in das Bereich ewigen Friedens entschweben zu wollen. Hingerissen vom Zauber dieses Bildes, sank Fernandez zu Angelika's Füßen und rief unter heißen Thränen der Liebe, Sehnsucht und Angst, die Herrliche zu verlieren, aus: „Was immer auch folge, nimm hin das Bekenntniß, Du Unvergleichliche, daß ich Dich anbete, daß es für mich kein Glück mehr ohne Dich auf dieser Erde gibt! Aber wisse Alles: in diesen acht Tagen habe ich Dir die gewünschte heilige

Zufluchtsstätte bereitet, ein Wort von Dir und die Mauern eines Klosters umschließen Dich. Ich fand Freunde, ich handelte für Dich. Noch aber hast Du dieses Wort nicht ausgesprochen, das fürchterliche Wort, das zwei Leben mit einem Male verarmen, grausam in sich ersterben macht, Dein und mein Leben! Du ahnst die Größe meiner Liebe nicht; meine Selbstopferung, indem ich nach Deinem entsetzlichen Willen handelte, reicht nicht hin als Maßstab; aber, Du Engelmilde, erschrick nicht vor der Glut meiner Seele; eine Thräne Deines Grams um Vater und Vaterland vermag sie zu tödten. Es ist wahr", fuhr Fernandez in seiner Begeisterung mit hoher Leidenschaft fort, „ich biete Dir nur ein Herz und ein Leben voll Mühe, aber dieses Herz wird nicht aufhören für Dich zu schlagen, und dieses Leben, nur reich an Arbeit und Sorge, wird Dich ein begangenes Unrecht vergessen machen; sei stärker als Dein Gram und gib Dich, an meiner Brust erwachend zu neuem Dasein, durch meine Kraft gestützt, beseligender Hoffnung für die Zukunft hin; Dein Vater — wir können ihm Nachricht von uns zukommen lassen — wird Dir verzeihen, Du kannst ihn selbst wiedersehen!"

Diesem Ergusse des entzückten, begeisterten, zu jedem Wagnisse entschlossenen Jünglings entgegnete

Angelika, gleichfalls mit Thränen im Auge, also sprechend:

„Was Ihr da sagtet, erfüllt mein Herz mit Dankbarkeit gegen Gott und Euch. Ihr seid ein edler Mann und der Liebe des besten Weibes würdig. Nie werde ich Eurer vergessen. Aber noch einmal, mein Entschluß steht fest, ich nehme den Schleier. Zürnt mir nicht und reicht mir die Hand, mich auf diesem Gange aus dem sogenannten Leben in den sogenannten Tod zu geleiten; wollt Ihr?"

Bei diesen Worten erhob sich Fernandez mit Würde, reichte ihr seine Rechte und sprach:

„Es geschehe denn nach Eurem Willen. Ich habe Alles vorbereitet, schon mit dem nächsten Morgen werden sich Euch die Pforten des heiligen Hauses öffnen."

„Dank! Dank!" stammelte Angelika und sank ihm halb ohnmächtig in die Arme.

Er hielt die an allen Gliedern Erbebende sanft umschlungen, hauchte einen leisen Kuß auf ihre Stirn und war in diesem Momente der Vereinigung und Trennung eine Sekunde hindurch selig, als ein Aufschrei der in der Nähe an einem Bosquet harrenden Creolin, dem unmittelbar ein Schuß folgte, beide plötzlich so erstarren machte, daß sie sich krampfhaft umfaßten, um wie inftinktartig gemeinschaftlich der unbekannten Gefahr zu begegnen.

Fernandez hatte die Kugel dicht an seinem Haupte vorbeipfeifen hören, und im nächsten Augenblicke sah er den Conte mit hochgeschwungenem Dolche aus dem Bosquet hervor auf sich zustürzen. Aber auch die muthige und treue Creolin war herbeigeflogen, um ihre geliebte Herrin wie eine Mutter ihr Kind zu vertheidigen. Der Portugiese ließ die Bewußtlose in ihre Arme gleiten und stellte sich, beide mit seinem Körper deckend, dem Italiener entgegen, der, eine gräßliche Lästerung gegen Angelika ausstoßend, mit dem blitzenden Dolche auf ihn einbrang. Carvalho war unbewaffnet, aber, wie ich schon gesagt, mit riesiger Kraft begabt und dem mehr zierlich als stark gebauten Conte weit überlegen.

„Zurück, Meuchelmörder, so wahr Dir Dein Leben lieb ist, zurück!" donnerte er dem Wüthenden entgegen.

Dieser jedoch, blind vor Raserei, die Züge furchtbar verzerrt, mit herausgetretenen Augen und Schaum vor dem Munde, war schon in einem wilden Satze an ihm und führte einen Stoß gegen seine Brust. Fernandez, ebenso gewandt als stark, entrann der unfehlbar tödtlichen Waffe durch eine blitzschnelle Wendung, umklammerte den entsetzlich Fluchenden mit seinen eisernen Armen so gewaltig, daß sein furchtbares Geschrei augenblicklich zu einem dumpfen Brüllen und Röcheln eines halb Erstickten wurde, und rief ihm, während er ihm auch nicht eine Sekunde Luft ließ, zu:

„Verführer, Verräther, Meuchler! Schwöre, dieses eble, engelreine Mädchen, das Du unglücklich gemacht, augenblicklich mit mir aus Deinem Hause ungeschmäht und unangetastet ziehen zu lassen, oder ich ersticke Dich in meinen Armen."

„Nein, Verfluchter!" stöhnte der Elende und suchte in letzter ohnmächtiger Anstrengung den Dolch in seines Gegners Seite zu bohren; ein neuer, furchtbarer Druck von diesem, und die Waffe fiel unschädlich zur Erde.

„Schwöre, Bandit, schwöre, sonst zermalme ich Dich!" wiederholte Fernandez empört.

„Es sei, ich — ich schwöre!" ächzte kaum vernehmbar der Conte, und er fühlte sich aus der Boaumschlingung befreit; der Druck jedoch war so ungeheuer gewesen, daß er gleich einem Geräberten schlapp zusammenbrach und anscheinend leblos auf seiner Mordwaffe lag.

Fernandez, seiner nicht weiter achtend, wandte sich jetzt Eurer Tochter zu, die der Schreck so sehr betäubt hatte, daß es ihr unmöglich war, sich aufzurichten und ihm zu folgen.

„Hier ist kein Bleiben für Euch!" rief er aus. „Gestattet, daß ich Euch aus diesem unseligen Gefängnisse hinwegtrage."

„Nicht lebendig!" schrie es hinter ihm und der Italiener stürzte sich mit gezücktem Dolche auf Angelika. Gewaltiger und rascher, als der Löwe im Sprung seine Beute, hatte ihn Fernandez im Nacken gefaßt, zurück an sich gerissen, mit gigantischer Kraft aufgehoben und an die vorspringenden Felsstücke der Grotte geschleudert, von denen er abprallte und mit zerschmettertem Haupte in das Becken sank."

Aeußerungen des Schauders von seiten seiner tief ergriffenen Zuhörer verursachten eine kurze Pause, wonach der Häuptling in allmälig sich herabstimmendem Tone also schloß:

„Dies war das fürchterliche Ende von Angelika's Verführer. Sie flüchtete, von Fernandez beschützt, noch denselben Abend in das durch ihn ausgemittelte Kloster. Sein Abschied von ihr war kurz, aber herzzerreißend, eine grausame Trennung für das ganze Leben. Ich rieth ihm, Mexico augenblicklich zu verlassen, und er that es. Von einigen Freunden mit einer kleinen Summe unterstützt, durchzog er das weite Reich gegen

Norden und gelangte nach zahllosen Anstrengungen und Gefahren endlich in das Gebiet Oregon und von da in die Rocky-Mountains. Hier stieß er bald auf einen großen, eben auf einem Zuge gegen mehrere feindliche Stämme begriffenen Trupp Shoshonen und theilte ihrem Häuptlinge seinen Entschluß mit, unter ihnen zu leben und zu sterben. Die Offenheit, womit er sich aussprach, noch mehr aber seine Persönlichkeit, die ersichtliche Kraft und Gewandtheit gefielen den Indianern und sie nahmen ihn auf. Er vertheilte seine Kleider und alles Mitgebrachte unter die Ersten des Stamms und war dem Aeußern nach in wenigen Stunden zum Shoshonen umgewandelt. Innerhalb eines Jahres hatte er ihre Sprache erlernt und ihre Achtung gewonnen, denn es war ihm geglückt, sich in mehreren blutigen Kämpfen auszuzeichnen, und sein Wigwam war mit vielen Scalps geschmückt.

Da ereignete es sich — es war gegen die Mitte des zweiten Jahres, das Fernandez Carvalho unter den Schlangenindianern verlebt hatte — daß in einem mörderischen Kampfe gegen die Osagen ihr Häuptling fiel. Fernandez rächte seinen Tod durch beinahe gänzliche Vernichtung der Feinde, deren Niederlage so groß war, daß sie sich bis zum heutigen Tage nicht wieder an das Felsgebirge hingewagt. Die Shoshonen, dankbar für diese That, erhoben ihn fast einstimmig zu ihrem Häuptlinge und —"

„Gaben ihm den Beinamen „die Riesenschlange"!" rief Karl begeistert aus, indem er aufsprang und den Erzähler leidenschaftlich umarmte, während auch Herr von Bergen, erschüttert durch all das Vernommene, sich schwankend erhob und ihm die zitternde Hand reichte, auf welche dieser, den Jüngling fest umschlossen haltend, seine glühenden Lippen preßte, während ihm große Thränen über die Wangen rollten.

Eine Minute feierlichen Schweigens, heiligen Schmerzes, für den es keine Worte gibt, war verflossen, als sich der Häuptling erhob und sprach:

„Ja, ich bin Fernandez Carvalho und begrüße in Euch mit wehmüthigem Entzücken Vater und Bruder meiner angebeteten Angelika, der irdisch Verklärten, des Weibes meiner ersten Liebe!"

„Allwaltende Vorsehung, wie seltsam verschlungen sind die Pfade, auf denen Du die Menschen führst!" rief Herr von Bergen, den Blick zum Himmel gerichtet, aus.

Zehntes Kapitel.

Die Klapperschlange.

Nach einer abermaligen Pause fuhr Herr von Bergen schmerzlich aufseufzend fort: „Meine Tochter hat mir keine Nachricht gesandt oder diese ist nicht zu mir gelangt, und durch vier unendliche Jahre hat mich ihr Schweigen unaussprechliche Qualen dulden lassen. Jener unselige Mensch, den die ewige Gerechtigkeit durch Euren Arm so furchtbar getroffen, war wirklich bald nach Angelika's Geständnisse in mein Haus gekommen und hatte um ihre Hand bei mir angehalten; aber das Ergebniß der Erkundigungen, die ich über seinen Charakter wie über seine Verhältnisse eingezogen, bestimmten mich, jede Verbindung mit ihm abzubrechen, ihm den Zutritt auf das entschiedenste zu untersagen. Er blieb aus; allein der Verräther suchte und fand Mittel, wie ich, leider zu spät, aus mehreren seiner in den hinterlassenen Papieren meiner Tochter befindlichen Briefe ersah, die Unglückliche an seine Liebe und Rechtlichkeit glauben zu machen, ja sogar die Verblendete endlich zur Flucht zu bestimmen. Alle meine Reisen und Nachforschungen waren vergeblich, sie blieb mir verloren; die Natur grünte und welkte viermal, aber nicht Frühling, nicht Winter brachte Kunde von ihr. Und wie, mein Freund", schloß der trauernde Vater diese ergänzende Mittheilung über die Vergangenheit, „wie konntet Ihr mit Bestimmtheit sagen, daß mein Kind noch am Leben sei?"

„Ich habe Euch bemerkt", entgegnete Fernandez, „daß ich zu wiederholten Malen in Mexico gewesen. Ich sah und sprach Angelika dreimal in ihrem Kloster, worin sie noch im ersten Jahre mit dem Schleier bekleidet worden, am Gitter des Sprechzimmers; ein Freund, der mich nach jener tragischen Katastrophe mit Geld zur Reise unterstützt hatte, versorgte mich zu diesem Zwecke mit Kleidern, übrigens führten mich auch diplomatische Gründe, von denen ich später noch sprechen werde, in die Hauptstadt des uns benachbarten Reichs. Vor drei Monaten sprach ich Eure Tochter das letzte Mal; was uns die herrlichen Gebilde eines Murillo oder Rafael zu Anschauung bringen, vollendete weib=

liche Idealität, das spiegelte ihr ganzes Wesen ab; nicht blühend, aber auch nicht leidend, schien sie aus dem reinen Borne der Religion Trost für das Vergangene und milde Kraft für das Kommende geschöpft zu haben, mit der Menschheit versöhnt zu sein, ohne ihr anzugehören, und bereits als Himmelsbürgerin dem Jenseits ihren Tribut zu zollen, während sie noch auf Erden war. O nie, nie werde ich den heiligen Ausdruck ihrer engelgleichen Züge, den elegischen Ton ihrer Stimme vergessen, womit sie die letzten Worte an mich richtete, indem sie sprach:

„Glück und Unglück ist der Blutlauf von und zu dem Herzen der Gottheit; wer da fühlt, daß die Seele des Ewigen in ihm pulsirt, kann nie den Tod des Geistes sterben; denke, Freund, der Unendlichkeit und dulde das Vergängliche."

So sprach sie und ich schied von ihr wie vom Anschauen eines Sonnenuntergangs.

„Und gedachte sie meiner mit keinem Worte?" fragte Herr von Bergen mit bebender Stimme, indem er die Hände faltete und das Haupt auf die Brust sinken ließ.

„Wie sehr Angelika Euer Andenken geehrt", entgegnete Fernandez mild, „beweist ihr jetziges Sein; daß sie Euch Nachricht gegeben, bezweifle ich nicht, hätte sie es aber auch unterlassen, so spräche eben dieser Umstand von der Reinheit ihres Gefühls, indem sie für ihre Schuld büßen und für schuldiger gelten wollte, als sie in der That gewesen. Ich las in ihrer Seele und berührte diesen Punkt mit keiner Silbe. Genug, mein theurer Vater, wenn ich Euch fernerhin so nennen darf, glaubt mir, nie war und wird ein menschliches Wesen der Liebe und Verehrung edler Herzen würdiger sein als Angelika."

„Vater", rief hier Karl aus, „erhebe dich aus Deinem Schmerz durch die schöne Ueberzeugung, daß uns die Theure nicht verloren ist, wie durch die Hoffnung, sie vielleicht wiederzusehen."

Herr von Bergen sank seinem Sohne weinend in die Arme, und dieser fuhr in seiner offenen, biedern Weise fort, indem er ihn umschlang:

„Sieh, guter Vater, Du hast den Quell Deiner Thränen für immer versiegt geglaubt, und nun erlabt sich Dein Herz wieder an diesem Himmelsborne; Du hast Dich den Feinden der Heimat entzogen, und weit über dem Meere fandest Du einen Freund; Deine Tochter hast Du als gesunken, als verloren betrauert, und sie hat sich aufrecht erhalten, und sie wiederzusehen ist keine Unmöglichkeit."

Diesem herzlichen Ergusse folgte eine kleine Pause

allseitigen feierlichen Schweigens; dann richtete sich Herr von Bergen auf und sprach in allmälig ruhigerem, festerem Tone:

„Ich habe den Zoll der Menschlichkeit an die Natur mit diesen Thränen entrichtet, und der Sterbliche hat sich ihrer nicht zu schämen. Wir haben uns nunmehr verständigt, sind ohne Geheimniß vor einander und wollen fürderhin arbeiten und hoffen."

„Es bricht die Nacht herein", sagte Fernandez, „und bald werden zwei der ältesten Krieger erscheinen, um sich mit mir neben Euch zu lagern. Lasset weder diese noch später einen andern der Indianer wissen, daß ich mich Euch entdeckt; ich habe Gründe dazu und Ihr ahnt sie wol. Es sind einige unter ihnen, die mich, den Fremdling, noch immer scheelen Blicks betrachten, denen nur mein Kriegsruhm und die Achtung der Mehrzahl Schranken zieht, ohne welche sie über mich herfallen und mich vernichten würden. Vor allen ist jener der beiden Shoshonen, die mit mir am Ufer erschienen, um Euch anzuhören, der später in der Berathung so leidenschaftlich gegen Eure Aufnahme gesprochen, mein entschiedener Feind; er heißt Hiarouk und führt den Beinamen „die Klapperschlange", ist tapfer, aber bei weitem mehr boshaft und hinterlistig als offenbar muthig. Vor diesem unbändigen Wilden warne ich Euch besonders; denn obwohl ich stets dafür sorgen werde, daß er Eurer Ansiedlung fern bleibe, ein Indianer sucht und findet immer Gelegenheit, seine Rachegelüste zu befriedigen; übrigens soll diese Bemerkung Euch nicht ängstlich, sondern nur vorsichtig machen. Begebt Euch jetzt hinab zur Hütte; bald bin ich mit den zwei Kriegern an Eurer Seite. Ihr bedürft der Ruhe; lagert Euch sogleich unbekümmert, ich werde wachen. Gute Nacht, Vater, Bruder, Freund, gute Nacht!"

Mit diesen Worten reichte Fernandez Jedem die Hand und entfernte sich rasch. Die Ansiedler stiegen zur Lichtung hinab.

Kaum war das Plateau von ihnen geräumt, als aus dem dichtesten Gesträuche zwischen den Felsblöcken drei scheußliche Köpfe sich emporstreckten, deren flammende Augen nach allen Richtungen hin die Dämmerung durchblitzten. Einige Sekunden später wanden sich, Schlangen gleich sich zusammenziehend und ausdehnend, drei bis auf den Lendengurt nackte Gestalten geräuschlos aus dem hohen Farrenkraut hervor und richteten sich, ohne zu athmen, auf.

Es war Hiarouk, die meuchlerische Klapperschlange, mit zwei riesigen Shoshonen von wildestem Aussehen. Eine Weile standen sie regungslos still, und nur ihre fürchterlichen Blicke, die gleich denen der Salamander das Dunkel gespenstisch durchzuckten, bezeugten in grauenerregender Weise, daß sie lebten. Hiarouf winkt, und alle drei ziehen aus dem Gebüsche ihre wuchtigen Tomahawks hervor. Wieder halten sie, ohne zu athmen, an und horchen. Es regt sich nichts in weiter Runde; die Vögel sind entschlummert und selbst das Abendlüftchen weht nicht mehr, das um Sonnenuntergang um die Wipfel der Bäume gespielt.

Jetzt beginnt die Klapperschlage zu zischen, unheimlich leise, nur den lauschenden Indianern vernehmbar:

"Dank dem großen Geiste, der mich die Sprache der Blaßgesichter gelehrt! Die Riesenschlange brütet Verderben über uns, sie will uns erdrücken. Sie ist trotz ihrer Farbe eine Weißgeburt und ihr Herz ist gegen uns. Diese Ankömmlinge sind seine Freunde; Ihr saht, mit welcher Liebe sie sich umfingen, und Ihr seid, ohne daß Ihr verstanden, was sie gesagt, überzeugt, sie sinnen Verrath gegen uns. Ich, der ich jedes ihrer Worte gehört und verstanden, sage Euch, es ist so; die Riesenschlange brütet Verrath, darum Verderben über sie und ihren Anhang. Der Geist gebot mir, und ich führte Euch unbemerkt hierher. Diese Nacht, die erste der Fremdlinge auf unserer angestammten Erde, sei auch ihre letzte; sie sterben durch uns und er mit ihnen."

„Sie sterben durch uns und er mit ihnen!" wiederholten ingrimmig grinsend halblaut die Indianer.

„Sie werden ruhig schlafen, die Fremden", fuhr nach einigem Schweigen Hiarouk zischend fort, „und nur der Verräther von Häuptling wird wachen; ihn trifft mein Tomahawk, die Ankömmlinge überlasse ich Euch; die zwei alten Krieger mögen leben, sie sind unschädlich. Bald werden sie hier sein, wir aber wollen uns verborgen halten, bis die Nacht weit vorgerückt und Alles, vielleicht selbst die Riesenschlange, vom Schlafe bewältigt ist. Nun kommt, ich weiß eine von starkem Gesträuch versteckte Höhlung hinter der Grotte da unten, die uns bis zum Augenblicke der Rache bequemen und sichern Aufenthalt bietet; folgt mir."

Der Schreckliche glitt in das Dickicht zurück und seine Verbündeten folgten ihm geräuschlos, wie sie gekommen.

Während dieser kurzen Frist, in der ein Werk der Finsterniß berathen wurde, hatten sich unsere Freunde bereits angeschickt, ihr Lager zu bereiten. Dies war bald geschehen, und sie streckten ihre ermüdeten Glieder darauf hin, nahe beisammen, alle drei mit dem Antlitze der schmalen Oeffnung der Hütte zugekehrt, jeder seine Büchse zur Linken und den entblößten Hirschfänger zur Rechten. An Leib und Seele gleich angegriffen, fühlten sie das Bedürfniß zu schweigen, zu ruhen; nur die Ankunft des Häuptlings mit seinen Gefährten wollten sie noch abwarten, ehe sie sich dem Schlummer überließen. Es lag, obgleich die Nacht sternhell und der beinahe ganz volle Mond bereits am Horizonte aufgetaucht war, tiefes Halbdunkel um sie her, nur daß ein matter Lichtstreifen sich am Eingange vorüberzog. In diesem erschienen, nachdem sie kaum eine Viertelstunde schweigend dagelegen, drei Gestalten.

Fernandez — denn er war es mit den alten Kriegern — ließ sie nicht einen Augenblick in Ungewißheit über diese Erscheinung, indem er sogleich näher trat und ihnen mit der Versicherung, daß sie sich vollkommener Ruhe hingeben könnten, wiederholt gute Nacht sagte, was sie in gleich herzlicher Weise zurückgaben. Und die müden Wanderer überließen sich der süßen Gewalt des Schlafes, dem milden, immer und überall wohlthätigen Zauber der Natur.

Die beiden Gefährten des Häuptlings lagerten sich unweit der Hütte, er selbst setzte sich an den Eingang, mit dem Rücken an einen Pfosten gelehnt, eine wollene Decke um sich geschlagen und auf seinen Tomahawk gestützt.

„Unsere neuen Brüder schlummern in Frieden",

sprach einer der alten Krieger, und der andere setzte hinzu: „Der große Geist wacht über uns allen."

„Der große Geist ist immer wach", sagte Fernandez ruhig.

Tiefe Stille folgte diesen letzten einfachen Worten der Shoshonen, und wenige Minuten später schliefen alle, die an Kraft unerschöpfliche Riesenschlange ausgenommen.

Fernandez Carvalho, einer jener seltenen Menschen, in denen sich die Natur zu gefallen scheint, indem sie ihnen eine weit über das gewöhnliche Maß der Sterblichen hinausreichende Gewalt des Geistes und Körpers, große Willenskraft und entsprechende Ausdauer verleiht, um in denselben gleichsam sich zu spiegeln, im edelsten ihrer Erdengeschöpfe ihre eigene Macht und Herrlichkeit anzuschauen; der schöne junge Mann, wie noch kein Künstler einen schönern Gott des Kriegs gebildet, war und blieb trotz seiner ungeheuren Kraftäußerung im furchtbaren Mordgewühle dieses Tages und, was vielleicht noch mehr, nach der heftigen Gemüthserschütterung, die er selbst hervorgerufen, wach, stark und selbstbewußt.

So saß er, nachsinnend der Vergangenheit, erwägend in seinem klaren Geiste das seltsame Geschick der Menschen, ruhig, besonnen, ernst, ein schönes Bild

starker, wachsamer Freundschaft an der Schwelle un=
verschuldeten Leidens, edler Selbstverleugnung zum Heile
Anderer.

Der Mond schwebte bereits hoch über dem Urwalde
im Osten und goß sein magisches Licht nun, wie über
das ganze Stromgebiet, so auch, nicht durch den leisesten
Nebelstreif getrübt, über die Insel der schlafenden
Ansiedler aus; der frische Wiesengrund der Lichtung,
leicht bethaut, blitzte, von ihm bestrahlt, gleich einem
mit unzähligen Diamanten und Perlen gestickten Tep=
piche von grünem Sammt, während die Stämme,
Kronen und Wipfel der Bäume ringsum bei dieser
Lichtbrechung phantastische Gebilde erzeugten, bald lieb=
lich, bald schauerlich, hier menschliche Form annehmend,
dort schemenhaft auswuchernd in maßlose Verhältnisse.

Fernandez sah diesem Spiele des Mondlichts lange
nachdenkend zu. „Dir gleicht", sagte er sich, „die Meinung
dieser Welt; sie zeigt die Menschen je nach der
Brechung des Lichts!, in das sie vom Geschicke gestellt
werden."

Mitternacht nahte heran, und sein Denken war all=
mälig unbestimmtes, träumerisches Sinnen geworden,
worin sich seine Phantasie, deren Glut und Zauberkraft
durch diese fünf Jahre voll Leiden und Kämpfe nichts
von ihrer Ursprünglichkeit verloren hatten, jetzt nur

einem einzigen Bilde hingab, dem verklärungumstrahlten Bilde Angelika's, und dies in jener außerordentlichen, wunderbaren Weise, worin die Seele den Körper verlassen und den trennenden Raum in geheimnißvollem Fluge durchmessen zu haben scheint. Er war in Mexico, im Kloster; er stand in ihrer Zelle. Angelika hatte noch nicht ihr Lager gesucht, sie kniete, in Andacht versunken, auf ihrem Betschemel vor dem Bilde des Heilands, die zarten Lilienhände gekreuzt und das edle Antlitz erhoben. Er sah die Betende mit nie gefühltem reinen Entzücken und betrachtete ihre rührende Gestalt lange regungslos, fast ohne zu athmen; es war ihm, als sollte er an ihrer Seite in die Kniee sinken und sein Gebet mit dem ihrigen verschmelzen; aber heilige Scheu hielt ihn festgebannt und er vermochte nichts als die Gottgeweihte in seligstiller Verehrung anzuschauen. Nun öffneten sich ihre Lippen und sie betete laut, inbrünstig, mit ganzer Seele hin sich gebend der ewigen Gnade; o, und der Wonne, die ihn durchströmte, sie betete für ihren Vater und Bruder und für ihn, indem sie das Gebet mit den Worten schloß: „Wache und bete, Fernandez!"

Hier bebte die Seele in den verlassenen Körper zurück und er fuhr, wie von einem elektrischen Schlage durchschüttert, empor; noch einmal rief es: „Fernandez";

und dieser Ruf drang aus der Hütte, es war Karl's Stimme, die er vernahm; der Jüngling rief ihn im Traume.

Im selben Augenblicke, da er, die Hülle von sich werfend, hastig aufgesprungen war und athemlos um sich stierte, rauschte es ihm zur Linken im Gehölze. Pfeilschnell den Tomahawk schwingend, fing er schon in der nächsten Sekunde den schmetternden Schlag von dem Steinbeile Hiarouk's auf, der sich mit zwei Indianern in stummer, aber um so entsetzlicherer Wuth ihm entgegenstürzte. Fernandez, zwischen beiden Thürpfosten der Hütte sich feststellend, beschrieb nun, einen Alarmschrei ausstoßend, der im Nu alle Schläfer emporriß, nachdem er den ersten Hieb vereitelt hatte, mit seiner Stahlaxt in Gedankenschnelle einen weiten Kreis um sein Haupt und ließ sie mit zermalmender Wucht auf die Meuchler von der Rechten zur Linken niedersausen, die der furchtbaren Waffe ihre Tomahawks zwar mit aller Kraft, aber dennoch vergeblich entgegenwarfen; wie mächtig auch der Gegendruck von den Beilen der zwei Wilden, diesem Schlage konnten sie nicht widerstehen, sie entsanken in Stücken ihren gelähmten Händen und die Schneide des Stahls fuhr in die linke Schulter Hiarouk's, der mit einem gräßlichen Schrei in das Gehölz zurücktaumelte. Dieser gewaltige Schwung versetzte jedoch Fernandez in den Nachtheil, daß er, halb aus dem Gleichgewichte gebracht, nicht so schnell wieder von seiner schweren Waffe Gebrauch machen konnte, als es das Ungestüm seiner Gegner forderte, die sich, noch ehe er dieselbe wieder zu schwingen vermochte, wie rasend auf ihn stürzten. Dies ersehend, ließ er seinen Tomahawk fallen und schmetterte beiden seine Fäuste mit solcher Gewalt und Schnelligkeit gegen Kopf und Brust, daß sie stöhnend zurückprallten, nicht aber, ohne neuerdings festen Fuß zu fassen, um jetzt mit den rasch gezückten Messern über ihn herzufallen. Allein in diesem Augenblicke knallten zwei Büchsen aus der Hütte und beide Indianer wälzten sich in ihrem Blute.

Elftes Kapitel.

Die Flucht.

Alles dies, Ueberfall, Kampf, Verwundung und Tödtung, war so schnell geschehen, daß die beiden ältern Shoshonen, wie rasch sie sich auch erhoben hatten, jetzt, indem sie zur Seite ihres Häuptlings standen, nichts vom Zusammenhange der Dinge begriffen und streng fragenden Blicks ihn und die Getödteten betrachteten, welche sie, wie der Ausdruck von Schmerz und Staunen in ihren Zügen nicht bezweifeln ließ, sogleich erkannt hatten. Im selben Augenblicke waren auch die Ansiedler bewaffnet aus der Hütte getreten und schauten, wie mehrerer Feinde gewärtig, muthvoll spähend nach allen Seiten aus.

Fernandez, dessen Miene sich schnell wie der Gedanke verwandelt hatte und nach so furchtbarer Auf=

regung vom höchsten Zorne plötzlich zu unbegreiflicher Ruhe übergegangen war, nahm mit Würde das Wort und sprach:

„Meine Brüder und Freunde, beruhigt Euch, die Gefahr ist vorüber. Hiarouf, die falsche Klapperschlange, hatte Verderben gegen mich und Euch gebrütet. Er glaubte mich unbesorgt und überfiel mich mit jenen zweien meuchlings. Ihn traf mein Stahl, seine Verbündeten —"

„Fielen", unterbrach ihn der älteste der Krieger, die Ansiedler mit strengem Blicke messend, „durch die Feuerwaffen der Bleichgesichter."

„Und es sind Shoshonen", setzte der andere nicht minder drohend hinzu.

„Ihr hättet also", sagte Fernandez bitter lächelnd, „mich lieber von den feigen Verräthern gemordet gesehen?"

„Die Riesenschlange würde sie erwürgt haben", entgegnete einer der Krieger.

„Sie sind gefallen von der Hand weißer Männer", rief der andere aus, „und alle unsere Brüder werden es vernehmen und es wird darüber berathen werden."

„Berathen? Wohl, das geschehe!" fiel Fernandez gebieterischen Tons ein; „gehet hin und berichtet, was geschehen. Sprecht, wie ich, die Wahrheit. Hiarouf war gegen die Aufnahme dieser Fremdlinge, aber Eure Weisheit hat ihn zum Schweigen gebracht. Diese Schuldlosen haben sich redlich in unserm Gebiete sangekauft, die Friedenspfeife mit uns geraucht, sie sind unsere Gastfreunde geworden, und Ihr beide selbst habt heute mit mir zu ihrem Schutze wachen sollen. Während Ihr Euch dem Schlafe überlassen, wollte man mich und unsere Schützlinge morden, sie, die heute im Kampfe mein Leben, das Leben Eures Häuptlings, ja durch ihre Kriegslist, wie Ihr vernommen, vielleicht das Leben aller meiner Shoshonen gerettet. Dies sagt ihnen, denn Ihr sprecht die Wahrheit, wie ich sie gesprochen."

Die Ansiedler, die von dieser in der Shoshonensprache gepflogenen Unterredung nichts verstanden, blickten sich und Fernandez unruhig fragend an; der ältere seiner Gefährten aber sagte, indem er dem andern ein Zeichen zum Aufbruche gab:

„Der große Geist allein weiß Alles, der Mensch urtheilt nach dem, was er sieht und hört. Ich sah meine Brüder fallen von der Hand der Weißen. Keiner von uns hat ein Feuergewehr, die Schüsse kamen aus der Hütte. Eine allgemeine Berathung ist nothwendig. Ich habe gesprochen."

Mit diesen Worten entfernte sich der Shoshone und

folgte seinem Gefährten, der bereits im Gehölze verschwunden war.

„Mein Gott!" rief jetzt Herr von Bergen bekümmert aus, da er Fernandez gesenkten Hauptes, ernst nachsinnend, regungslos stehen sah; „was ist geschehen was zu fürchten?"

Letzterer schrak, wie aus einem schweren Traume geweckt, heftig empor und fuhr sich mit der Hand rasch über das verstörte Antlitz. Dann, nachdem er mit wenigen Worten den Erstaunten und Erschreckten erklärt hatte, was vorgefallen war und nunmehr zu befürchten sei, reichte er ihnen die Hand und sagte:

„Ihr habt mir zum zweiten Mal das Leben gerettet, jetzt aber gilt es, Euch zu retten! An Euer Hierbleiben ist nicht zu denken, Eure Ansiedlung ist unmöglich. Die Indianer werden Euch diese That, so natürlich sie auch war, so verzeihlich sie auch ist, da Ihr nicht wußtet, daß Ihr auf Shoshonen geschossen, nie, nie verzeihen und Ihr würdet, selbst wenn ich noch diesen Sturm beschwören könnte, immer und zwar im buchstäblichen Sinne unter dem Beile stehen und dieses dürfte in einem unbewachten Augenblicke auf Eure Häupter niederschmettern. Ihr müßt fort!"

„Fort!" rief Herr von Bergen bestürzt aus. „Fort und wohin?"

Fernandez umarmte ihn und seinen Sohn mit der liebevollen Hast einer bekümmerten Mutter und entgegnete, sich nach allen Seiten umblickend, ebenso schnell als leise:

„Rafft Euer Gepäck zusammen und folgt mir. Hiarouk ist nur verwundet worden und kann uns belauschen, er ist dieser Sprache kundig; eilt, eilt, alles Andere unterwegs!"

Innerhalb weniger Minuten hatten sich die armen Ansiebler zur Flucht gerüstet und standen, wie am Morgen dieses verhängnißvollen Tages vor dem Walde, belastet und gewaffnet zur Seite des Häuptlings. Dieser hatte inzwischen das Gehölz zur Linken der Hütte, wo Hiarouk verwundet hingesunken war, durchsucht, aber keine Spur der Klapperschlange auffinden können; jetzt winkte er seinen Freunden, ihm schweigend zu folgen, und schritt, den Tomahawk über der Schulter, rasch durch die Lichtung hin, dem östlichen Ufer der Insel zu. Bald hatten sie mehr laufend als gehend, diese und die Furt hinter sich. Da wurden nach kurzer Rast und Besprechung die Büchsen geladen, und nun ging es wieder vorwärts, die Anhöhe hinauf dem Walde zu, in dessen Schatten sie abermals anhielten.

„Nun haben wir", sagte Fernandez, „wenigstens den Verrath des Mondlichts nicht mehr zu fürchten. Hat uns Hiarouk nicht belauscht, so ahnt wohl keiner der Shoshonen, daß wir die Insel verlassen; allein der Verräther wird sich blutend und heulend zu ihnen geschlichen, irgend eine schändliche Lüge ersonnen und die Gemüther gegen uns erbittert haben; dazu kommen noch die zwei alten Krieger mit der Schreckensnachricht von der Tödtung ihrer jungen Brüder durch Euch, und die Berathung wird alsbald in rasende Empörung gegen mich ausgebrochen sein. Das Geschehene ist nicht zu ändern, das Geschick hat mein Loos mit dem Eurigen verschmolzen, wir sterben entweder oder retten uns gemeinschaftlich. Bald", schloß Fernandez diese seine hastige Anrede, „bald werden die Indianer auf der Insel und über unsere Flucht wüthend sein, um so mehr, da ich im Besitze des Goldes bin, das Ihr in die Hände der Aeltesten niedergelegt und das mir diese während des Kampfes anvertraut; hier nehmt Euer Eigenthum zurück, mein Vater, und nun sagt, ob Ihr nach Osten oder nach Süden hin meiner Leitung folgen wollt."

„Könnt Ihr noch fragen, Fernandez?" entgegnete Herr von Bergen tief ergriffen.

„Nach Mexico denn!"

„Zu meinem Kinde!"

Kaum hatten sie diese Worte ausgerufen, als sich

von der Prairie herüber dumpfes Geschrei gleich fernrollendem Donner vernehmen ließ.

„Die Empörung ist ausgebrochen", sagte Fernandez, „in wenig Augenblicken werden sie nach der Insel stürmen; wir haben einen guten Vorsprung, laßt uns ihn nützen. Fort, folgt mir!"

Und er eilte durch das Hellbunkel der äußern Baumgruppen mit ihnen dem finstern Dickicht zu, in südöstlicher Richtung, deren Zweck er in flüchtigem Fortschreiten seinen Begleitern erklärte, indem er ihnen zuflüsterte:

„Sie werden zuvörderst die ganze Insel, vielleicht auch die nächstgelegene nach uns durchsuchen und dann erst in den Wald eilen; aber sie werden nicht ahnen, daß ich Euch dem Laufe des Flusses entgegen, längs seiner Krümmungen hin, immer vom Walde gedeckt, durch ihr eigenes Gebiet führe; denn dies will ich; wir ziehen von hier an ununterbrochen südwärts, den Quellen des Missouri vorüber, dem Schneegebirge zu, das, nicht über zwanzig Meilen von hier, das Land der Shoshonen vom mexicanischen Staate trennt; einmal innerhalb seiner Grenzen, sind wir sicher."

Und wieder lautlos ging es in angestrengtestem Schritte fort durch den dichten, hohen und düstern Wald, den nur an wenigen Stellen die Strahlen des

Mondes durchblitzten; zeitweise nur hielten sie einige Sekunden an, um Athem zu schöpfen, und da vernahmen sie, nicht ohne Grauen, von den ihnen nun schon im Rücken gelegenen Inseln wiederholtes Gebrülle wie von aufgestörten Löwen, dazwischen manchen gellenden Aufschrei, den wilden Ausbruch getäuschter Rachgier, entzügelter grimmiger Morblust.

Fernandez mahnte, rasch dahinschreitend, ohne ein Wort zu sprechen, durch sein Beispiel wie durch sorgliche Blicke, die er wiederholt auf seine Begleiter zurückwarf, diese zu möglichster Eile.

Allmälig dumpfer ward das Geschrei der Indianer und in gleichem Maße die Hoffnung der Fliehenden auf ein glückliches Entkommen belebter.

Der Waldgrund, den sie jetzt durcheilten, zog sich in fast ganz paralleler Richtung mit dem nur wenige Hundert Schritte entfernten Flusse in wellenförmiger Abdachung dahin; immer nahe dem Saume sich haltend, hatten sie den Vortheil, das Uferland zu ihrer Rechten überblicken zu können, ohne selbst gesehen zu werden, da sie fortgesetzt eine klafterbreite Baumreihe zwischen sich und der Freiung ließen.

Eine volle Stunde schon waren sie so ohne Rast wie ohne alle Unterbrechung dahingeflohen und die Stimmen der Shoshonen schon längst in der Ferne erstorben, als Fernandez plötzlich anhielt, einige Sekunden spähte und lauschte, und dann, nachdem ringsum Alles lautlos geblieben, seinen Freunden rasch zuflüsterte:

„Hier müssen wir den Wald verlassen, denn er biegt von da scharf nach Osten ab, während unser Weg nach Süden führt. Hier, selbst im dunkelsten Dickicht, den Rest der Nacht hinzubringen, ist gefährlich, denn Hiarouk, falls er noch lebt, wird gewiß den Wald nach allen Richtungen durchspähen lassen, und dem feinen Sinne der Indianer würde unser Zufluchtsort nicht verborgen bleiben. Noch haben wir einen beträchtlichen Vorsprung zu Gunsten unserer Flucht, und wir können, reichen Eure Kräfte aus, mit Tagesanbruch vielleicht schon außer aller Gefahr sein. Vom Flusse her, selbst wenn sich noch einige von ihnen an der Insel aufhielten, erblicken sie uns nicht, und wir eilen, während sie uns im Walde suchen, durch ihr eigenes Flachland über die große Prairie sicher dahin; aber Alles kommt darauf an, daß Ihr, mein Vater, Euch stark genug fühlt zu diesem anstrengenden Marsche."

„Ich glaube", entgegnete Herr von Bergen ruhig, „daß ich Euch zu folgen vermag; das Vertrauen auf Gott gibt Kraft, sein allmächtiger Arm wird uns auch im freien Felde beschützen. Vorwärts!"

„Nun denn, so kommt!" sprach Fernandez und schritt zum Walde hinaus.

Noch einmal hielten sie an, um zu forschen. Tageshelle lag über die weite Landschaft ausgegossen, und die Wasser des Missouri glänzten wie flüssiges Silber. Tiefe, heilige Stille ringsum; nicht der leiseste Luftzug in den frischen Wipfeln der Bäume, nur das Zittern der Sterne verrieth noch Leben, herrliche Traumbilder der süßschlummernden Natur. Nach Süden hin breitete sich eine unübersehbare Prairie aus, deren hohes zartbethautes Gras gleich der grünen See schimmerte, wenn elektrisches Leuchten über sie dahinzuckt; rechts verlor sich der Missouri in immer weicherer Strahlenbrechung und zur Linken dehnte sich die unermeßliche Wand des Urwaldes hin, den die Wanderer tags zuvor mit neuer Lebenshoffnung und jetzt in Todesgefahr verlassen hatten.

Lange konnten sie sich der Anschauung dieses entzückenden Gemäldes nicht hingeben; dies duldete weder die Vorsicht, noch auch die schmerzliche Stimmung ihrer Gemüther, die der Gedanke an den schrecklichen Gegensatz der blutgierigen Wilden zu dem Paradiese um sie her nothwendig hervorrufen mußte; nach wenigen Minuten schon mahnte Fernandez zum Aufbruche, indem er sagte:

„Wie scharf auch mein Auge und Ohr, ich sehe und höre nichts, was uns beunruhigen könnte; noch scheinen die Indianer weit ab von uns, selbst wenn sie unsere Spur gefunden, und wir wollen nun hinein in das hohe Gras der Prairie. Kommt, kommt!"

Kaum hatte er dies gesprochen und eine rasche Bewegung vorwärts gemacht, als in einer Entfernung von etwa hundert Schritten zwei Schüsse schnell nach einander aus dem Walde fielen, deren Kugeln haarscharf an ihren Köpfen vorüberpfiffen, und sich zugleich seitwärts der Waldecke, welche sie so eben verlassen, jenes ihnen zwar schon genugsam bekannte, aber dennoch immer neu entsetzende Geschrei der Rothhäute vernehmen ließ. Die Flüchtlinge erbebten einen Augenblick, aber schon in der nächsten Sekunde hatten sie gegen den Wald Fronte gemacht und ihre Büchsen angelegt.

„Laßt uns sterben mit den Waffen in der Hand!" rief Fernandez feurig aus, indem er einige Schritte weit vorsprang und seinen Tomahawk erhob. „Mir nach in den Wald, diesen Teufeln entgegen, denn hier sind wir unbedeckt!"

Einige gewaltige Sätze, und er war mit hochgeschwungener Axt am Waldsaume, während ihm seine Begleiter in möglichster Schnelligkeit schußfertig folgten.

Abermals fielen zwei Schüsse, doch ebenso wirkungslos wie die ersten, abermals durchschnitt die Luft gellendes Geschrei, und noch war der Feind nicht sichtbar geworden; jetzt aber, da sich die Auswanderer um ihren Führer unter den äußersten Bäumen gruppirt hatten und zwar so, daß jeden ein mächtiger Stamm deckte, gewahrten sie, kaum fünfzig Schritte vor sich, zwischen den vom Mondlichte zweifelhaft erhellten Fichten und Tannen mehrere Gestalten, die dasselbe Manöver machten, nämlich von Baum zu Baum huschten, ohne sich auch nur eine Sekunde lang bloßzustellen.

„Bleibt ruhig", flüsterte Fernandez hastig; „es sind ihrer nicht viele, sonst wären sie schon auf uns losgestürzt; wahrscheinlich ist es Hiarouk; zielt scharf, wenn gute Gelegenheit dazu, sonst spart Eure Schüsse. Ich sehe drei von ihnen laden; nehmt Euch in Acht. Haben sie geschossen, dann stürmen wir gegen sie hin und vernichten die Elenden; gelingt uns dies, so dürfte unsere Flucht nicht weiter gefährdet sein, da die Uebrigen ohne Nachricht durch sie bleiben. Fest an die Bäume, sie zielen; ich will mir eine Blöße geben, um sie zum Schusse zu locken."

Noch ehe Herr von Bergen seine Warnung davor aussprechen konnte, knallte es aus drei Flinten zugleich.

„Mir nach!" schrie Fernandez, unverwundet aus

seinem Versteck hervor= und gleich den Indianern von Baum zu Baum springend, „mir nach und auf sie los!"

Wuthgeheul antwortete ihm, und im nächsten Augenblicke drang Hiarouk mit fünf Indianern auf ihn ein. Das war die bemerkte günstige Gelegenheit für seine Begleiter; Herr von Bergen, Karl und Konrad gaben rasch nach einander Feuer und stürzten sich, nachdem sie zwei Shoshonen fallen gesehen, mit ihren blitzschnell entblößten Hirschfängern gegen die übrigen vier. Aber diese hatten, noch ehe sie dieselben erreichten, bereits die unwiderstehliche Gewalt ihres Häuptlings neuerdings gefühlt und waren den Wetterstreichen seines furchtbaren Tomahawks erlegen, die Klapperschlange ausgenommen.

„Laßt ihn mir allein!" rief Fernandez seinen Freunden zu, die augenblicklich anhielten und den sich jetzt entspinnenden Kampf mit Grauen beobachteten, um im Nothfalle einzuschreiten.

Beide Gegner hatten ihre Tomahawks fallen lassen und sich im Nu krampfhaft umschlungen; sie schienen ein Körper, eine ungeheure Schlange mit vier flammensprühenden Augen; dumpfes Stöhnen war Alles, was man vernahm. Eine Weile blieben sie wie in den Boden gewurzelt; da, mit einem Mal, nach einer eben=

so schnellen als gewaltigen Bewegung, schwebte Hiarouk fast horizontal über Fernandez' Haupte und lag eine Sekunde später, hingeschmettert wie von einem Blitz=strahle, ohne jedes Lebenszeichen am Boden.

„Allmächtiger!" rief Herr von Bergen tief erschüt=tert aus, „kaum wagt mein Herz Dir zu danken nach so theuer erkaufter Befreiung."

Eine Pause allgemeinen schmerzlichen Schweigens folgte diesen seinen Worten, dann wandte sich Fernan=dez ihm zu und sagte:

„Es ist geschehen nach dem Willen des Ewigen! Der Trieb geistiger Selbsterhaltung hat Euch und mich zu diesen wilden Söhnen der Freiheit geführt, die Pflicht körperlicher Selbsterhaltung riß uns aus die=sem unnatürlichen Verbande. Die Natur macht und duldet keine Sprünge; zwischen dem Wesen dieser Wil=den und der Civilisation liegt ein Abgrund von Jahr=tausenden."

Nach dieser Rede nahm er seinen Tomahawk auf, legte denselben sammt den Stirnhäuten, die er am Gürtel getragen, und dem Scalpmesser zwischen den Leichen nieder und sprach feierlichen Tons:

„Ich gebe der Natur ihre Schrecken zurück und mich der angeborenen Ordnung der Dinge; ich wollte Euch allmälig sänftigen und bilden, aber mein Stre=

ben war fruchtlos. Die Zeit wird vollenden. Und nun", setzte er nach einigem Schweigen hinzu, indem er sich seinen Freunden zukehrte, „nun! laßt uns fort= eilen von diesem Schauplatze unnatürlichen Greuels und dem Ziele nachstreben, das uns das ewige Schick= sal gesteckt. Folgt mir!"

Und sie eilten schweigend zum Walde hinaus.

Zwölftes Kapitel.

Die Wanderer am Ziele.

Mehrere Wochen sind dahingeflossen, und wieder glänzt der volle Mond am reinen azurnen Himmelsgewölbe, alle Gestirne weit um sich verdunkelnd, den Stern der Liebe ausgenommen, gleichwie es im Leben der Menschen auch nur die Liebe ist, deren göttliches Licht im Strahlenglanze aller irdischen Hoheit, der Macht, des Ruhms und Reichthums, nicht erbleicht und das der Sonne der Wahrheit als klarer Bote vorangeht und bei ihrem Scheiden noch als Verkünder des Friedens über allen ersterbenden Erscheinungen des Tages in vestalischer Reinheit leuchtet.

Diesmal ist es nicht ein Urwald, nicht eine weitgedehnte Prairie, noch ein inselbesäetes Stromgebiet, was wir im verklärenden Lichte des Vollmonds erblicken, sondern eine mächtige, hundertthürmige, paläftegeſchmückte Stadt, deren reiches, gewaltiges Leben beim Herannahen der Nacht, die das Sein in der freien Natur ſo feierlich ſchweigſam geſtaltet, ſtärker zu pulſiren beginnt und die geiſtbeſchwingenden Adern mit nicht zu berechnender Kraft durch ihren Rieſenkörper ſchwellt; es iſt das ſchöne, große Mexico mit ſeinen auf kriſtallenem Waſſerſpiegel ſchwebenden Gärten, ſeinen Tauſenden von Terraſſen, auf denen bei Lautenſpiel und Geſang Herzen in Liebe erbeben, ſeinen breiten, luxuriöſen Straßen, durchwogt von einem bunten Strome geſchäftiger wie müßiger Menſchen, mit ſeinen zahlreichen Alleen und Gebüſchen endlich, dem Stelldichein für die entgegengeſetzteſten Gedanken und Empfindungen, für Gefühle und Pläne zärtlicher Neigung wie rachebrütenden Haſſes, berechnender Habſucht und Ehrbegierde, wie ſich aufopfernder Freundſchaft und beſcheidener Humanität.

Fern von dieſen geräuſchvollen Tummelplätzen großſtädtiſcher Luſt und Betriebſamkeit, wirklichen und eingebildeten Glücks erhebt ſich gegen das öſtliche Geſtade dieſes Häuſermeeres hin aus einer freundlichen Gartenoaſe das Frauenkloſter, in welchem Angelika ihre Ruheſtätte geſucht und gefunden hatte.

Die Unglückliche leidet nicht mehr.

Das Hauptschiff der Kirche ist erleuchtet, aber es ist das mehr eine melancholische Dämmerung als festliche Tageshelle.

Mit diesem schwermüthigen Halbdunkel im Einklange, ertönt der ernste feierliche Gesang der Nonnen vom dichtvergitterten Chore herab auf einen inmitten der Kirche aufgerichteten Katafalk, umstellt von hohen schwarzen Candelabern mit brennenden Kerzen, die das darauf angebrachte Emblem gottgeweihter Jungfräulichkeit, ein mit weißen Rosen bekränztes Crucifix erhellen.

Unter der hochgewölbten Chorhalle stehen gesenkten Hauptes und die Hände gefaltet, mehr in Schmerz aufgelöst als der Andacht hingegeben, regungslos, Standbildern des Grams ähnlicher als betenden Menschen, vier Männer: der Vater und Bruder der Verklärten mit Fernandez und dem treuen Diener.

Vor drei Tagen — nach einer Wanderung voll Gefahren und Mühen — in Mexico angelangt, fanden sie Angelika bereits der Auflösung nahe. Aber ihr edler Geist war noch empfänglich für diese ihr nach so langem Leiden von der Vorsehung aufbewahrte reine Freude des Wiedersehens derer, die ihr das Theuerste auf Erden; sie erlabte sich noch einmal am Anblicke ihrer Lieben und hauchte ihre befriedigte Seele in den Armen des Vaters aus, gestärkt zum Uebergange in das Jenseits durch seine Verzeihung und seinen Segen.

„Ich fühle das Bedürfniß", sprach Herr von Bergen am Morgen nach Angelika's Bestattung zu seinem Sohne und Freunde, „meine Tage in der Nähe der heiligen Stätte, die mein geliebtes Kind umfriedigt, in Einsamkeit zu beschließen; ich werde mich in der Nähe der Stadt ankaufen und mit Dir, Karl, solange es dem Geiste über uns und dem in Dir gefallen wird, mein Stück Land bebauen; Euch, Carvalho, der Ihr ohne Gefahr für Eure Sicherheit in Mexico nicht verweilen könnt, biete ich die Mittel zur Reise nach Europa an; Ihr könnt und werdet der Menschheit durch die Euch inwohnende hohe Thatkraft noch nützen; Konrad verläßt mich wohl nicht mehr."

Nach einer Pause allgemeinen schmerzlichen Schweigens nahm Fernandez tief ergriffen das Wort, indem er sagte: „Ich muß Euch verlassen, um Eure Ruhe nicht zu gefährden; aber glaubt nicht, daß mein Leben sich noch einmal umschwingen und mich in der von Euch erwarteten Weise neuerdings wird thätig lassen werden; das Grab Angelika's ist, ich fühle dies am Beben meines Herzens, die Mark, an der jener wilde Geist, jene bis jetzt ungebändigte Kraft mich für immer verläßt. Euer Anerbieten lehne ich dankbar ab; der

Freund, von dem ich Euch sagte, daß er mir damals zur Flucht die Mittel geboten, lebt noch hier und wird in kurzem, wie ich gestern erfahren, eine Reise nach Spanien machen; in seinem Hause finde ich bis dahin ein Asyl und dann sage ich Euch Lebewohl für immer."

Die Freunde umarmten sich nach diesen seinen Worten mit unterdrückten Seufzern, und Fernandez schied mit der Bitte, ihn im Hause seines Beschützers aufzusuchen.

Dies geschah von seiten des Herrn von Bergen nur einmal. Acht Tage nach Beerdigung seiner Tochter sank er aufs Krankenlager, das er nicht mehr verließ; zwei Wochen später starb er in den Armen seines trostlosen Sohnes.

Wenige Tage hierauf reiste Karl von Bergen in Konrad's Begleitung nach Veracruz, wo Fernandez seiner bereits harrte.

Die Ueberfahrt nach Spanien fand ohne Unfall statt und sie gelangten bei fortgesetzt günstigem Winde in verhältnißmäßig kurzer Zeit nach Cadiz.

Zufolge des zwischen den Freunden während der Reise besprochenen Plans wollten sie hier nur wenige Tage verweilen, um sich dann — wohl für immer — zu trennen. Fernandez gedachte sich unmittelbar nach

Paris zu begeben und dort die Empfehlungsbriefe seines
mexicanischen Freundes für sich geltend zu machen; Karl
war willens, mit Konrad nach Deutschland zurückzu=
kehren, ohne jedoch für seine Zukunft etwas Bestimmtes
entworfen zu haben; das geistige Auge beider war noch
zu sehr umdüstert, als daß sie das Leben sichern Blicks
hätten überschauen und sich ein gewisses Ziel auserseh=n
können; sie gaben sich, nach so furchtbarer Zerstörung
ihres idealisirten Daseins, der Wirklichkeit mehr instinkt=
mäßig als freithätig hin, unbekümmert um das Er=
gebniß ihrer Einleitungen, nichts Besonderes hoffend
oder befürchtend und auf Alles gefaßt.

Auf Alles? Ja, was der kurzsichtige Mensch
an seinem Horizonte wahrzunehmen vermag; aber es
gefällt dem, was wir Schicksal zu nennen pflegen, dieser
ebenso unbegreiflichen als unwiderstehlichen Macht,
deren Einwirkung von außen wir fühlen, während sie
ihr Tribunal vielleicht in unserm Busen, dem geheim=
nißvollen Sitze der Leidenschaften, aufgeschlagen hält;
es beliebt, sage ich, dem sogenannten Schicksale, oftmals
urplötzlich diesen Gesichtskreis zu verengen oder zu er=
weitern und in demselben unerwartete, ungeahnte Gegen=
stände auftauchen zu lassen, deren Erscheinung unser
ganzes Denken und Fühlen wie durch einen Zauber=
schlag umwandelt, die Scene um uns her zum Paradiese

ober zur Hölle, uns selbst zu Engeln ober Dämonen macht.

Der Mexicaner war noch am selben Tage nach Lissabon abgereist, wohin wichtige Handelsgeschäfte ihn riefen, und hatte von Fernandez mit der Versicherung, ihm auch in Zukunft ein zuverlässiger Freund bleiben zu wollen, herzlichen Abschied genommen.

Sonach waren denn beide junge Männer sich selbst überlassen.

Die kurze Frist, die sie in Cadix zu verweilen beschlossen hatten, brachten sie mit ziemlich theilnahmloser Besichtigung des Interessantesten dieser reizend gelegenen wichtigen Handelsstadt gemeinschaftlich hin, und so kam der Vorabend des Tages heran, da sie sich trennen wollten. Fernandez gedachte seine Reise nach Paris auf directem Wege durch Spanien zu machen, während Karl den Seeweg nach Italien zur Rückkehr in das Vaterland einzuschlagen gesonnen war.

Beide hatten sich diesen Tag über sehr schweigsam gegen einander verhalten; Fernandez' Stimmung war vom Morgen an, wie in Nachwirkung eines schweren beängstigenden Traums, eine so tiefernste geblieben, daß Karl ungeachtet des regsten Mitgefühls für den stillen, verzehrenden Schmerz seines Freundes doch den Muth oder vielmehr den rechten Ton, dasselbe zu äußern, nicht finden konnte und ihn schweigend gewähren ließ.

Dieser aber brach bei Einbruch der Dämmerung das peinliche Schweigen selbst, indem er, seinen leichten kurzen Mantel um sich werfend und den Hut ergreifend, mit folgenden Worten sich an Karl wendete, der, seinen trüben Erinnerungen hingegeben, am Fenster stand und schwermüthigen Blicks zum schönen Abendhimmel emporsah:

„Mein theurer Freund, ich will, ich muß auf eine Stunde ins Freie und zwar allein; es ist eine Last auf meine Brust gewälzt, deren ich mich nur in der Einsamkeit entledigen kann. Vergangenheit, Zukunft und Gegenwart, unsere nothwendige schmerzliche Trennung, Alles, Alles drückt auf meine Seele und lähmt ihre Stahlkraft; der Schwung meiner Phantasie, der Stolz meines Geistes, die Wärme meines Herzens sind gehemmt, gebrochen, dahin; zürne mir nicht, mein Bruder, daß ich selbst diese letzten Augenblicke unseres Zusammenseins verringere, indem ich mich auf kurze Zeit von Dir entferne."

Karl hatte dem Sprechenden sogleich sein schwermuthumflortes Antlitz zugekehrt und er entgegnete jetzt, indem er ihm die Hand reichte, mit bebender Stimme:

„Folge dem Geiste in Dir, lieber Bruder; ich kenne

dies Gefühl auch, so jung ich bin; geh und kehre gestärkt zurück; suche einen großen leitenden Gedanken, Du wirst ihn finden; ich will ein Gleiches thun."

Fernandez, keines Wortes weiter mächtig, zog den edlen Jüngling an seine Brust und hielt ihn lange fest umschlungen; dann riß er sich fast gewaltsam aus seinen Armen und eilte schweigend aus dem Gemache.

Den Gasthof hinter sich, schritt er hastig dahin, mehrere enge, von sehr hohen Häusern gebildete Gassen entlang, ohne aufzublicken, dicht in den Mantel gehüllt, nicht dem Ufer, nicht einem der großen Plätze zu. Wohin? Wolltest du nicht, Gramgepeinigter, die freie balsamische Abendluft einschlürfen zur Kühlung der brennenden Qual in deiner Brust? Wolltest du nicht deine schmerzeingegebenen Fragen an die rings am Firmamente aufgetauchten Sterne richten? Wolltest du nicht einsam sein? Wohin?

„Ha!" spricht der Unglückliche zu sich selbst, indem er dieses düstere Häuserlabyrinth flüchtigen Schrittes durcheilt, „ha, die Luft hat keinen Balsam für die Wunden meiner Brust, die Sterne geben keine Antwort auf meine Fragen, die Einsamkeit hat sich mir am Missouri als Todfeindin erklärt; aber ich habe, woran mich selbst ein Knabe erinnerte, einen großen leitenden Gedanken gefunden, der mich lenken, retten, dem Leben wiedergeben soll oder — baldigem Tode! Ich hatte mich selbst verleugnet und war, obschon glühend für alle Reize des schönen Lebens, in die Wildniß geflohen, wo mein Geist, meine Einbildungskraft und mein Gemüth darbten; dennoch hätte ich mich glücklich geschätzt, in ihr immer verweilen und als ein adoptirter Sohn der freien Natur leben und sterben zu dürfen; aber sie hat mich von sich gestoßen und zurückgejagt in mein angestammtes Bereich. Es war nicht mein Wille; nun ich aber hier, will ich wirklich leben, leben im herrlichsten Sinne des Wortes, oder an der Schwelle zum Tempel irdischer Schönheit mit einem Mal vernichtet zusammenbrechen; diesen Tempel öffnet nur ein goldener Schlüssel. Wohlan denn, ich suche Gold!"

Also sein Innerstes entflammend, durchstürmte Fernandez Straßen und Gassen und hielt endlich, mehr als eine halbe Stunde Wegs von seinem Gasthofe entfernt, auf einem kleinen Platze am Ostende der Stadt an.

Was will er hier? Eins der ansehnlichern Gebäude, welche diesen Platz bilden, ist heller als die übrigen erleuchtet. Nach diesem richtet sich sein funkelndes Auge, indem er tief Athem holend stehen bleibt und seine Rechte krampfhaft ans Herz preßt. Aber dieses Haus, hinter dessen strahlenden Fenstern in der Beletage sich männliche Gestalten hin und her bewegen, kann nicht die von ihm gesuchte Schwelle zum Tempel irdischer Glückseligkeit sein, denn es ist ein Stück Hölle, voll finstern Verderbens und schwarzer Ruchlosigkeit, um eine glänzend erhellte Tafel in der Farbe der Hoffnung, die sie lügt; es ist ein Spielhaus! Unglücklicher, welcher Dämon gab Dir diesen Gedanken ein?

„Ich fand ihn selbst", antwortete sein leidenschaftlich entzündeter Blick; „er ist groß, er ist leitend! Spiel! Vor diesem Worte bebt spießbürgerliche Ehrbarkeit, tugendhafte Simplicität zurück; und was ist im Leben nicht Spiel, Hazardspiel im ganzen Sinne dieses gefürchteten Wortes? Ehre vielleicht? Aber gerade der eblere Mensch setzt seinen Ruf, gilt es Wichtiges, gegen die Meinung der Welt aufs Spiel und wagt ihn auf einen einzigen Wurf. Oder Macht? Haben nicht alle Machthaber mit ihrer Gewalt großes Spiel gewagt? Oder Liebe? Ist der Glaube an Treue nicht das verwegenste aller Hazardspiele auf Erden? Wie viele Menschenherzen brachen nicht an dieser grünen Tafel der Hoffnung verzweifelnd zusammen! Wissenschaft? Entsetzliches Wagniß, Gott aufs Spiel zu setzen! Oder Kunst? Man setzt ein Menschenleben gegen ein Lorbeerreis! Ha, was wäre, was ist nicht hienieden Spiel! Wir spielen im Leben um Ideale, die wir gegen Thatsachen einsetzen, wir wagen das Leben gegen den Tod, der Bank hält mit seinem unschöpflichen Reichthum. Spiel, großes Spiel in einem einzigen Satze, das allein erscheint mir noch als ein Gedanke, würdig, von mir gedacht und ausgeführt zu sein!"

So lautet seines wetterleuchtenden Blickes Antwort und schon steht er am grünen, goldbesäeten Tische. Kaum fünf Minuten gönnt er sich, die Wechselfälle des Glücks zu beobachten. Er ist entschlossen, das ganze ihm von seinem mexicanischen Freunde zur Reise nach Paris überlassene Geld — hundert Louisdor — auf eine einzige Karte zu setzen; dem Entschlusse folgt die That, zum Erstaunen Vieler um ihn her, während er selbst mit einem Ausdrucke imponirender Ruhe oder vielmehr Lebensgleichgültigkeit nach dem Banquier blickt, der seinerseits, den so großartig Debütirenden nur flüchtig messend, das Spiel mit Anstand taillirt. Fernandez' Blatt gewinnt, der Croupier schiebt ihm die Rollen zu. Er behält dasselbe Blatt und läßt das Gold darauf liegen. Derselbe Blick des Bankhalters, dieselbe Taille; mechanisch rückt ihm die Krücke den zweiten Gewinnst zu. Und nochmals legt er Alles auf dieselbe Karte und diese — ein Murmeln der Ueberraschung tönt durch den Saal — gewinnt zum dritten Mal.

Fernandez ist im Besitze von achthundert Louisdor und noch sind nicht fünf Minuten über sein Spiel verflossen.

Aber was sind diese wenigen Goldrollen für ihn! Leise Wellenschläge am Gestabe seiner Wünsche, und es verlangt das Schiff seiner Phantasie nach hoher Flut. Verwegener, diese naht, sieh dich vor!

Vergeblich mahnt ihn Klugheit; er spielt, spielt weiter, schon mit wechselndem Blatte und wechselndem Glücke, ja er spielt bereits mit dem Spiele; er beginnt, überreizt durch die Gunstbezeigungen der Glücksgöttin, diesen Launenhaftigkeit entgegenzusetzen, nicht bedenkend, daß dieses Weib volle Hingebung, unbedingtes, blindes Vertrauen, eine ganze Seele will.

Er hat sie verletzt durch einen wenn auch nur augenblicklichen Zweifel; gleichviel, sie wendet sich rasch von ihm ab, während ihm ein Dämon zuflüstert: „Alles oder nichts!"

Und schon im Besitze von zehntausend Louisdor — etwa den gleichen Betrag besaß noch der bereits halb consternirte Banquier — ruft er, diesem Höllengeiste folgend, feurigen Tons aus: „Va banque!"

Rings athemlose Stille; eine Minute nur währt der Kampf zwischen Roth und Schwarz; er ist ausgekämpft und der Sieg auf Seite der Bank.

Ein greller Blitz aus Fernandez' dunklen Augen ist Alles, was der Unglückliche an sich gewahren läßt; dann erhebt er sich ruhig, grüßt die Versammlung schweigend und entfernt sich mit hohem Anstand.

Wer vermöchte getreu zu schildern, was auf dem Rückwege zum Gasthofe in der Seele dieses gewaltigen Menschen vorging!

Daß er dahin zurückgekehrt, ist allein gewiß. Er schrieb daselbst in einem Gemache des Erdgeschosses einige Minuten lang, übergab dann dem Aufwärter ein versiegeltes Billet mit der Weisung, es alsbald seinem Reisegefährten Herrn Karl von Bergen einzuhändigen, und verließ hierauf den Gasthof wieder, ohne irgend etwas weiter anzuordnen oder zu bemerken.

Fernandez Carvalho verschwand, einem glänzenden Meteore gleich, ohne eine Spur von sich zu hinterlassen.

Das Billet an seinen jungen Freund, das dieser mit innerstem Erbeben las, enthielt nur folgende Worte:

„Mein Bruder und Leidensgenosse! Ich suchte eine große leitende Idee und habe sie gefunden. Mein Ziel, mir gezeigt durch Dich, ist fern, aber schön, und des Entschlusses werth, es zu erreichen. Ob wir uns wiedersehen? Man vermag dies nicht bei der kleinsten Entfernung mit Gewißheit zu bestimmen, wie nun erst

bei einer großen Reise! Du bist Mann, obgleich ein Jüngling noch, und wirst billigen, daß ich so schlichten Abschied nehme. Lebe wohl, mein Bruder, lebe wohl!
Fernandez."

Karl und der treue theilnehmende Konrad verstanden den Inhalt dieses Schreibens vollkommen; ihre Augen füllten sich mit Thränen, und diesen folgten tief schmerzliche Betrachtungen während der schlaflosen Nacht.

Der Morgen kam, Fernandez nicht. So peinlich hiernach der Aufenthalt in Cadiz für Karl auch immer sein mochte, er verweilte, einem schönen Gefühle für den Verlorenen gehorchend, daselbst noch drei Tage.

Keine, keine Kunde kam von ihm!

Fernandez war und blieb verschwunden.

Dreizehntes Kapitel.

Herr und Frau Schmid.

Nachdem Karl seine Vorlesung beendet hatte, trat eine Pause ein, nothwenbig für alle; Phantasie, Geist und Gefühl waren aufgeregt, die See der Gedanken und Empfindungen ging hoch, es war, als verlangte es alle nach einer leitenden Idee, nach einem Lootsen gleichsam, der das vom Sturm in einen früher noch nicht befahrenen Archipel getriebene Schiff durch Riffe und Untiefen mit sicherer Hand steuere.

Herr Schmid war der erste, der diesen Versuch machte.

„Wie glücklich zu preisen", sagte er, „ist doch der Mensch auf der Mittelstraße des Lebens, in einfachen Verhältnissen, in seiner gleichmäßigen Thätigkeit, in bürgerlicher Schlichtheit, im Gegensatze zu so außergewöhnlichen Naturen und Verhältnissen wie die eben geschilderten!"

"Sie haben Recht", bemerkte Karl, "im Ganzen vollkommen Recht, nur finden selbst innerhalb der einfachsten Lebensverhältnisse und nicht eben selten Ereignisse statt, die den von mir mitgetheilten an Ungeheuerlichkeit, wenngleich in anderer Richtung, nicht nachstehen; die Wirklichkeit ist so zu sagen erfinderischer als die Phantasie des Poeten und es kommen Erlebnisse selbst im einfach bürgerlichen Verkehre, unter anscheinend ganz gewöhnlichen Menschen vor, deren wahrheitsgetreue Erzählung nicht geglaubt, sondern für Erfindung gehalten wird; das Menschenherz ist und bleibt eben ein Räthsel und glücklich zu preisen nur derjenige, welcher die Lösung dieses Räthsels nicht auf dem Wege des Wissens, sondern des Vertrauens sucht, des unverbrüchlichen Vertrauens auf den, der Herzen und Nieren prüft."

Herr Schmid reichte ihm die Hand.

"Das ist ein Wort", sprach er mit hoher Wärme; "Sie sind mein Mann; es freut mich, Sie kennen gelernt zu haben."

"Und Sie werden", sagte Karl, "nächsten Sonntag mir und meinen neuen Freunden in Dobberan die Freude machen, Sie und Ihre lieben Angehörigen begrüßen zu dürfen, nicht wahr?"

„Gewiß, wir werden kommen", entgegnete Herr Schmid.

„Ich muß gestehen", fügte seine Frau hinzu, „daß es mich in hohem Grade interessirt, den jungen Helden persönlich kennen zu lernen."

„Und Mademoiselle?" fragte Karl, sich an Claudine wendend.

Claudine, die sich während der Vorlesung zwar schweigsam wie gewöhnlich verhalten, aber, was Karl und Ernst bemerkten, die Vorgänge in ihrem Innern in Miene und Haltung als sehr mächtige verrathen hatte, richtete wie aus einem Traume aufgeschreckt das gesenkte Haupt empor und blickte ihrerseits den Frager wie fragend an.

„Und ich", stammelte sie — „was wollten Sie sagen, mein Herr?"

„Ob es auch Sie", entgegnete Karl, „interessirt, meinen abenteuerlichen Freund zu sehen und zu sprechen."

Claudine hatte sich schon gesammelt.

„Gewiß, mein Herr", sprach sie gelassen; „es ist dieser junge Mann in der That eine interessante Persönlichkeit."

Der Abend war bereits ziemlich weit vorgerückt, und Karl schickte sich zum Aufbruch an.

Der Abschied war ein sehr herzlicher.

Auch Ernst sagte der Familie gute Nacht und entfernte sich mit Karl.

Der arme Ernst!

Er hatte den ganzen Abend über viel gelitten.

Ihr — ihr gegenüber — ihr so nah und doch so fern — kaum wagend, den Blick nach ihr zu richten, da er den Blick seines Schwagers fürchtete, wie tiefschmerzlich mußte er sich nicht bewegt fühlen, besonders bei der Schilderung des Liebesverhältnisses von Fernandez Carvalho zu Herrn von Bergen's Tochter.

Er schritt mit Karl eine Weile schweigend dahin.

Dann ergriff letzterer das Wort.

„Claudine liebt Dich", sagte er.

Ernst erbebte.

„Bedenke, was Du sagst!" flüsterte er.

„Ich habe es bedacht; ich habe sie während meines Vortrags beobachtet, ich sage Dir, sie liebt Dich und Du darfst hoffen."

„Aber, selbst wenn Du Dich nicht täuschtest, wenn Dich Deine Theilnahme für mich nicht irre geführt, bedenke meinen Schwager, mein ihm gegebenes Wort."

„Dies kann und wird er Dir gelegentlich zurückgeben, denn er ist, wie ich ihn nun schon kenne, ein nobler Charakter."

„Ja, das ist er."

„Und das genügt, um Dich glücklich zu machen."
„Du läßt mich da in einen Himmel blicken —"
„Dessen durchsonntes Aetherblau reiner ist und schöner als der ganze blaue Dunst in Deinem chemischen Laboratorium, nicht wahr?"
„O mein Freund!"
„So, jetzt besteige ich meinen Einspänner. Also Muth, Ernst, und Sonntag mehr hierüber."
Sie umarmten sich und zogen ihres Weges.

Nach dem Abschiede der zwei jungen Männer und nachdem bald darauf auch Minna und die Gouvernante sich entfernt, ergingen sich Herr und Frau Schmid noch in dem duftigen Garten, den der nahezu volle Mond mit seiner Strahlenflut übergoß.

Sie besprachen dort die Lectüre dieses Abends, auch die beschlossene Sonntagsfahrt nach dem Seebade.

„Dein Bruder", sagte dann Herr Schmid, „benimmt sich mannhaft."

„Ach, lieber August!" seufzte seine Frau.

„Was soll das, Jettchen? Warum seufzest Du?"

„Weil mir schwer ums Herz ist."

„Deines Bruders wegen?"

„Ja, mein Theurer!"

„Aber ich sagte ja eben, daß er sich mannhaft benimmt."

„Nun, damit ist auch gesagt, daß er leidet. Hierzu kommt noch, daß auch sie leidet."

„Die Gouvernante?"

„Ja, Claudine."

„Du nimmst an, daß sie seine Neigung erwidert?"

„Ich bin davon überzeugt."

„Ueberzeugt?"

„Ja, August, wie eben in solchen Fällen Frauen sich überzeugen."

„Nämlich?"

„Nur indirect, aber dennoch genau."

„Daß Du die Sache mit ihr nicht besprochen, nicht direct besprochen, nehme ich an; wie also kamst Du indirect zu dieser Ueberzeugung?"

„Durch einfaches Beobachten, das eben nur uns Frauen möglich und Euch Männern ganz unmöglich ist."

„Und was fandest Du?"

„Daß Claudinens Schwermuth seit meines Bruders Uebersiedelung zugenommen hat. Gleich ihm, dessen Benehmen Du mannhaft nennst, wie es in Wahrheit auch zu nennen ist, kämpft auch sie gegen sich selbst an, und sie leidet demnach gleich ihm."

Herr Schmid schwieg eine Weile.

„Sie zu entfernen", sprach er dann vor sich hin, „wäre da wohl das Klügste."

„Möglich", entgegnete sie milden Tons, „das Beste aber schwerlich."

„Doch was sonst, mein Kind? Sage, was wäre da besser?"

„Alles der Zeit, der Vorsehung anheimzustellen, wäre besser."

„Ich respectire immer Deinen Rath, Jettchen, ich achte Deinen Verstand und Dein religiöses Wesen ist mir heilig, allein im gegebenen Falle weiß ich nicht —"

„O laß nur Dein Herz sprechen, August, Dein so edles Herz!"

„Nun ja, Frau, es thut mir auch weh, Deinen Bruder, den ich achte und liebe, leidend zu wissen, obgleich er sich wacker wehrt, und auch Claudine flößt mir jetzt höhere Theilnahme ein, aber —"

„Aber das Materielle, meinst Du —"

„Allerdings meine ich das! Ernst besitzt außer seinem Schatz von Kenntnissen wenig, Claudine außer ihren Talenten gar nichts. Wären beide, eins wie das Andere, um drei, vier Jahre jünger, so ließe sich allenfalls sagen, sie können warten; in diesen ihren Jahren aber wartet sich's nicht, da springt man kopfüber in die Ehe hinein, das heißt, man verliert den Kopf, das Herz geht mit dem Verstande durch. Laß uns, Jettchen", fügte Herr Schmid nach kurzem

Schweigen hinzu, „diese schwierige Angelegenheit noch einige Zeit bedenken; eine Versicherung jedoch gebe ich Dir, liebes Kind, schon heute, in diesem Augenblicke schon, und zwar diese: wenn Ernst, dem, wie ich sehe, an seinem mir verpfändeten Mannesworte, sich beherrschen zu wollen, Alles gelegen und der meinem Herzen so theuer ist, wenn er, sage ich, mir auf meine Frage, ob er sich ruhig fühle, mit nein antwortet, da Ausweichen nicht seine Sache ist, so —"

„So sagst Du ja?"

„Ja, ja, so sage ich ja!"

„O mein guter lieber August!"

„Diese Frage, wenn ich sie mir nicht etwa selbst am Sonntag in Dobberan beantworte, werde ich am Montag hier ihm vorlegen. Dann aber, Frau, müssen wir uns nach einer andern Gouvernante umsehen."

„Ich denke nicht; denn abgesehen selbst davon, daß Minna noch lange in Verkehr mit Claudine —"

„Mit Deiner Schwägerin, mußt Du sagen."

„Also mit meiner Schwägerin bleiben und den Unterricht durch sie in Musik und im Französischen fortgenießen kann, haben wir ja auch eine gute Töchterschule hier."

„Für eine andere Gouvernante wärst Du demnach nicht?"

„Nein, August."

„Hast ja doch keinen zweiten Bruder mehr, oder fürchtest Du für mich?"

„So, lieber Mann, sehe ich Dich gern; so heiter warst Du lange nicht."

„Wenn dieser flüchtigen Heiterkeit nur nicht der Schmerz als hinkender Bote folgt!"

„Laß uns hoffen, August, daß es nicht der Fall sein werde."

„Und laß uns, Jettchen, stark sein, wenn es der Fall!"

Vierzehntes Kapitel.

In Dobberan.

Von den sechzehn Seebädern Deutschlands, die alle an der Ostsee und Nordsee liegen, ist Dobberan das erste, weil besuchteste, während man Helgoland als das eigenthümlichste und kräftigste bezeichnen muß. Der starke Besuch, dessen das erstgenannte sich zu erfreuen hat, der es aber auch vertheuert, besonders durch den Aufenthalt des Großherzogs von Mecklenburg mit dem Hofstaat in seinem Schlosse daselbst, sowie vieler hochgestellten und reichen Leute, findet auch seine Erklärung in dem günstigen Umstande, daß Dobberan neben der herrlichen Wirkung des Seebades sowohl im Freien wie in Wannen Mineralquellen besitzt, demnach, selbst abgesehen von Mode und Luxus, zwiefache Zugkraft ausübt.

Als Ort an sich sehr freundlich und durch die verhältnißmäßig beträchtliche Zahl von etwa viertausend Einwohnern, wozu durchschnittlich noch fünfzehnhundert Badegäste kommen, sehr belebt, bietet Dobberan nebst den unerlaßlichen Attributen eines Kurorts, wie Theater, Concertsaal, Conversations- und Spielsäle, Promenadenanlagen, Logirhaus, noch manches Anziehende: den nahen Park, die schöne gothische Kirche mit den Gräbern der alten Herzoge von Mecklenburg und anderer berühmter Personen, den Jungfernberg mit seinen Anlagen und der reizenden Aussicht auf die weite, von Schiffen durchkreuzte See, wie landeinwärts bis Rostock, dann der Büchenberg, die Bademühle, die Althofermühle, etwas entfernter Dietrichshagen auf einem der bedeutendsten Höhenpunkte dieses Landes, von welchem aus man den größten Theil Mecklenburgs, die Ostsee mit mehreren Inseln bis nach Holstein hin überschaut, weiter Warnemünde und den Koventer Landsee mit dem Vergnügen der Jagd auf Schwäne.

Den eigenthümlichsten Reiz jedoch, ein Unicum seiner Art, besitzt Dobberan in seinem sogenannten heiligen Damm.

Ein merkwürdiges Naturspiel: ein über sechzehn Fuß hoher und hundert Fuß breiter, eine halbe Meile in die Ostsee sich hinausziehender Wall aus wunderbar gefärbten, von der Natur so zu sagen künstlich geformten Steinen, welche der Sage nach das Meer, vielleicht durch ein Erdbeben, in einer Nacht aufgeworfen; ein Lido, eine Art natürlicher Murazzi, jedenfalls ein bewundernswerther Gegenstand und in der Beleuchtung von Morgen- und Abendroth wie im Mondschein bezaubernd.

Auf diesem Damme, unter Hunderten von Badegästen und Besuchern aus der Umgebung von Dobberan lustwandelnd, sehen wir nun gegen Einbruch der Abenddämmerung des zu diesem Ausfluge bestimmten und, da der Himmel dem Unternehmen günstig war, auch treulich eingehaltenen Sonntags die Gesellschaft von Menschen, deren persönliche oder geistige Bekanntschaft unsere geneigten Leser gemacht: Herrn und Frau Schmid mit Minna und Claudine, unsere alten jungen Freunde Karl und Ernst, Herrn von Bergen und Paul von Stromfeld mit seiner holden jugendlichen Gattin.

Man war aus Rostock gegen zwölf Uhr in Dobberan eingetroffen und bei Stromfeld abgestiegen.

Die Begegnung hatte all jenes Schöne, Erfreuliche, das sich im Verkehre so gebildeter und zugleich gefühlvoller Menschen herauszustellen pflegt, wozu noch manches besondere Interesse geistiger Natur, manche seelische Beziehung kam, wie die hohe Theilnahme für den jungen Helden aus Amerika und der geheime Rapport zwischen Ernst und Claudine, welche letztere heute um Vieles ruhiger, wir könnten sagen heiterer sich gab, was ihre eigenthümliche Schönheit nicht beeinträchtigte.

Die Damen hatten sich, wie das so Frauenart, alsbald in einander gefunden und plauderten bereits nach einem Stündchen Zusammensein, als hätten sie sich von Kindheit an gekannt; die Herren blieben hierin nicht sehr lange zurück, und der Wein beim Gabelfrühstück ergänzte das etwa noch Fehlende.

Die Zeit zwischen Frühstück und Mittagsmahl — von zwei bis fünf Uhr — brachte man mit Erzählen und Spaziergängen zu, deren letzter, über den heiligen Damm, für den Abend vorbehalten blieb, für welchen man eine Dauer von zwei Stunden veranschlagte, um die Wirkung des Vollmondlichts daselbst zu genießen, sobaß unsere Rostocker Freunde noch rechtzeitig nach Hause kommen konnten.

Den Damm lässig entlang wandelnd, bildete diese unsere Gesellschaft abwechselnd bald eine, bald mehrere Gruppen; Letzteres fand besonders statt, als man nahezu die Mitte des Damms erreicht hatte.

Da schritt zum Beispiel Ernst zur Seite Claubinens eine gute Strecke den Uebrigen voran, nachdem er bis zu diesem Augenblicke sich ihr nur dann ge=

nähert hatte, wenn es die Umstände zuließen oder selbst geboten.

Es mochte wohl auf sein wie auf ihr Gemüth der herrliche Anblick des Meeres mächtig eingewirkt haben. Wer auch wollte sich solchem Eindrucke verschließen, wer vermöchte es!

Das Rauschen der am Damme brandenden, aufschäumenden Wogen, einer der gewaltigsten Naturlaute, der Feuerball der untergehenden Sonne an dem einen, der des Mondes an dem andern Rande des Horizonts, das Hervorzittern einzelner Sterne aus der tiefblauen Aetherkuppel, das geisterhafte Hingleiten der Schiffe auf den von frischer Brise leicht gehobenen, da golden, dort silbern erglänzenden, fernhin mit dem Luftmeere in eins sich verschmelzenden Wellen: alles dies, dem Auge der Seele zur Anschauung gebracht, erfüllt sie mit Ahnung oder Begeisterung, mit Sehnsucht oder Wonne, je nach der Seelenstimmung des Betrachtenden.

In Ernst's Seele kam da Alles zur Sprache, was er die letzte Zeit über, nach außen hin zum Schweigen gezwungen, in sie zurückgedrängt, in seiner Mannesbrust verschlossen hatte; doch diese Sprache bestand nicht aus Worten, die sich auch nicht gefunden hätten, sie gab sein Blick, sein auf Claudinens Antlitze ruhender Blick, den sie einmal, nur einmal, aber in einer Weise erwiderte, die ihn beseligte und zugleich erschütterte, denn dieser Blick sagte: Ich fühle, daß Du mich liebst, und diese innerste Ueberzeugung, von einem edlen Menschen geliebt zu sein, macht mich glücklich, ja glücklich, doch nur insofern, als ich überhaupt glücklich zu sein vermag; ich liebe auch Dich, aber auch nur, wie mein Herz eben noch lieben kann, mein gramerfülltes, halbgebrochenes Herz!

In diesem Wechselblicke bestand das ganze Gespräch.

Mit der nächsten Minute kam die Wirklichkeit wieder zu ihrem Rechte. Der Zuruf seines Schwagers entriß Ernst seinem Traume. Herr Schmid mahnte zur Umkehr, und die Gesellschaft, wieder nur eine Gruppe bildend, trat den Rückweg an.

Ein Stündchen später trennte man sich mit der herzlichen Zusage, sich gegenseitig so oft als möglich zu besuchen.

In Rostock angelangt, lud Herr Schmid seinen Schwager ein, den Thee bei ihm zu nehmen, und letzterer, obgleich er sich nach Einsamkeit sehnte, ging darauf ein.

Nach dem Thee, als Frau Schmid, Minna und die

Gouvernante sich verabschiedet und zur Ruhe begeben hatten, machten die beiden Herren noch einen Gang durch den fast taghellen Garten.

Ernst fühlte instinctiv, daß sein Schwager ihm eine wichtige Mittheilung zu machen im Begriffe sei.

Sie schritten eine Weile schweigend dahin.

Dann ergriff Herr Schmid und, wie der Ton seiner Stimme verrieth, nicht ohne tiefe Bewegung das Wort.

„Bruder", sagte er, „Du hast mir etwas zu verzeihen."

Ernst erbebte bei dieser Ansprache, aber freudig.

„Ich Dir etwas zu verzeihen?" fragte er gespannt.

„Ja, Bruder, denn ich war hart gegen Dich."

„Hart? Nein, das warst Du nicht, das kannst Du nicht sein."

„Auf die Länge nicht, das ist wahr. Laß uns offen sprechen. Du liebst Claudine und mehr denn je. Unterbrich mich nicht. Was ich Dir in Bezug auf diese Neigung gesagt, was ich Dir über Deinen künftigen Hausstand gerathen, war Sache der Freundschaft und der Weltkenntniß; was Du mir zu verzeihen hast, ist, daß ich meinen Verstand allein sprechen ließ. Deine gute Schwester aber hat für Dich zu mir das Herz reben laffen, und das meinige verschloß sich dieser Sprache nicht. Mehr aber noch als das liebevolle Wort meiner Frau hat Deine Haltung in letzter Zeit auf mich gewirkt; Du hast Dich brav gehalten, warst ein Mann in vollem Sinne, Du hast wacker gekämpft, obgleich Du nicht gesiegt."

Ernst reichte dem also Sprechenden die leise zitternde Hand, ohne etwas zu erwidern.

„Ich habe mir", fuhr letzterer fort, „die Sache zurechtgelegt und meine nun so. Speise morgen bei uns, dann wirst Du Gelegenheit finden, Claudine allein zu sprechen. Vor allem mußt Du, müssen wir wissen, wie es um ihr Herz überhaupt steht, obschon meine Frau die Ueberzeugung ausspricht, daß Claudine Deine Neigung erwidert. Ich nun, ich zweifle nicht eben daran, nur liebe ich als Mann in allen Dingen Gewißheit, Ordnung. Ist mit ihrem Herzen Alles in Ordnung, will sagen, liebt sie Dich wirklich, dann in Gottes Namen mit Euch zweien zum Altar!"

„Mein theurer Bruder!" stammelte Ernst.

„Nur eins noch", sagte Herr Schmid, „eigentlich das Wichtigste. Es ist möglich, daß Claudine, da sie lange vor Deiner Ankunft schon so ernst und traurig war, Dich, wie sie als eine Person von Geist und Gefühl nicht anders kann, hochachtet, aber nicht liebt, sondern einen Andern, ob nun einen Lebenden oder Todten. Was dann?"

„Dann, mein Freund", entgegnete Ernst in einem Tone mannhafter Sicherheit, „dann wirst Du nicht Ursache haben, mit mir unzufrieden zu sein."

„Ueberschätzest Du nicht Deine Kraft?"

„Nein. In diesem Falle, einer solchen Thatsache gegenüber wird sie sich als genügend erweisen; Unterstützung gewährt da auch ein gewisses Selbstgefühl; habe ich doch niemals so recht begreifen können, wie Liebe ohne Gegenliebe zu bestehen vermag, eine Flamme ohne Brennstoff."

„Da haben wir den Chemiker wieder!" versetzte Herr Schmid ganz munter. „Aber so ist's recht, Bruder", fuhr er fort, „lieben — ja, ohne Gegenliebe — nein. Morgen also wirst Du, werden wir darüber im Klaren sein. Muth denn, frisch vom Herzen weg gesprochen und die Antwort hinnehmen als ein Mann! Man kann mit den Weibern nicht vorsichtig genug sein. Meine Frau ausgenommen, ist mir das ganze weibliche Geschlecht zwar nicht zuwider, aber Respect einflößend, zu Deutsch — ein Räthsel. So, für heute Alles in Ordnung. Gute Nacht, guten Traum!"

„Auch wenn er sich nicht erfüllt. Gute Nacht, August!"

Fünfzehntes Kapitel.

Zwei Briefe.

Der nächstfolgende Tag, der für Ernst die Entscheidung über eine der wichtigsten Angelegenheiten seines Lebens bringen sollte, ließ sich eigenthümlich genug an, nämlich mit einem zwar kurzen, aber heftigen Morgengewitter, und es beschlich dabei die Seele des Erwartenden eine düstere Ahnung, ein drückendes Gefühl, das er, wiewohl vergeblich, physikalisch zu erklären sich bemühte.

Kaum hatte die Sonne die Wolkenmassen siegreich zerstreut, als ihm der Postbote mit mehreren andern Briefen auch einen aus Dresden überbrachte.

„Von Max!" rief er aus, indem er das Couvert hastig öffnete.

Dieses umschloß zwei Briefe: einen von seinem

Freunde, dem Maler Max, und einen an diesen ge=
richteten, von Cadiz datirten, mit der Unterschrift
„Robert".

Ein Schreiben von Robert, dem Unglücklichen, den
sich Ernst bereits in Amerika oder doch auf dem Wege
dahin gedacht!

Er durchflog zuerst den Brief von Max.

Der Inhalt lautete:

„Es drängt mich, lieber Ernst, zu Dir und zu un=
serm Freunde Karl unwiderstehlich; einige Tage nach
Empfang dieses Schreibens siehst Du mich in Rostock.
Ich bedarf Luftveränderung, ich halte es nicht aus
allein, ich bin wie außer mir, obgleich mir selbst nichts
Schlimmes widerfahren und mein Künstlerzeug in bester
Ordnung ist. Ich hoffe, in Eurer Nähe und dann am
Meere, an dem Schönsten, was ein Menschenauge sehen
kann, mich zu erholen von dem furchtbaren Schlage,
der mich, obwohl nicht unmittelbar, so eben ans Herz
getroffen und nun auch durch beiliegenden Brief Eure
Herzen treffen muß.

Lest denn! Und Du, Ernst, lies ihn besonders auf=
merksam. Es scheint mir das ein Stück Weltgericht,
obgleich oder auch weil es im Zeitlichen vorging, eine
grauenerregende Folge von Handlungen und Unter=
lassungen, deren Motive eben nur in jener corrupten

Weltanschauung lagen und immer liegen werden, die der Unglückselige so consequent vertrat, bis ihn eine höhere Macht faßte, die ihn zu Boden schmetterte und wie einen Wurm zertrat; lies, sage ich Dir, aufmerksam, denn auch Du — nur mit dem Unterschiede, daß Du moralisch makellos bliebst und stets bleiben wirst — auch Du neigtest zur Philosophie des Gerichteten, der übrigens ruhe in Frieden."

Es braucht nicht gesagt zu werden, in welcher Stimmung unter dem Eindrucke dieses Briefes Ernst an die Lesung des beigefügten Schreibens ging, auch nicht, was er nach der Einsichtnahme empfand; Letzteres ergibt sich für jeden Menschen von Kopf und Herz, Religion und Sittlichkeitsgefühl von selbst.

„Wenn Ihr" — so lautete Robert's Brief — „lieben Leutchen, die sich ehedem meine Freunde nannten oder auch möglicherweise waren, diese Zeilen zu Gesicht bekommt, ist mein auf Sicht lautender Stoffwechsel eingelöst und habe ich einen Schluck gethan, nicht bitterer als alle Dummheiten und Niederträchtigkeiten des menschlichen Lebens, die ich bisher verschluckt; ein Schluck Blausäure und mein saures Gesicht wird zur süßen Liebesfratze.

Warum ich Euch dies schreibe?

Erstens, weil ich Narr genug war, in der neuen

Welt — in Amerika — ein neues Leben führen zu wollen, was Ihr hättet erfahren und mitleidig belächeln können, wenn nicht belachen; dann auch, um mich nochmals gehörig zu expectoriren, besonders der idealen Weltanschauung gegenüber; und so sage ich Euch denn nicht Lebewohl, denn das Wohlleben ist Sache der Individualität, sondern einfach gute Nacht.

Gute Nacht! Fühllos zu werden wie ein Stein, das ist gute Nacht; alles Empfinden, Denken, überhaupt Wachen ist dümmer als die Nacht der Fühllosigkeit. Wenn es einen wesentlichen Unterschied zwischen Mensch und Thier gibt, so besteht er nur darin, daß der Mensch sich selbst tödten, daß er sterben kann, sobald es ihm beliebt, und das Thier nur verendet, wann und wie es eben muß. Fort denn, fort!"

Den Sturm in Ernst's für Freundschaft so empfänglichem Herzen nach wiederholter Lesung dieser Briefe zu schildern, wäre, wenn nicht unmöglich, doch, wie schon gesagt, für denkende und gefühlvolle Menschen überflüssig; nur wollen wir bemerken, daß die erste tiefschmerzliche Empfindung unsers Freundes über Robert's gewaltsames Lebensende bei wiederholtem Lesen dieser so cynisch abgefaßten Kundgebung desselben sich in Grauen verwandelte.

Ihm war, als starrte er in einen nachtumhüll=
ten Abgrund, in ein Chaos, in eine ewige Leere, in
ein Nichts, rings umflossen von tausend Quellen und
tausendfältig Blüten und Früchten scheinbaren Daseins,
und seine Hand, diesen entsetzlichen Brief fallen lassend,
legte sich, wie von einer andern unsichtbaren Hand ge=
lenkt, an sein Herz, das eben an diesem Morgen so
erwartungsvoll geschlagen hatte, wie um zu prüfen, ob
es noch schlage, ob es nicht gebrochen sei.

Es schlug noch so voll und warm wie immer, und
sein Blick richtete sich himmelwärts; es lag in diesem
Blicke ein unaussprechliches Etwas, ein tiefsinniges
Gottgedenken; sein eigentliches Ich, der Genius seines
Wesens, hob sich so zu sagen aus ihm empor, schwebte
über ihm und zwang ihn zum Aufblicke.

Da klärte es sich in ihm; das Sturmgewölk, gleich
jenem des Morgengewitters, wich den mächtigen Son=
nenstrahlen des Geistes, läuternder Betrachtung, reli=
giöser Erhebung; er wurde ruhig, sicher, stark.

So gestimmt setzte er sich hin und schrieb an seinen
Schwager, daß er nicht kommen werde, heute nicht kom=
men könne; zur Erklärung schloß er die Briefe von
Max und Robert bei.

Eine Stunde später war Herr Schmid bei ihm.

„Ich begreife", sagte dieser, „daß es Dir heute un=

möglich, Claubine zu sprechen; nach einem solchen Begebniß sammelt man sich nicht so leicht. Das ist oder vielmehr war also jener Doctor Robert, der dritte Deiner Pariser Freunde, über dessen seltsame Geschicke Du mir in Deinen letzten Briefen von dort einige ganz flüchtige Andeutungen gemacht?"

„Derselbe", entgegnete Ernst tief aufathmend, „und ich will Dir nun jene furchtbaren Ereignisse in aller Kürze mittheilen."

Und Ernst erzählte, was wir wissen.

Trotz aller Charakterstärke, die seinem Zuhörer eigen war, unterbrach ihn dieser doch zu wiederholten Malen durch Ausrufe des Entsetzens.

„Es unterliegt", rief er am Schlusse der Erzählung aus, „meiner Ansicht nach keinem Zweifel, daß die Picard ihren Mann vergiftet, wie auch, daß sie sich selbst getödtet hat."

„Letzteres", sagte Ernst, „scheint mir gewisser als Ersteres; ich vermag es nicht, an diesen Mord zu glauben, mir ein so schönes und junges weibliches Wesen als Mörderin, als Gattenmörderin zu denken."

„Bei Deiner Menschenkenntniß, Ernst, begreife ich nicht, wie Du noch zweifeln kannst. Oder hat auch Dich die Schönheit dieser jungen Frau bestochen?"

„Dies schon darum nicht, weil ich ebenso wenig als

mein Freund, der Schriftsteller Karl, Pauline Picard von Gesicht gesehen; denn jenes einzige Mal, da wir beide, wie ich Dir erzählte, sie an Robert's Wohnung erblickten, war sie dicht verschleiert; gesehen hat sie nur der Maler Max, denn er hat sie porträtirt."

„Und was sagte Euch dieser von ihren Gesichts= zügen?"

„Er fand sie schön, obgleich, wie er meinte, noch geistvoller als regelmäßig schön."

„Geistvoll! Ja, ja! Das ist es eben. Der leibige Geist!"

Der Eintritt eines Geschäftsmannes unterbrach die= ses Gespräch.

Man ging an das Tagewerk und trennte sich gegen Mittag.

Ernst versprach seinem Schwager, zu ihm zu kom= men, sobald es ihm seine Gemüthsverfassung gestatten würde.

Dazu aber kam es auch am nächstfolgenden Tage noch nicht; der ungeheuren Aufregung war entsprechende Abspannung gefolgt, dem Schmerze Wehmuth, dem Grauen eine Art Mitleid.

Er wollte Claudine nicht eher sprechen, als bis er sich von dem letztern Eindrucke ganz frei und sonach stark genug fühlte, diesen wichtigen Schritt zu thun übrigens sah er auch der Ankunft seines Freundes Max entgegen, den er gern zu Rathe ziehen wollte.

Karl's Zustimmung war ihm schon gewiß.

Ernst besuchte ihn und theilte ihm die Briefe von Max und Robert mit.

Karl war nicht so überrascht wie sein Freund oder dessen Schwager.

„Ich sah dies im Geiste kommen", sagte er, „und mich wundert nur, daß diese Katastrophe nicht früher erfolgte, sowie ich dabei nur beklage, daß er sich in so brutaler Weise verabschiedet. Diese seine letzten Worte an uns rechtfertigen meine längst festgestellte Ueberzeugung in Bezug auf sein Wesen wie auf das Wesen aller derjenigen, welche in der Geistesrichtung dieses Unglücklichen ihren Weg durchs Leben machen: Halt gibt diesen Menschen nur der Besitz zeitlichen Gutes, nur der Genuß des Materiellen; wird ihnen dieser Besitz entzogen, dieser Genuß unmöglich gemacht oder auch nur verleidet, so fällt der Halt und sie brechen zusammen. So hätte sich nun", fügte er dann seufzend hinzu, „jenes bürgerliche Drama von Paris in tragischer Weise abgespielt: ein braver Mann durch seine von einem Hausfreunde verführte jugendliche Gattin vergiftet, die Mörderin und ihr Verführer büßend durch Selbstmord!"

Beide besprachen hierauf die erfreuliche Nachricht von des Malers mit jeder Stunde zu erwartendem Eintreffen, sowie den günstigen Umschwung in dem Verhältnisse Ernst's zu seinem Schwager und zu Claudine; auch zu ihr, angenommen, daß sie Ernst's Neigung theilte.

„Dein Schwager", bemerkte Karl noch, „hat uns brieflich für morgen zu Tische geladen und wir werden recht zeitig hinüberkommen; nächsten Sonntag müßt Ihr, falls nicht schlecht Wetter, abermals zu uns, und wenn nicht früher, findest Du da auf dem heiligen Damme die herrlichste Gelegenheit von der Welt, Claudine in Dein Herz blicken zu lassen, wie in die offene See; ich an Deiner Stelle würde sogar geflissentlich diese Zeit abwarten, um eben an diesem Orte von Liebe zu sprechen."

„Ich will das auch thun", sagte Ernst; „zudem möchte ich unseres Freundes Ankunft dabei berücksichtigen, die hoffentlich noch vor Sonntag erfolgt."

„Trifft er nicht vor Sonntag in Rostock ein, so hinterlaßt bei Euren Hausleuten für ihn die Weisung, sogleich hierher zu fahren; auch werde ich mittlerweile für ihn Quartier machen."

Ernst begrüßte noch die Dobberaner Freunde und kehrte nach Rostock zurück.

———

Sechzehntes Kapitel.

Ernst und Claudine.

Die Vorbereitungen zum würdigen Empfange ihrer Gäste nahmen am folgenden Tage alle weiblichen Kräfte im Hause des Herrn Schmid vollauf in Anspruch, während er selbst zu seinem Schwager fuhr, um einige Stunden dem Geschäfte zu widmen und dann mit ihm noch rechtzeitig nach Hause zu kommen. Nachdem alles Nöthige besorgt, machten sich Frau Schmid, Minna und Claudine an ihre Toilette.

Letztere wählte heute ausnahmsweise ein weißes Kleid, das die Blässe ihres Gesichts minder auffällig erscheinen ließ; auch zeigten sich ihre Züge heute belebter als gewöhnlich, um nicht zu sagen aufgeregter. Ihr ganzer Schmuck bestand in einer Purpurrose, halb verborgen in der Fülle ihrer dunklen Locken.

„Mademoiselle sind heute sehr schön", sagte Minna zu ihr.

Ein fast wehmüthiges Lächeln war Claudinens Antwort.

Gegen zehn Uhr kam Herr Schmid, gefolgt von seinem Schwager.

Ernst theilte offenbar die Meinung seiner Nichte über Claudinens heutiges Aussehen, eine Meinung, die er zwar nicht aussprach, die sich jedoch aus seinem Blicke kund gab, indem er die interessante junge Dame begrüßte.

Eine Stunde später trafen die Gäste ein und man begab sich nach kurzem Verweilen im Salon hinunter in den Garten zum Dejeuner, das bereits im Kiosk servirt war.

Die Unterhaltung gestaltete sich bald aufs beste und herzlichste.

Denise von Stromfeld hielt sich dabei viel zu Claudine; zwei reizende Erscheinungen, wenngleich scharfen Gegensatz bildend: die jugendliche Baronin das personificirte Liebesglück, die klarste, durchsichtigste Seelenfreudigkeit und milde Wahrheit, umflossen vom Zauber natürlicher Anmuth und Grazie; Claudine nicht minder schön, aber eine ernste Schönheit mit elegischem Ausdrucke, schwermüthiger Erinnerung an ent=

schwundenes Glück oder tief verborgener Sehnsucht nach künftigem, strenge Contouren, bisweilen scharf sich abhebend von dem dunklen Grunde des sie umhüllenden Geheimnisses.

Ernst's Blick fand diesen Contrast der beiden jungen Damen heraus, aber — und dies eben ist Sache der Liebe — zu Claudinens Gunsten; sie erschien ihm gerade in dieser fortgesetzten Vergleichung schöner, idealer als Denise.

Herr Schmid machte seinen Gästen den Vorschlag, die Zeit zwischen Dejeuner und Diner mit einer Tour in die Umgebung der Stadt, auch mit Besichtigung einiger ihrer Sehenswürdigkeiten auszufüllen, und die Gesellschaft stimmte ihm dankbar zu.

Man brach auf.

„Du bist doch auch von der Partie?" sagte Karl zu Ernst.

„Nein, ich bleibe zurück", entgegnete dieser leise.

„Also nicht erst auf dem heiligen Damm?"

„Quäle mich nicht, Freund!"

Die Gesellschaft hatte sich entfernt; zu Hause blieben Frau Schmid, Claudine und Ernst; letztere im Garten, die Hausfrau in der Küche.

Sie wollte ihren Bruder mit Claudine allein lassen; wußte sie ja doch, was in seinem Herzen vorging, und war sie ja durch die nun gesicherte Zustimmung ihres Gatten so voll Hoffen auf ihres geliebten Bruders Glück.

„Sie schenken mir wohl ein Viertelstündchen, Mademoiselle?"

Mit dieser schüchtern betonten Frage wendete sich Ernst an Claudine, da diese der Frau vom Hause folgen zu wollen schien, während die Dienerschaft im Kiosk aufräumte.

„Ich sollte zwar meiner Dame helfen —" entgegnete Claudine ebenso befangen.

„Aber Sie machen mir doch die Freude, nicht wahr?"

Sie erwiderte nichts, entfernte sich aber auch nicht und folgte dem langsam Dahinschreitenden wie mechanisch.

„Ich habe mich nach diesem Augenblicke, dem, Sie allein zu sprechen, gesehnt."

„Sprechen Sie, mein Herr."

„Würden Sie Ihren Blick, statt ihn zu senken, nach meinen Augen richten, so — so bedürfte es nicht der Worte, um Ihnen zu sagen, was ich zu sagen — zu fragen habe."

Claudine blickte nicht auf.

„Sie haben mich um etwas zu fragen?" flüsterte sie zitternd.

„Ja, Mademoiselle. Und wie kühn auch diese meine Frage, ich hoffe, daß sie von Ihrer Seite, wenn auch nicht ganz befriedigende, doch milde Antwort finden werde."

„Nun denn, mein Herr, sprechen Sie."

„Claudine! O, indem ich Sie jetzt so anspreche — Claudine — habe ich wohl Alles gesagt!"

„Und Ihre Frage?"

„Diese betrifft Ihr Herz. Ist, Claudine, Ihr Herz frei? Darf ich hoffen, daß es, wenn auch nur in geringem Maße, das Gefühl meines Herzens für Sie, jenes der innigsten, hingebungsvollsten Liebe theile, daß, Claudine, Sie Ihre Hand mir reichen würden zum Gange durch das Leben?"

Claudine erbebte, doch erhob sie den Blick und dieser traf das Auge des Fragenden wie selbst eine Frage, eine unaussprechlich schmerzliche.

„Sieh und gib Dir selbst die Antwort!" schien dieser Blick sagen zu wollen.

Verstand ihn Ernst?

Wir sagen nein, denn er liebte ja, er glaubte und hoffte.

So wartete er denn einige Sekunden, und dann vernahm er Claudinens wirkliche Antwort.

Diese lautete:

"Das Gefühl, von einem so edlen Manne sich geliebt zu wissen, ist ein beseligendes und mir vollgültiger Ersatz für das, was ich verloren und erlitten. Ich bin durch dieses Gefühl im Augenblicke rehabilitirt. Ich reiche Ihnen, mein Freund, dankbar für diesen eine ganze schwere Vergangenheit aufwiegenden Seelengenuß, die Hand im Geiste, da ich sie in der That zum Gange durch das Leben, wie Sie sagen, zu reichen nicht vermag; ich werde mich nie vermählen; vermöchte ich dies über mich, so würde ich Ihnen ohne Bedenken zum Altare folgen, denn ich achte Sie hoch, ja noch mehr, ich — ich theile das Gefühl, das Sie für mich nähren, ich — ich liebe Sie!"

"Claudine!" stammelte Ernst, ihre Hand erfassend, was sie geschehen ließ, "das ist Leben und Tod mit einem Athemzuge; warum?"

Sie befanden sich' in einem dichten, schattigen Bosquet zur Seite des Kiosk, jedem Späherauge entrückt.

"Warum?" entgegnete Claudine, indem sie anhielt und seinen Blick in ihrem bethränten Auge aufnahm. "Warum? Diese Frage richte ich selbst an das Geschick, das unerbittliche, unversöhnliche. Ja, mein theurer Freund, warum, warum?"

"Was aber, Claudine", rief er aus, "wenn Sie

mein Gefühl theilen, was kann da so unbezwingbar Feindliches zwischen uns sich stellen? O sprechen Sie, ich beschwöre Sie darum!"

„Das ist unmöglich."

Es fesseln Sie dann Bande an —"

„An keinen Menschen."

„Was also macht unsere Vereinigung unmöglich?"

„Innere Nothwendigkeit."

„Ein Gelübde also?"

„Ja!"

„Aber Gelübde lassen sich lösen."

„Ein derartiges nicht."

„Claudine! O es ist, um wahnsinnig zu werden! Hätten Sie zu mir gesagt: Ich achte Sie, doch liebe ich Sie nicht, so wäre ich zurückgetreten, wenn auch leidenden Herzens; aber nun, nun, da ich weiß, daß Sie mein Gefühl theilen, nun, nachdem ich in ein Paradies geblickt, wieder hinsinken müssen in meine trostlose Einsamkeit — o Claudine!"

„Wenn mein edler Freund eines Trostes bedarf, so liegt dieser vielleicht, wie ich meine, in der Ueberzeugung, daß die von ihm geliebte Aermste, wie seine Liebe, auch seinen Schmerz theilt. Und edel, wie er ist", fügte Claudine nach kurzem beiderseitigen Schweigen hinzu,

„wird er dieses gemeinschaftliche Gefühl nie mehr auch nur mit einem Worte besprechen, sondern, wie vor der Welt, auch mir gegenüber schweigen. Und so reiche ich dem edlen Manne, der, ich hoffe es, mir ein Freund im reinsten Sinne bleiben wird, heute, jetzt die Hand zum Abschiede für immer."

„Ich beuge mich der Macht, welche Sie beherrscht," entgegnete Ernst kaum vernehmbar, „denn es wäre Frevel, gegen diese anzukämpfen."

„So, mein Freund, ist es recht, denn so will es Gott!"

Damit endete diese von Ernst so heißersehnte Unterredung.

Er geleitete Claudine schweigend in das Haus und verließ es auf der Stelle.

Die Zwischenzeit bis zum Diner brachte er in seiner Wohnung zu.

In welcher Stimmung!

Er nahm, nach längerem Hinbrüten, seine Zuflucht zur Feder. Es drängte ihn, sich darüber auszusprechen, und er that es in Briefen an seine Schwester und ihren Gatten. Sie mußten wissen, wie es stand; sagen aber hätte er es nicht können, mündlich nicht, das hätte ihn überwältigt. Auch ließ sich das Alles in Bezug auf Claudine selbst schriftlich zarter, ausweichender behandeln als im Gespräche. Und so schrieb er denn die zwei Briefe, die er beiden noch am selben Tage, nach Entfernung der Gesellschaft, zuzustellen beschloß.

Die Gesellschaft! Das war noch eine schwierige Aufgabe, bei Tische unbefangen zu erscheinen, in den gewiß heitern Ton einzustimmen. Sich durch Unwohlsein entschuldigen? Es ging nicht an; auch wäre dann Karl gekommen, dessen scharfem Blicke Alles sofort klar hätte werden können.

Nun, die Mahlzeit ging endlich auch vorüber, und man trennte sich unter der Zusage, nächsten Sonntag sich in Dobberan wieder zusammenzufinden.

Herr Schmid und seine Frau waren von Ernst's brieflicher Mittheilung nicht wenig überrascht, sie schmerzlich, er bis zur Erbitterung gegen Claudine.

Sie befanden sich allein.

„Ich wußte und sagte es voraus", begann Herr Schmid seinem Aerger Luft zu machen, „sie ist eine Kopfhängerin, eine Schwärmerin, die zur Ehe so wenig taugt als ich zum Seiltänzer; träumt wahrscheinlich von ihrem fernen Verehrer und stößt da einen Mann wie meinen Schwager von sich."

„Dies zwar nicht", wagte Frau Schmid einzuwenden,

„wenigstens nicht nach dem, was Ernst mir geschrieben."

Ihr Mann nahm diesen Brief.

„Kommt ganz auf dasselbe hinaus", sagte er, das Blatt weglegend; „Korb bleibt Korb, er mag noch so schön geflochten sein; ich denke nicht, Frau, daß Du Deinem Bruder Hoffnung geben wirst."

„Ich werde das nicht thun, August."

„Uebrigens ist es gut, daß die Sache ausgetragen worden; besser, eine bittere Pille rasch hinabgeschluckt als langsam; mir ist um Ernst nicht bange, er wird sich schon zurecht finden, keinesfalls uns Vorwürfe machen, denn wir haben dabei mehr gethan, als sich eigentlich vor dem gesunden Menschenverstande rechtfertigen läßt. Morgen früh spreche ich ihn. Er mag bis Sonntag sich fern halten. Ich vertraue ihm, er ist ein tüchtiger Mann. Was Mademoiselle betrifft, so thun wir am besten, nicht ein Wort darüber an sie zu richten."

„Die Arme verdient Schonung, lieber August."

„Schonung? Mag sein, muß man doch alle Geisteskranken schonend behandeln. Ich meinerseits werde es sie nicht entgelten, ja nicht einmal merken lassen, daß ich mich ärgerte. Solange sie sonst ihrer Verpflichtung zu meiner Zufriedenheit nachkommt, werde ich sie respectiren, wie bisher; geht mich im Grunde auch gar nichts an, daß sie nicht heirathen will."

„Es wäre vielleicht gut, lieber August, wenn Du noch heute meinen Bruder besuchtest."

„Meinst Du? Gut, ich will zu ihm."

Und Herr Schmid begab sich zu Ernst.

Siebzehntes Kapitel.

Des Räthsels Lösung.

Der zum Ausfluge nach Dobberan bestimmte Sonntag kam heran und zwar mit dem schönsten Himmel.
Die Zwischenzeit hatte nichts Störendes gebracht.
Ernst hielt sich dem Hause seines Schwagers fern, und dieser war mit seinem Wesen und Benehmen zufrieden.
Der Maler Max ließ noch immer auf sich warten, doch sah man seinem baldigsten Eintreffen um so gewisser entgegen, als er inzwischen nicht geschrieben hatte.
Es hätte Ernst dieser Sonntagspartie gern entsagt, allein das Gesetz der Höflichkeit war nicht leicht zu umgehen, auch fand er die Ansicht seines Schwagers richtig, der da meinte, daß es besser wäre für ihn, den

freundschaftlichen Verkehr mit Claudine nicht abzubrechen, da sie ihn ja selbst um seine Freundschaft gebeten.

Und so — wenngleich mit schwerem Herzen — nahm Ernst Theil an dem projectirten Vergnügen.

Claudine erwiderte seine ruhige, achtungsvolle Begrüßung in gleicher Weise.

Sie trug heute ein schwarzes Kleid ohne allen Schmuck und sah blasser als jemals aus, obgleich sie sich ruhig und in guter Haltung zeigte.

Herr und Frau Schmid waren ganz zufrieden mit der Art dieses ersten Wiedersehens von Ernst und Claudine; die Munterkeit des Töchterchens ließ nichts zu wünschen übrig, und so gelangte man denn in möglichst guter Stimmung nach Dobberan.

Die Aufnahme von seiten der dortigen Gesellschaft war noch herzlicher als die erste, und es verflogen Stunden gleich Minuten.

Wieder hielt sich die Baronin Stromfeld viel zu Claudine, theils aus Sympathie, theils auch der Sprache wegen, da beide junge Damen des Deutschen nicht sehr mächtig waren.

Es wurden abermals kleine Ausflüge noch vor dem Diner gemacht, wobei man sich beliebig gruppirte.

Eine gute Weile hielten sich Ernst und Karl ausschließlich an einander.

„Nun bist Du also im Klaren mit ihr", sagte Karl, nachdem ihm Ernst jenes Gespräch mit Claudine wört= lich — das Gedächtniß des Schmerzes ist scharf — und männlich gefaßt mitgetheilt, „und Klarheit ist immer gut."

„Du nennst Klarheit", bemerkte Ernst, „was eigent= lich nur ein weiteres Räthsel ist."

„Wohl wahr, mein Freund, aber Du weißt nun doch, daß —"

„Daß alle Hoffnung entschwunden, ja, das weiß ich."

„Wegen Max hast Du doch zu Hause hinterlassen?"

„Bei mir wie bei Schmid; kommt er inzwischen, so weiß er, wo er uns trifft, und er wird herauseilen, falls er nicht zu müde ist."

„Herr von Bergen hat schon etwas Annehmbares gefunden, eine kleine Besitzung unweit von hier."

„Und Baron Stromfeld?"

„Wird sich am schönen Rhein niederlassen. Alles treffliche, herrliche Menschen!"

„Und Du, Karl?"

„Ich bleibe bei Stromfeld hier, solange er bleibt, und denke dann einige Zeit in Süddeutschland zuzu= bringen."

„Bist eigentlich zu beneiden, sowie Max, um dieses stete Zugvogelleben."

„Zugvogel! Ist der Mensch überhaupt etwas Anderes als ein Wandervogel? Er wandert immer, wenn auch nur von Gasse zu Gasse, und wird es ihm endlich, in der Nähe des Grabes, zu kalt, so zieht er mit den mächtigen Schwingen des Glaubens hinüber in das verheißene Land voll ewigen Frühlings."

„Von dessen Grenzen aber noch kein Wanderer zurückgekehrt, mein Freund!"

„Wäre auch thöricht von ihm, da es dort so unendlich schön."

„Ich preise Dich glücklich um Deines Glaubens willen."

„Und ich beklage Jeden, dem der Glaube nicht die Blume des Daseins, nicht, dem Wissen gegenüber, das ist, was Musik dem Worte, die Fortsetzung, Steigerung, Ergänzung des Denkens, mit einem Worte — das Unvergängliche."

„Wie kann man stoffumhüllt, stoffbedingt von Unvergänglichem sprechen! Wo wir ein= oder austreten, bedingt, hemmt, hält uns der Stoff. Und dieser wandelt sich jedenfalls, wenn er auch nicht vergänglich ist."

„Und was bewegt, was läutert, was besiegt ihn selbst, mein Freund? Der Geist, nur der Geist! Der Geist belebt den Stoff, sowie er ihn auch vernichten kann, in moralischem Sinne. Das hohe Interesse, welches uns tragische Katastrophen einflößen, gründet sich auf das Bewußtsein, daß nach dem Zusammenbrechen alles Materiellen, des ganzen Stofflebens der Geist übrig bleibt und in seine ewige Heimat wieder eintritt, aus welcher er sich zufolge gewisser Naturgesetze zeitweilig expatriirt hatte; auf das Bewußtsein, daß der Geist in seine angestammten unveräußerlichen Rechte wieder eingesetzt werden muß, ob er auch während seines tellurischen Exils an Allem Mangel gelitten, was göttlich heißt."

Ernst reichte seinem begeisterten Freunde tief aufseufzend die Hand und sagte: „Mir ist heute recht seltsam zu Muthe, so, als sollte etwas ganz Absonderliches sich ereignen, etwas für mich selbst sehr Bedeutungsvolles, und doch läßt sich Alles so friedlich und freundlich an, und sogar mein Gefühl in Bezug auf Claudine beginnt sich zu klären; ich liebe sie und werde nie aufhören sie zu lieben, aber diese Liebe, von ihr still erwidert, hat nichts Quälendes mehr, sie hat sich potenziirt zu idealer Freundschaft; ich möchte Claudine glücklich wissen, das ist Alles; und doch, doch drückt es auf mich wie eine Luftmasse vor dem Ausbruche eines Orkans."

Karl wollte etwas ihn Beruhigendes entgegnen, doch machte dies die Annäherung der Uebrigen augenblicklich unmöglich.

In der sechsten Stunde erhob sich die Gesellschaft vom Diner, um die Promenade nach dem heiligen Damm anzutreten.

Im Hinwandeln auf demselben, der sich heute minder besucht zeigte, gestaltete es sich wie zufällig, daß Ernst an Claudinens Seite und mit ihr, wie das erste Mal, der Gesellschaft eine gute Strecke vorauskam.

Sie hatte, des scharfen Luftzugs wegen, wie sie sagte, den Halbschleier von ihrem Strohhütchen niedergelassen, der jedoch so dicht war, daß man ihre Gesichtszüge nicht wahrnehmen konnte.

Sie waren jetzt jener Stelle nahe, an welcher vor acht Tagen Ernst mit ihr gestanden; damals noch hoffend!

Diese Erinnerung überkam und überwältigte ihn nun derart, daß er wie im Selbstgespräch, aber doch vernehmlich genug vor sich hinseufzte: "Claudine, muß es denn so sein?"

Sie hatte dies vernommen.

"Das Geschick will es so!" entgegnete sie mit bebender Stimme.

Im selben Momente hörte Ernst seinen Namen rufen und sah, sich rasch wendend, Karl, der ihm eben zugerufen, mit einem andern jungen Manne Hand in Hand auf sich zueilen.

Dieser andere junge Mann — die Entfernung betrug nicht über fünfzig Schritte — war Freund Max mit hochgeschwungenem Hute.

„Mein Max!"

„Mein Ernst!"

Mit diesen lauten herzlichen Ausrufen eilten beide auf einander zu, während Herr und Frau Schmid, ihre Tochter mit der Baronin, sowie die Herren von Stromfeld und Bergen sich rasch näherten.

Kaum aber hatten die beiden Freunde sich umarmt, als der gellende Aufschrei: „Verloren!" an ihr Ohr schlug und sie auseinanderriß.

Dieser wilde Aufschrei, der die ganze Gesellschaft wie ein Donnerschlag erschütterte, kam von der Stelle her, wo noch eben Ernst mit Claudine gestanden.

Aller Blicke schossen voll Entsetzen nach jener Richtung hin.

Ewiger Gott! Man sieht Claudine mit hoch erhobenen Händen wanken, stürzen — oder sich stürzen — den Damm hinunter und sie von der brandenden Flut erfassen und verschlingen.

Ernst, mit einem nicht minder entsetzlichen Aufschrei, fliegt wie eine Kugel aus dem Rohre nach jener Unglücksstelle hin und stürzt sich der Untergesunkenen nach in die Brandung, gefolgt in Sturmesschnelle von

Karl und den andern Herren, wie von einigen Schiffs=
leuten, die sofort in Boote springen und vom Damme
abstoßen.

Dies Alles war das Werk weniger Minuten.

Gott sei gelobt! In einer Entfernung von etwa zehn Klaftern nur taucht Ernst, ein tüchtiger Schwimmer, auf mit Clau=
dine, die sein linker Arm umschließt.

Er blickt um sich, schon gänzlicher Erschöpfung nahe.

Aber näher sind seine Retter; im nächsten Augen=
blicke zieht man ihn und Claudine in eins der Boote,
und dieses landet.

Unsere Freunde und viele andere Personen drängen
sich zur Stelle. Noch verhüllt der Schleier Claudinens
Antlitz. Nun aber, während Ernst vor Erschöpfung
nur sehr schwach sieht und hört und nicht zu sprechen
vermag, schlägt man diesen Schleier zurück, und —

„Pauline Picard!" schreit es auf.

Diesen Schrei stieß der Maler Max aus.

Ernst brach ohnmächtig zusammen.

Nur sein Schwager und Karl verstanden außer
ihm, was dieser Ausruf sagen wollte.

Alle Belebungsversuche an der Unglücklichen erwie=
sen sich erfolglos; sie war eine Leiche.

Die Beklagenswerthe hatte den auf dem Damme

sich nähernden Maler erkannt und — verfiel dem Tode.

Ernst erholte sich schon nach wenigen Minuten, sodaß er in Herrn von Stromfeld's Wohnung gebracht und bald darauf auch nach Rostock gefahren werden konnte.

Sein Bewußtsein aber war und blieb getrübt, und acht Tage nach Beerdigung des unglücklichen jungen Weibes war auch er eine Leiche.

Ende.

Druck von Bär & Hermann in Leipzig.